Biber, Eduard

Heinrich Pestalozzi - Eine Biographie

EUROPÄISCHER
HOCH
SCHUL
VERLAG

Biber, Eduard

Heinrich Pestalozzi - Eine Biographie

ISBN: 978-3-86741-227-8

Auflage: 1
Erscheinungsjahr: 2010
Erscheinungsort: Bremen, Deutschland

Bei diesem Titel handelt es sich um den Nachdruck eines historischen, lange vergriffenen Buches aus dem Jahr 1827 (St. Gallen). Da elektronische Druckvorlagen für diese Titel nicht existieren, musste auf alte Vorlagen zurückgegriffen werden. Hieraus zwangsläufig resultierende Qualitätsverluste bitten wir zu entschuldigen.

Biber, Eduard

Heinrich Pestalozzi - Eine Biographie

Beitrag

zur Biographie

Heinrich Pestalozzi's

und zur

Beleuchtung seiner neuesten Schrift:

«Meine Lebensschicksale u.s.f.»

nach dessen eigenen Briefen und Schriften bearbeitet,
und mit anderweitigen Urkunden belegt,

von

Eduard Biber.

Discite justitiam moniti!

St. Gallen, 1827.
Bei Huber und Compagnie.

Vorwort

Nahe am Ende eines Lebens voll der wider-sprechendsten Erscheinungen tritt Hr. Pestalozzi mit einer Schrift vor die Welt, die die Räthsel seines Lebens lösen soll, und sie auch dem denkenden, mit den Thatsachen bekannten Leser, freilich in einem ganz andern Sinne, als der Verfasser beabsichtigte, wirklich löst, die aber, oberflächlich in's Auge gefaßt und ungeprüft, ganz dazu geeignet ist, den Glauben an alles Heilige, Gute und Große im menschlichen Daseyn zu vernichten.

Ihrer Tendenz nach, als Angriff auf Personen, die ihm und seinen Zwecken mit inniger Liebe gelebt und mit aufopfernder Hingebung gedient, die sein Werk auch da noch festgehalten haben, als er selbst ihm untreu wurde, auf Personen, von denen ein vieljähriges Wirken Zeugniß giebt vor Aller Augen, verdient dieselbe jedes Rechtschaffenen volle Verachtung.

Ihrem Resultat nach, als Beweis der tiefsten geistigen und sittlichen Versunkenheit eines Mannes, der einst als Stimmführer der Menschlichkeit, als Vertheidiger der Reinheit und Unschuld der Menschennatur, als Schöpfer einer neuen Kulturepoche da stand, und der jetzt eben so ungeduldig seine Schandsäule sich aufrichtet, als er früher an der Säule seines Ruhms arbeitete, erregt sie jedes Menschenfreundes tiefstes Bedauern.

Ihrem Geiste nach, als thatsächliche Zerstörung alles Glaubens an die siegende Macht des Guten unter der schirmenden Hand einer allwaltenden Vorsehung, als durchgeführte Ansicht der Uebermacht menschlichen Irrthums und menschlicher Verkehrtheit über die göttlichen Ideen der Wahrheit und Sittlichkeit, fordert sie in frevelndem Uebermuth der Lüge die Wahrheit selbst zum Kampf heraus.

Wer hier etwas dazu beitragen kann, sie an's Licht zu bringen, der hat eine heilige Pflicht es zu thun; Schweigen wäre Sünde. Daher dieser Beitrag zur Biographie H. Pestalozzi's, der nicht nur die wichtigste Periode seiner Unternehmungen und

Schicksale umfaßt, sondern über das Ganze seines
Seyns und Thuns, über seinen Charakter und die
Ursachen seiner Schicksale Licht giebt.

Er gründet sich ganz und ausschliessend auf
authentische Aktenstücke; doch liegt der Beruf des
Verfassers nicht blos in ihnen. Hrn. Niederers
Vertrauen hatte ihn erwählt, seine Stelle bei'm
Schiedsgericht in Lausanne zu vertreten. Dieser
Umstand verschaffte ihm den Besitz der sämmtlichen
Akten und dadurch die Einsicht in die Natur und
den Zusammenhang aller zwischen jenem und Hrn.
Pestalozzi Statt gefundenen Verhältnisse, machte
ihm ihre Erforschung zur Pflicht, und erzeugte in
ih die Eindrücke, Gefühle und Ueberzeugungen,
mit deren Resultat er hier vor das Publikum tritt.

Die vorgelegten Dokumente sind sämmtlich Ori-
ginalurkunden, in deren rechtlichen Besitz der Verf.
durch die eben angezeigte Veranlassung gelangt ist;
er hat sie in Hrn. Niederers Hand zurückgelegt.
Sie stehen Jedermann zur Einsicht und Prüfung
zu Gebote.

An der Abfassung der Schrift selbst hatte
Hr. Niederer nicht den mindesten Antheil. Der
Verf. nimmt ihre ganze Verantwortlichkeit auf
sich. Er hat deßwegen, zu einem Aufenthalt in

England veranlaßt, sich bei der hohen Regierung des Kantons Waadt um eine Aufenthaltsverlängerung in Jferten beworben, und dieselbe erhalten, damit er für gegenwärtige Schrift Jedermann bürgerlich und rechtlich Rede stehen könnte.

Mögen immerhin die Zwiste, die um persönliche Interessen unter den Menschen geführt werden, verhallen zwischen den Mauern, in denen sie ihren Ursprung genommen; Kämpfe aber, in denen es um das Gemeingut der Menschheit gilt, gehören an's Licht der Sonne und vor die Augen der Welt.

Ein solcher Kampf ist es, in dem Hr. Pestalozzi gegen die ersten und wahrlich nicht die geringsten Beförderer eines Werkes liegt, dessen Werkzeug auch er einst war, gegen dessen Gedeihen er aber jetzt mit eben so unversöhnlichem Hasse arbeitet, wie gegen die Menschen, die demselben treu geblieben sind, und in deren Händen es darum gedieh.

Den Ausgang dieses Kampfes, in dem die Weltgeschichte die Sachen und Gott die Herzen richten wird, fürchtend, will er die Mit- und Nachwelt durch seine Schrift über die Natur des Kampfes selbst irre führen. Er beschuldigt seine Gegner, daß sie ihrem persönlichen Vortheil gefröhnt, und dafür die heilige Sache als Deckmantel mißbraucht haben, während umgekehrt er selbst die persönlichen Interessen als Deckmantel über seine Sünden an der heiligen Sache zu werfen versucht; und da ihm hier die Reinheit seiner Gegner im Wege steht, so nimmt er zur Verleumdung seine Zuflucht. In der That ist es auch nicht zu verwundern. Wer wagen und wähnen kann, die Welt zu belügen, als wäre ein mit dem Beifall eines ganzen Welttheils unternommenes, und in reiner Gesinnung, mit höchster Aufopferung fortgeführtes Werk zu Grunde gerichtet worden durch die Umtriebe einzelner Menschen, die überdies noch durch die schreiendsten und in die Augen fallendsten Ungerechtigkeiten sich blosgegeben hätten, — wer die Menschen für so moralisch blind hält, der muß wohl auch glauben, je schändlicher seine Verleumdungen seyen, desto leichter werden sie Eingang finden; der wird nicht daran verzweifeln, jeder Niederträchtigkeit, die er Personen aufzubürden für gut findet, Glauben bei den Menschen zu verschaffen!

Das soll er aber nicht! Es soll und muß nachgewiesen werden, daß die persönlichen Interessen dem Kampfe, der sich in den pädagogischen Bestrebungen der Pestalozzischen Anstalt erhoben hat, durchaus fremd waren, und noch auf diese Stunde von Seiten der Gegner Hrn. Pestalozzi's durchaus fremd sind. Die Welt soll sehen, um was es zu thun war, und um was nicht.

Letzteres ist die Aufgabe, die sich der Verfasser der gegenwärtigen Bogen gesetzt hat. Dem denkenden Leser, der den Trug des Werkes selbst gefühlt und erkannt hat, will er dadurch die Enden der Fäden an die Hand geben, an denen er diese psychologische Erscheinung bis in ihre tiefsten Gründe und Abgründe verfolgen mag. Den Kleingläubigen und eben darum auch Leichtgläubigen aber, für deren zahllose Schaar die Pestalozzische Schrift eigentlich berechnet ist, will er dadurch unzweifelhafte Thatsachen aufstellen, von denen aus sie das, was sie mit den Augen des Geistes nicht gesehen, nunmehr mit Händen greifen können.

Ueber den eigentlichen Gegenstand des Kampfes, über den Widerspruch der pädagogischen Ansichten und Bestrebungen hingegen enthält sich Verf. jedes Urtheils. Einerseits würde es ihm nicht ziemen, mit seinen Einsichten in's Mittel treten zu wollen, wo solche Stimmen sich gegeneinander erheben; andererseits wäre das Wenige, was er darüber etwa sagen könnte, nicht geeignet, Licht über die Sache zu verbreiten, da er selbst in

pädagogiſcher Hinſicht einen von Hrn. Niederers
weſentlich verſchiedenen Standpunkt hat. Um ſo
unverdächtiger aber ſoll, wie er hofft, eben darum
ſein Zeugniß über den Theil des Streites, den er
zu beleuchten unternommen hat, erſcheinen, als
das Zeugniß eines Mannes, der durch Widerſpruch
der Anſichten ſeiner innern Lebensaufgabe, ſo wie
ſeinem äußern Lebensgange nach von Hrn. Niederer getrennt, weder ein perſönliches Intereſſe mit
ihm gemein hat, noch Anhänger ſeiner Lehre iſt.
Dabei will er indeſſen nicht verhehlen, daß es ihn
freut, Herrn und Frau Niederer bei dieſem Anlaß
einen Beweis ſeiner Anerkennung ihres pädagogiſchen Wirkens, ſo wie ſeiner Hochachtung für
ihren perſönlichen Charakter zu geben.

Uebrigens iſt er weit entfernt, ſeinen Leſern
zuzumuthen, daß ihnen in einer ſo wichtigen Sache
ſein Urtheil etwas gelte; er fordert ſie vielmehr
zur ſtrengſten Prüfung der Aktenſtücke und That-
ſachen auf, die er ihnen darlegt; und es iſt ihm
für das Reſultat nicht bang bei denen, die Augen
haben, zu ſehen, und Ohren, zu hören.

Auffallen wird es ohne Zweifel, daß es in
einer Sache dahin kommen könne, daß des Unſchul-
digen Unſchuld bewieſen werden muß. Zum Glück

für die menschliche Gesellschaft tritt dieser Fall
äußerst selten und nur dann ein, wenn die Anklage, als ein ächtes Werk der Finsterniß, gegen
sich selbst die Waffen liefert.

Ueberſicht des Inhalts.

Urkunden-Register.

Einleitung.

Herr Pestalozzi versucht in seiner neuesten Schrift: "Meine Lebensschicksale als Vorsteher meiner Erziehungsinstitute in Burgdorf und Iferten. Leipzig, bei Gerhard Fleischer, 1826." darzuthun, das Mißlingen seiner Lebensaufgabe, der Verwirklichung der Idee der Elementarbildung, und der Untergang seiner dafür errichteten Anstalten rühre von den Verfolgungen seiner Feinde, und ganz besonders des Herrn und der Frau Niederer her. Zur Beglaubigung dieser Verfolgungen von Personen, deren Hingebung für ihn und seine Sache keine Grenzen hatte, so lange die Hingebung für ihn auch Hingebung für seine Sache war, weiß er bei seiner schlechten Meinung von dem Publikum, das er zum Richter und Rächer aufruft, keinen plausiblern Grund anzugeben, als Eigennutz. Die Rechnungsverhältnisse, die zwischen dem Niedererschen Hause und dem seinigen obgewaltet haben, und, wenn man ihn hört, noch obwalten, sollen der Zunder zu dem Kriegsfeuer gewesen seyn, das in immer hellere Flammen ausbrach, und mit dem verzehrenden Brande seines Hauses sich endigte.

Mit Erstaunen werden die Leser der Pestalozzischen Schrift vernehmen, daß über diese Rechnungsverhältnisse, die als Triebfeder alles Hrn. Pestalozzi angeblich zugefügten Unrechts durch die ganze Schrift hin erscheinen, schon im November 1824 von den dazu beiderseits erbetenen Schiedsrichtern, den Herren Staatsräthen Soulier und De la Harpe, Herrn Dr. und Prof. Secretan und Herrn Dr. Pellis ein rechtskräftiges Urtheil ausgesprochen worden ist. Warum Hr. Pestalozzi in seiner Schrift das Dasein eines so wichtigen Aktenstückes, das seiner Natur nach allem weitern Gerede über diese Sache hätte ein Ende machen sollen, mit Stillschweigen übergeht, ist leicht zu errathen; dem Verf. dies that er in einem Ausbruche der Wuth über diese Entscheidung die sehr naive Aeußerung:

„Ehr han i wölle, Ehr und kei Geld, jetzt han i aber
„weder Ehr no Geld."

Hr. Pestalozzi verheimlicht aber nicht nur das Daseyn dieses Aktenstückes, sondern er spricht von seinen Forderungen an Herrn und Frau Niederer so, als ob er dieselben noch jetzt zu machen hätte. Er sagt S. 124:

„In diesem Geiste, und gedrängt von dem Gedan-
„ken des bösen Einflußes, den Niederers schonungslose
„und harte Handlungsweise gegen mich und mein
„Haus in diesem Zeitpunkte" (Juli 1817, wo Herr
Niederer von der Pestalozzischen Anstalt schon ganz
getrennt war) „hatte, ergriff ich ein eben so unpassen-
„des Mittel, der Spannung, die zwischen Niederer
„und meinem Hause jetzt öffentlich obwaltete, durch
„eine in meiner Lage wahrhaft großmüthige, väter-

„liche Handlung den giftigen Stachel zu benehmen,
„und sandte Herrn Niederer, an dessen Frau Ge-
„mahlin ich im Gefolge der Verpflichtungen,
„die ihr die Uebernahme meines ihr über-
„gebenen Töchterinstituts auflegte, beträcht-
„liche Summen zu fordern habe, eine dießfällige
„Generalquittung zu. Die Art, wie diese Handlung
„aufgenommen wurde, und die herzerschneidenden
„Folgen, die sie bis auf den gegenwärtigen Augen-
„blick auf mich hatten, sind in Schmids Schrift:
„Wahrheit und Irrthum [1]) bis auf den Zeitpunkt
„ihrer Erscheinung documentirlich dargelegt. Der Kürze
„halber verweise ich nur auf dieselbe. Diese Handlung
„war eine Folge der großen Gemüthsschwäche, in der
„ich mich damals befand, oder vielmehr eine Folge
„der äussersten Verzweiflung, jemals auch
„nur das Geringste von dem zu erhalten, was
„mir unzweideutig und unwidersprechlich ge-
„bührte.“ [2])

_____

[1]) Mit dieser Schrift, die notorisch ein Libell ist, werden wir
uns nicht befassen, und ihrer nur da erwähnen, wo es die
geschichtliche Darstellung unumgänglich nothwendig
macht. Uebrigens ist die Pestalozzische Schrift, die er schick-
licher seine Lebens-Lügsale, als Schicksale betitelt hätte,
dazu ein vollkommenes Seitenstück. Als jene erschien,
klagten Viele, daß Pestalozzi einen seiner so unwürdigen Jünger habe. Jetzt möchte es schwer seyn zu sagen,
welcher des Andern würdiger sey, ob der Jünger des
Meisters, oder der Meister des Jüngers?

[2]) Von den beträchtlichen Summen, die er an
Frau Niederer noch zu fordern haben will, das ich nun

Es genügt zur Würdigung der von Hrn. Pestalozzi seinen Gegnern gemachten Anschuldigungen, den Schiedsspruch zur öffentlichen Kenntniß zu bringen, von dem Hr. Pestalozzi eben deßwegen schweigt, weil er Hrn. und Frau Niederers völlige Rechtfertigung enthält. Verf. dies hat sich deßhalb auch die Erlaubniß zum Abdruck desselben, so wie der andern Aktenstücke von Hrn. Niederer erbeten. Um aber jeden Leser in den Stand zu setzen, diese gerichtliche Entscheidung gehörig zu würdigen, lassen wir eine gedrängte Geschichte der Verhältnisse vorangehen. Sie zerfällt ihrer Natur nach in folgende drei Abtheilungen:

---

freilich nichts erhalten, wohl aber ganz gewiß Alles, was ihm unzweideutig und unwidersprechlich gebührte, im Ganzen einen Saldo von — fünfzehn Louisd'or, der überdies, wie man weiter unten sehen wird, ihm damals noch nicht einmal zukam. Entweder muß Hr. Pestalozzi gestehen, daß diese ganze Stelle voll der schamlosesten Lügen ist, oder er muß auch die Schiedsrichter als Hrn. Niederers Mitschuldige anklagen; so wie er überhaupt, lächerlich genug, öffentliche Behörden und Privatpersonen, ja seine eigenen Lehrer und Zöglinge, kurz alle Menschen, mit denen er nicht zufrieden war, — und das sind, nach seinem eigenen Buche, Joseph Schmid ausgenommen, so ziemlich alle, mit denen er zu thun hatte, — als von Hrn. Niederers allmächtigem Einflusse, wie Puppen am Drähtchen, in Bewegung gesetzt darstellt. Und all' diesen Zauber wirkte „der metaphysisch verstiegene, so „viel als allgemein ungewandte, praktisch beinahe unfä„hige" Niederer. Incredibile dictu! —

1) Geschichte der Verhältnisse des Hrn. Niederer und der Jungfer Kasthofer zu Hrn. Pestalozzi, von ihrer ersten Theilnahme an seinem Unternehmen, bis zur Uebergabe des Töchterinstituts an Jgfr. Kasthofer, Ende 1813.

2) Geschichte dieser Uebergabe, der Verheirathung Hrn. Niederers mit Jgfr. Kasthofer und ihrer weitern Verhältnisse zu Hrn. Pestalozzi bis zum gänzlichen Rücktritte Hrn. Niederers von der Pestalozzischen Anstalt und dem bald darauf erfolgten Ausbruch der Rechnungsstreitigkeiten, Sommer 1817.

3) Geschichte dieser Rechnungsstreitigkeiten von ihrem Anfang an bis zu ihrer Entscheidung durch das Schiedsgericht, November 1824.

I. Geschichte der Verhältnisse des Herrn Niederer und der Jungfer Kasthofer zu Herrn Pestalozzi von ihrer ersten Theilnahme an seinem Unternehmen, bis zur Uebergabe des Töchterinstituts an Jungfer Kasthofer, Ende 1813.

Herr Niederer vereinigte sich mit Hrn. Pestalozzi schon im Jahr 1803, als derselbe mit seiner Anstalt noch in Burgdorf war, und folgte ihm auch bei ihrer Verlegung von da nach Iferten. Vorher schon hatte er mehrere Pfründen, zuletzt die in der Gemeinde Sennwald, einem ansehnlichen Orte des Rheinthals, bekleidet. Es war ihm hier die Inspektion der Bezirksschulen übertragen, und durch Versammlung mehrerer Zöglinge um sich her, hatte er sein Haus zum Erziehungshause gemacht.

Die Pestalozzische Erziehungsidee nahm seine Aufmerksamkeit in hohem Grade in Anspruch, und erfüllte ihn mit Begeisterung, so daß er seine bürgerlich gesicherte Stellung mit allen Aussichten, die daran sich knüpften, aufgab, um Hrn. Pestalozzi's wiederholten dringenden Einladungen zu folgen. Dieser hatte ihn zuerst durch seine früheren Gehülfen, die Herren Krüsi und Tobler, kennen gelernt. Hr. Niederer machte ihm in Burgdorf mehrere Besuche, bei denen er sich mit Hrn. Pestalozzi über seine Ansichten besprach. Es war ihm dabei wesentlich darum zu thun, den leitenden Gedanken aufzufinden, von dem alle einzeln ausgesprochenen Grundsätze und Thatsachen ausgiengen, und an den geknüpft sie sich zu einem Ganzen verbinden mußten. Hr. Pestalozzi erkannte bald, wie viel Werth die Hülfe eines solchen Mannes für ihn haben mußte, der die zerstreuten Blicke seiner Genialität in ihrer ganzen Tiefe aufzufassen und in geordneten Zusammenhang zu bringen wüßte. Daß dies die charakteristische Richtung war, die Hr. Niederer in der Pestalozzischen Idee und für sie verfolgte, geht aus Hrn. Pestalozzi's eigener Schilderung Hrn. Niederers auch in seiner neuesten Schrift hervor, wo er (S. 29) von ihm sagt: „er habe durch freies, eigenes, selbständiges Nachdenken den psychologischen Fundamenten „der Grundsätze und des Wesens der Idee der Elementarbildung nachspürte, allgemeiner und tiefer als „irgend jemand in ihrer Mitte nachgeforscht."

Hr. Pestalozzi war indessen damals und lange nachher noch keineswegs in der Lage, Hrn. Niederer für das Opfer, das er ihm in bürgerlicher und ökonomischer Hinsicht gebracht hatte, schadlos zu halten. Dieß beweisen auf's Unwidersprechlichste die noch jetzt vorhandenen detaillirten Rechnungen, die ihm von der ökonomischen Verwaltung der Anstalt ausgestellt wurden. Erst vom Juli 1805 an bezog er regelmäßigen Gehalt, und zwar bis zum Jahr 1808 nicht mehr als

25, im Jahr 1809 — 30, und vom Jahr 1810 an,
wo die Zahl der Zöglinge bis auf 150 stieg, 50 Louisd'or
jährlich, nebst Kost und Wohnung. Ausser dem natürlich zufälligen Honorar für den Confirmationsunterricht, das er jedoch auch erst vom Jahre 1808 an bezog, hatte Hr. Niederer nicht nur weiter keinen ökonomischen Vortheil von der Anstalt, sondern es fielen
noch manche Ausgaben, die er im Interesse der Anstalt machte und machen mußte, auf seine Privat-
rechnung. So lag ihm z. B. die Führung der Correspondenz für die Anstalt ob, und doch mußte er
Schreibmaterialien, Briefgelder u. s. f. aus eigenen
Mitteln bestreiten. Ja es kommt einige Male vor, daß
ihm seine eigenen Schriften, die er für den Zweck und
zum Vortheil der Anstalt geschrieben hatte, auf Rechnung gesetzt wurden. Auch zeigt es sich in diesen Rechnungen, daß Hr. Niederer in den ersten Jahren durch
die Dürftigkeit seines Gehalts in Rückstände gerieth,
die er erst später durch seine erhöhte Einnahme zu decken
im Stande war. Nicht genug, er war einmal im Fall,
für Hrn. Pestalozzi selbst 300 Gulden bei Hrn. B***
in B*** zu entlehnen, die er aus eigenen Mitteln
zurückzahlte, wie ebenfalls diese Rechnungen auswei-
sen. Und das ist nun die goldene Zeit, von der sich
Hr. Pestalozzi in seiner Schrift S. 5 und 6 nicht ent-
blödet zu sagen: „Bald glaubte ein jeder von ihnen,"
(seinen ersten Gehülfen) „er könnte mein Haus im
„ganzen Umfange seiner Ansprüche wenigstens besser
„regieren als ich, und der Gelust, dieses an
„meiner Statt oder wenigstens von mir un-
„beschränkt thun zu können, griff in unserer
„Mitte um so mehr Fuß, da wir nicht bloß von

„Ehre und Lob übersättiget waren, sondern uns auch
„noch das Geld gleichsam zum Dach herein-
„regnete." Die obigen, den vom Institut Hrn. Niederer gestellten Rechnungen enthobenen, also akten-
mäßigen Thatsachen beweisen wohl zur Genüge,
daß von diesem gewaltigen Geldregen wenigstens auf
Hrn. Niederers Traufe nichts fiel. Es ist indessen auch
den andern Gehülfen nichts davon zugefallen, denn sie
haben sämmtlich, wie er, das Pestalozzische Haus
eben so arm und zum Theil noch ärmer verlassen, als
sie in dasselbe eingetreten waren. [3]

---

[3] Ganz besonders empörend ist der Undank, mit dem er
sich über Hrn. Krüsi's Austritt aus seiner Anstalt (S. 90
und 91 seines Buchs) ausspricht, wo er zu verstehen
giebt, er habe demselben sein Haus aufbauen helfen.
Hr. Krüsi hatte sich ganz zu Anfang, noch vor Hrn. Niederer an Hrn. Pestalozzi angeschlossen, und dessen
Armuth getheilt. Seiner Thätigkeit ganz besonders
verdankte Hr. Pestalozzi die Ausarbeitung seiner Elementarbücher, die Hrn. Pestalozzi nicht nur ökonomische
Vortheile gewährten, indem Hr. Krüsi dafür durchaus
keinen Anspruch machte, sondern auch das öffentliche
Fundament seiner Anstalt wurden. Als später Hr. Krüsi
sich verheirathete, erhielt er von Hrn. Pestalozzi nicht
einmal Entschädigung für Kost und Wohnung, die er
nicht mehr in der Anstalt hatte, sondern er lebte einzig
von seinen 50 Louisd'or Gehalt. Daß er unter diesen
Umständen keine Schätze zur Aufbauung eines eigenen
Hauses sammeln konnte, ist klar; nur durch das öffentliche Vertrauen, dessen er in jeder Hinsicht genoß, und
durch seine redliche Thätigkeit wurde er in den Stand
gesetzt, seine Anstalt zu gründen. Was die Besetzung

Es muß aber hier noch einer zweiten Anklage Hrn. Pestalozzi's gegen Hrn. Niederers Betragen gedacht werden, die sich vorzüglich auf das Ende dieses Zeitraums, nämlich auf die Jahre 1810—1813 bezieht. Er sagt S. 56: „Die Leitung meines Hauses war „von nun an" (seit Schmids Entfernung, und der damit zwar gleichzeitigen, sonst aber nicht in Verbindung stehenden Abreise einiger andern Gehülfen) „im „Geist und in der Wahrheit vollkommen in Niederers „Hand, und fiel in Rücksicht auf alles, was ich als „Vater, Chef, Eigenthümer und ursprüng„licher Begründer des Eigenthümlichen der „Zwecke und Mittel unserer Vereinigung hät„te seyn und bleiben sollen, gänzlich aus der „meinigen."

Wenn Hrn. Niederers Stimme in der Anstalt von großem Gewichte war, so hatte dieß seine guten Gründe: er umfaßte das Ganze der Unternehmung; und die theoretische Entwickelung derselben nach allen Richtungen, die er sich zur Aufgabe gemacht hatte, mußten ihm der Natur der Sache nach einen bedeutenden Einfluß auf das ganze Personal der Anstalt geben. Daß er sich aber die sogenannten Regierungsrechte Hrn. Pestalozzi's nicht angemaßt, geht schon daraus hervor, daß er zu den Männern, die an der praktischen Ausführung des Pestalozzischen Werks arbeiteten, wie in

---

derselben mit Herrn Pestalozzi's Zöglingen betrifft, so ist es Thatsache, daß Hrn. Krüsi ein Zögling, der nach des Vaters Willen in seine Anstalt übergehen sollte, im Schloß gewaltsam zurückgehalten wurde.

jener Periode die Herren Krüsi, Dreist, Henning und
Kawerau auf dem Fuße der völligsten Gleichheit, sowohl Hrn. Pestalozzi als diesen selbst gegenüber, stand,
und daß seine freundschaftlichen Verhältnisse mit denselben auch über allen in der Anstalt entstandenen
Streit hinaus noch fortdauern.

Eine solche Stellung seiner Gehülfen zu einander
und zu ihm selbst diente gewiß weder Hrn. Pestalozzi,
noch seiner Anstalt zum Nachtheil; auch waren gerade
damals die Leistungen derselben wirklich am Bedeutend-
sten. Indessen soll Hrn. Niederer sein damaliger Einfluß doch zum Vorwurfe gereichen, und zwar in doppel-
ter Hinsicht. Zuerst heißt es darüber weiter S. 57:
„Niederer und Krüsi und bald Jedermann, der in
„meinem Hause war und hineinkam, sahen sich weit
„mehr, als ich, als verdienstvolle Schöpfer alles
„dessen, was aus der Anstalt geworden und was sie
„geleistet.“ Wie ungerecht dieser Vorwurf schon gegen
Hrn. Niederer ist, den er hauptsächlich treffen soll,
geht daraus hervor, daß Hr. Niederer durchaus darauf
drang, daß Alles von Hrn. Pestalozzi als dem Mittelpunkt ausgehe, und nur auf seine Autorität und seinen
Namen hin, nichts aber von seinen Gehülfen einseitig
von sich aus geschehe. Er selbst arbeitete sehr Vieles
aus, was unter Pestalozzi's Namen erschien; so ist,
um von vielen Beispielen eines anzuführen, ein großer
Theil der Lenzburger-Rede Hrn. Niederers Werk.
Schmid selbst sagt (Wahrheit und Irrthum, S. 5)
„Hr. Niederer habe jedem litterarischen Produkt der
„Anstalt Pestalozzi's eigenen Namen vorgedruckt wissen
„wollen.“ Freilich macht er ihm daraus ein Ver-

brechen, es sey ein Mißbrauch von Pestalozzi's Namen
gewesen,[4] und giebt es, insofern Hr. Niederer diese
Forderung auch an ihn bei der Herausgabe seiner
mathematischen Elementarbücher gemacht, mit der ihm
eigenthümlichen Unbefangenheit als den Anlaß an, wo
er den Anfang zu einem Bruche zwischen Hrn. Niederer
und sich geahnt.

Nur seine Vertheidigung der Pestalozzischen Sache,
die er in der Schrift: „Pestalozzi's Erziehungsunter-
nehmen im Verhältniß zur Zeitkultur" auf sich nahm,
konnte Hr. Niederer natürlich nicht unter Pestalozzi's
Namen herausgeben. Er that es aber doch nicht in
seinem Namen allein, sondern „im Namen der sämmtlichen Lehrer und Gehülfen von Pestalozzi." Gerade
diese Schrift aber und das Verhältniß, in dem er
darin zu Pestalozzi erscheint, ist das sprechendste Zeugniß für ihn in dieser, so wie in andern Hinsichten.
Zwar hat Hr. Pestalozzi jetzt auch sie, eigentlich aber
dadurch nur sich selbst giftig geschmäht (S. 62 — 65
f. Sch.), dessen ungeachtet aber wird sie, besonders
ihrem nichtpolemischen Theile nach, die Aufmerksamkeit, die sie bei ihrem ersten Erscheinen beim großen
Publikum sowohl als auch bei mehrern Universitäten
erregte, immerfort von denen in Anspruch nehmen,
deren Geist und Herz rein, deren Sinn für das Höchste
und Größte in der Menschennatur offen ist — und eben

---

[4] Indem Schmid diesen Mißbrauch des Pestalozzischen
Namens vermied, sorgte er zugleich dafür, daß der
Ertrag dieser Bücher in seine Tasche fiel.

so wird sie immerfort Zeugniß geben von Hrn. Niederers tiefer Auffassung der Pestalozzischen Idee und seiner begeisterten Hingebung für dieselbe.

Hr. Pestalozzi bleibt aber bei seinem Vorwurf der Ruhmsucht auf Kosten des ihm von Rechtswegen gebührenden Ruhms nicht stehen; auch der ökonomische Verfall, in den die Anstalt bald nachher gerieth, wird daraus erklärt, daß Hr. Pestalozzi seiner Regierungsrechte verlustig geworden sey, und kommt somit auf Rechnung Hrn. Niederers, der sie, wie es heißt, vollkommen in seiner Hand hatte. Um unsere Leser nicht zu ermüden, heben wir nur die stärkste der dahin einschlägenden Stellen aus; sie findet sich S. 66 und 67: „Mein Seelenzustand in dieser Lage versank noch tiefer als selber meine Wirthschaft. Wäre ich bei „gesunder Kraft ein Mann gewesen, ich wäre körperlich „unterlegen und sicher todt; aber ich war ein Kind, „und ließ ohne männlichen Widerstand mit „mir, mit dem Meinigen und den Meinigen „machen, was man immer wollte. Ich glaubte „dabei immer noch in festem Vertrauen, in „Freundes-Händen zu seyn, und an der Seite „von Männern zu leben, die großer Dinge fähig und „wills Gott noch Auswege aus allem diesem Chaos „herausfinden werden. Kaum waren seit dem Austritte „obgenannter Herren drei Jahre verflossen, als die „Folgen der eben berührten Dilapidation „aller unserer Ressourcen mein Haus dahin„brachten, daß, wer noch immer wahres Inte„resse für mich hatte, meiner Frau bei Anlaß „eines ihr zugefallenen Erbes rieth, dasselbe

„und alles, was immer noch von ihrem früher
„geerbten Eigenthum in freier Hand sey,
„meiner Verwaltung zu entziehen, und für
„die Sicherheit unseres Sohnssohns in vögt-
„liche Hände zu legen. Ich sah diese Nothwendig-
„keit auch selbst ein, und gab, beides, über mein Unglück
„und über meine Fehler tief gekränkt, diese Bevogtung
„freiwillig zu. Das, was noch in Jferten zur Führung
„meines Instituts in meiner Hand lag, ließ man mir
„in derselben. Bei meiner unüberlegten Gedankenlosig-
„keit glaubte ich damit noch immer genug in meiner
„Hand zu haben, um meinen Lebenszwecken, wenn
„auch beschränkt, langsam und gehemmt, dennoch mit
„einigem Erfolg entgegenstreben zu können; und suchte
„auf das Unterpfand des ganzen Mobiliarvermögens,
„das mir noch in freier Hand gelassen wurde, Geld
„zu entlehnen. Ich fand aber, ich muß sagen, aus
„Liebe und Sorgfalt für mich, kein Geld; und Geld
„war dringend nothwendig. Die Anstalt stand auf
„dem Punkte, sich durch einen Bankerott
„völlig aufzulösen; um dieses Aeußerste
„wenigstens für den Augenblick zu verhüten,
„ließ meine Frau mich, selber in dem Zeit-
„punkt, in dem sie alle Maßregeln traf, ihr
„übrig gebliebenes Vermögen in vögtliche
„Hände zu legen, dennoch auf unser Gut eine
„beträchtliche Summe Geldes aufnehmen, die
„aber unter diesen Umständen nicht anders
„konnte, als sehr bald auch im Rauch auf-
„gehen!" 5)

---

5) Diese schändliche Insinuation über die Ursachen seines

An dem Geldregen, sahen wir oben, hatte Hr. Niederer keinen Antheil; die Dilapidation kann ihm auch nicht zugerechnet werden, und zwar aus dem einfachen Grunde, weil Hr. Niederer an der ökonomischen Verwaltung durchaus keinen Antheil hatte. Schmid erkennt dies an (Wahrheit und Irrthum S. 26), macht ihm aber daraus einen Vorwurf. Hr. Pestalozzi umgekehrt wirft ihm vor, er habe sich der Leitung angemaßt, und setzt all sein diesfälliges Unglück auf Hrn. Niederers Rechnung. [6]) Hier erscheint Schmid in der That ehrlich, — vergleichungsweise mit seinem Meister! — Hr. Niederer mischte sich nie in die Oekonomie, und es war ihm auch wahrlich nicht zuzumuthen, da seine besondere Aufgabe in der Anstalt schon mehr als gewöhnliche Kraft in Anspruch nahm. Denn außer der theoretischen Umfassung des Ganzen lag ihm noch der Religionsunterricht, und der Unterricht der Seminaristen in der Methode ob, und diese beiden Fächer forderten doch wohl auch, um mit dem Ganzen in Einklang zu stehen, wieder eine eigenthümliche Bearbeitung.

ökonomischen Verfalls wird noch schädlicher durch den schleicherischen Zusammenhang, in den er sie mit der Geschichte des Töchterinstituts, der Uebergabe desselben an Jungfer Kasthofer und deren Verheirathung mit Hrn. Niederer setzt.

[6]) Hr. Niederer ist hier mit der Pestalozzischen Anstalt nicht besser daran als der Müller mit seinem Esel. Setzt er Hrn. Pestalozzi hinauf, der damals seiner eigenen Angabe zufolge ein Kind war, so spottet man sein; sitzt er selbst auf, so schilt man ihn; läßt er den Esel allein laufen, so schreit man gegen ihn.

Es erklärt sich aber sehr leicht, wie es mit dem
ökonomischen Verfall zugieng. Wo und wann in seinem
ganzen Leben hat Hr. Pestalozzi gut gewirthschaftet? wo
und wann nicht schlecht? Sagt er nicht selbst in seiner
Schrift (S. 2): „Das Scheinglück, das ich" (bei
der Errichtung seiner Anstalt in Burgdorf) „hatte,
„diente nur dazu, meine Traumsucht und Unvorsichtig-
„keit immer mehr in mir selbst zu verstärken; und in
„meinem angehenden Alter abermal den Grund
„zum Mißlingen meiner Bestrebungen mit eben
„dem Leichtsinn und mit eben der Gedanken-
„losigkeit selbst zu legen, durch die ich mein und
„der Meinigen Unglück in meinen jüngern Jahren
„veranlaßt und, ich muß beinahe sagen, mit Haaren
„herbeigezogen habe?" — Und ist es etwa mit seiner
Wirthschaft besser gegangen unter der Verwaltung seines
gepriesenen Retters Schmid? Wo sind die Subscrip-
tionsgelder alle hingekommen, die er als Fonds einer
Armenanstalt einst mit so vielem Pomp unter die Ga-
rantie der Tagsatzung zu stellen versprach!

Wir können diesen Artikel über Hrn. Niederers
erste Verhältnisse zu Hrn. Pestalozzi nicht besser schliessen, als mit des Letztern eigenen Worten im 49sten
Paragraph seiner Erklärung gegen Hrn. Chorherrn
Bremi vom Jahr 1812:

„Niederer hat wirklich Eigenthümlichkeiten an sich,
„die ich oft mit Mühe trage, weil sie den meinigen
„geradezu entgegenstehen. Aber seine Freundschaft
„überwiegt alles, was ich in meinem Leben in der
„Freundschaft genossen und auch nur geträumt. Was

„kann der Mensch für seinen Freund mehr thun, als
„wenn er um seinetwillen aus einem sichern, ruhigen
„und befriedigenden Leben heraustritt, und sich für
„ihn in eine unsichere, unbefriedigende, drückende
„und in vielen Rücksichten gefährliche Lage hinein-
„stürzt? Das hat Niederer gethan. Er hat um meinet-
„willen seine Pfarrei, auf der er wirksam, geachtet
„und glücklich lebte, verlassen, und sich zu einer Zeit
„an mich und an meine Armuth[7]) angeschlossen, und
„in die Arme aller meiner Verlegenheiten geworfen,
„in welcher mein Werk in mir selber noch nicht reif,
„und ich aller äussern Hülfe und Mitwirkung für
„dasselbe beinahe gänzlich beraubt war. In diesem
„Zeitpunkte stellte er, der einzige Mann, der einen
„Grad von litterarischer Kultur ansprechen konnte,
„sich an meine Seite, und gab sich allen Gefahren
„der Theilnahme preis, denen ihn mein Unternehmen
„aussetzen konnte, und wirklich aussetzte. Ueber das
„Persönliche empor, geht seine Freundschaft auf den
„Zweck meines Lebens, für den ich mich durch mein
„Leben so oft verlassen sah. Die Theilnahme meiner
„Freunde schloß sich gewöhnlich nur an meine Per-
„sönlichkeit an;[9]) sie dienten meinen Zwecken so oft

---

[7]) Wir überlassen es unsern Lesern, selbst zu beurtheilen,
was ihnen glaubwürdiger scheint, Hrn. Pestalozzi's
damaliges Geständniß seiner Armuth und Unfähigkeit,
seine Gehülfen für ihre Aufopferungen zu entschädigen,
oder seine jetzige Prahlerei von einem Geldregen, den
sie auf ihre Traufe zu leiten gewußt.

[9]) Man vergleiche damit seine neueste Schrift, S. 2: „die
„ Unbehaglichkeit, in die ich mich bei meiner Regie-

„mit dem Gefühl von Menschen, die nur Oel auf
„meine Wunden gießen wollten, aber gar nicht daran
„dachten, mit ihrer Handbietung die Kraft eines ge-
„sunden Mannes für ein wichtiges Werk zu unter-
„stützen. Ihr Leben schloß sich so wenig an mein Leben.
„Sie gaben mir selige Stunden der Freundschaft, wie
„mir Niederer ewig keine gewährt, aber es waren
„Stunden der Näherung gegenseitiger Persönlichkeit.
„Ich werde ihrer zwar in meinem Leben nicht ver-
„gessen, so wenig als den Dank, den ich vielen mich
„persönlich schätzenden Männern schuldig bin. Das,
„was ich Niederer danke, ist durchaus nicht von die-
„ser Art. Seine Persönlichkeit nähert sich der meini-
„gen so wenig, als meine der seinigen. Ich möchte
„sagen: er mangelt von dieser Seite oft der Näherung
„gemeiner neben einander wohnender Menschen; aber
„sein Leben ist seine Freundschaft; sein Bleiben, sein
„Ausharren für meine Zwecke; selber sein Kampf,
„den er anhaltend mit sich selbst und mit seiner Per-
„sönlichkeit besteht, um meinen Lebenszwecken immer

„xungsunfähigkeit versetzte, wurde noch dadurch
„verstärkt, daß ich meinen ersten Gehülfen in wissen-
„schaftlicher und pädagogischer Hinsicht Kenntnisse und
„Fertigkeiten, und eine Festigkeit in der An-
„hänglichkeit an die Zwecke meiner Bestre-
„bungen, insofern (!) sie die meinigen (!) und
„an das Meinige gekettet (!!) waren, in einem
„Grad beimaß, der mit meiner Ueberschätzung jedes
„Guten und jedes Menschen, den ich liebte und den
„meine Idee zu ergreifen schien, vollkommen gleich
„war." Sapienti sat!

„mehr zu seyn; selber seine Widersprüche, selber sein
„Widerstand gegen meine Persönlichkeit, wenn er
„sie mit meinen Zwecken im Conflikt findet, beweiset
„das Edle, das Ausserordentliche, das Reine seiner
„Freundschaft. Würde er weniger widerstehen, er
„würde weniger lieben! Und diesen Mann schil-
„dert man*) öffentlich als den, der mich miß-
„brauche, der aus Selbstsucht seine Ansichten
„den meinigen unterschiebe, und auf den Er-
„folg meines Lebens im höchsten Grade störend
„wirke!"....

Mancher unserer Leser, den aus diesen Worten der
alte Geist Pestalozzi's, als käme er aus dem Grabe
heraufgestiegen, wieder anhaucht, wird vielleicht hier
das Buch schließen und ausrufen: Was brauchen
wir weiter Zeugniß!

Jungfer Kasthofer war mit Hrn. Pestalozzi in
Folge der zwischen ihrer Familie und ihm obwaltenden
freundschaftlichen Verhältnisse Jahre lang bekannt,
ehe sie nach Jferten kam, und an seiner Unternehmung
Theil nahm. Ihr Verhältniß zu ihm gestaltete sich
immer mehr als das einer in kindlichem Vertrauen
sich hingebenden Freundin zum väterlichen Freunde,
dem sie alle Angelegenheiten ihres Lebens mittheilte,
und ihn darüber um Rath fragte; dem sie ihre Ge-

---

*) Wer hätte wohl damals gedacht, daß Pestalozzi selbst
dies einst thun würde!?

danken und Gefühle offenbarte, und sich von ihm
Aufschluß darüber erbat. Ihr innerer Beruf zur Erzieherin entschied sich durch diese gegenseitigen Mittheilungen immer mehr, und reifte endlich zum Ent-
schlusse, selbst auf einige Zeit nach Iferten zu gehen,
um sich mit der praktischen Ausführung der Pestalozzischen Ideen bekannt zu machen. Hrn. Pestalozzi war
dies sehr willkommen; er baute darauf vorzüglich die
in seiner Töchteranstalt bis dahin unerfüllt gebliebene
Hoffnung, seine Erziehungsgrundsätze auch für die
weibliche Bildung verwirklicht zu sehen; er lud sie
dringend und immer dringender zu sich ein. Unsere
Leser mögen dieses Verhältniß aus den eigenen Briefen Hrn. Pestalozzi's beurtheilen, von denen wir ihnen
hier mehrere im Auszug mittheilen; wir bedauern,
daß wir ihnen nicht die der Igfr. Kasthofer ebenfalls
mittheilen können, da sie von denselben keine Abschrift
genommen hat.

(Auszug eines Briefs ohne Datum nach Aarau.)

"Freundin! ich danke Gott für Ihre Anhäng-
"lichkeit an meine Methode, wie ich ihm für weniges,
"das ich auf Erden genieße, danke. Sie werden die
"Methode Ihrem Geschlechte geben; Ihre
"Ansichten sind mit dem, was in derselben
"wirklich geleistet wird, so übereinstimmend,
"und treffen so vollkommen mit den Bedürf-
"nissen der Vorschritte derselben selbst ein,
"daß ich Ihnen den Grad meiner Hoffnung
"und meiner Freude, Sie auf dieser Lauf-
"bahn zu sehen, nicht ausdrücken kann."

(Auszug eines andern, auch ohne Datum, nach Aarau.)

„Liebe, Edle! Sie machen mich glücklich; der
„Traum der Eindrücke Ihres Thuns und die Erinne-
„rung der Hoffnung, die Sie in mir reg gemacht,
„haben sich mit allem meinem Seyn, Thun und Stre-
„ben ganz verwoben; ich kann mein Thun und
„meine Zwecke nicht mehr ausser Verbin-
„dung mit Ihnen und Ihrem Thun denken
„und fühlen. — Gute, Edle! ich genieße in mei-
„nem Alter ein beneidenswerthes Glück; das Wesen
„dieses Glücks ist von allem Aeusserlichen unabhängend;
„dennoch senden Sie mir zu Zeiten einige Zeilen —
„wenn unser Glück auch noch so groß; das Lächeln
„seiner Nebensachen ist dennoch erquickend.“ —

(Auszug eines andern, auch ohne Datum, nach Aarau.)

„Freundin! Ich bedarf Ihrer Hülfe; mein
„Mädcheninstitut geht nicht ohne eine Person
„von höhern Ansichten, und Ihr Willen, die
„Methode vollendet zu kennen, stimmt mit den jetzigen
„Bedürfnissen meiner Lage vollkommen überein; ich
„will Ihnen durch eine Verbindung mit mei-
„ner Anstalt keine Wohlthat thun, aber ich
„will Ihnen auch die Wohlthaten, die Sie
„mir durch diese Verbindung thun werden,
„nicht unvergolten lassen; — wir wollen gegen-
„seitig mit gleichen Gesinnungen handeln; — Sie
„können meine Zwecke, und ich will Ihnen die Ihri-
„rigen befördern.“

(Auszug eines Briefs, vom 28. Sept. 1808, nach Aarau.)

„ Jetzt bin ich übellaunig in einem hohen Grad —
„ mein Haus ist mir, wie dem David seine Sünden
„ über mein Haupt gewachsen — es ist mir zu schwer
„ worden — ich glaube, ich sey gesund; aber ich lebe,
„ wie wenn ich es nicht wäre; ich lebe, wie wenn ein
„ tödtliches Fieber alle Augenblicke in meinen Adern
„ lebte. — doch glaube ich nicht, daß es mich auffresse.
„ So drückend meine Umgebungen auf der einen Seite
„ sind; so stärkend, erquickend und erhebend sind sie
„ auf der andern Seite. Der Succeß der Methode ist
„ entschieden und mehr als befriedigend — und Deine
„ Theilnahme, Freundin, ist jetzt für Dich ein sicheres
„ Loos — Du findest was Deiner werth ist,
„ und wenn Du das, was Du schon hast, zu
„ dem, was Dir die Methode gewiß geben
„ wird, hinzu setzest — so bist Du eine der
„ vollendetsten Personen, auf die ich meiner
„ Methode halber meine Hoffnung baue —
„ Du wirst mehr im Ganzen finden, als Du erwar-
„ test — im Einzelnen erhebst Du Dich über die
„ Schwächen des Moments, über die sich mein Werk
„ noch nicht erheben konnte. — Die Art, wie wir
„ neben einander wohnen werden, wählest
„ Du dann selbst, wenn Du die Umstände und
„ Umgebungen alle selber gesehen.“

Auf diese Einladungen hin kam Jgfr. Kasthofer
zuerst nach Grandson, und kurz darauf nach Iferten,
wo sie für sich lebte und den Gang des Pestalozzischen
Werks beobachtete, ohne mit seiner Töchteranstalt in
irgend einer Art von bürgerlicher Verbindung zu stehen.

Aus dieser Zeit ist folgender Brief, den Hr. Pestalozzi am 15. November 1808 in Cranson schrieb:

„Du sagtest mir Vater; Du gabst mir das Recht;
„ich sage Dir Tochter — der Name, den Du mir
„gabst, macht mich glücklich, aber doppelt macht es
„mich glücklich, wenn Gott oder Du mir Gelegen-
„heit geben, ein Schärflein zum Glück Deines Her-
„zens beizutragen — — ware rey in die Grenzen
„meiner Erdentage beschränkt, ich würde zweifeln
„und fürchten, dieses Glück sey mir nicht beschie-
„den; aber das Auge Deiner Hoffnund wirft sich
„gegen mich hin, weil Du mich nicht innert diesen
„Grenzen denkst — Nein, ich lebe in den Meinigen
„und in meinem Werk, — und dessen bin ich wie
„meines Lebens gewiß: mein Werk wird das Deinige
„seyn, und die Meinigen, sie wissen es nicht, sie
„ahnden es nicht, aber sie werden die Deinigen seyn,
„und dann — dann, wenn ich schlummre und in
„den Armen des Todes der Welt entrissen bin,
„dann, dann wirst Du Dich meiner noch freuen, und
„Segen finden in der Ausführung eines Werks, des-
„sen erste Ahndungen Dein Herz also erhoben, daß
„Sie Dich den Vaternamen gegen mich aussprechen
„machen — Dank, ewiger Dank für das mich so be-
„seligende Wort, und nimm so froh, so innig mein
„Geantwort an — Meine Tochter! — der Einfluß,
„den Du auf mein Thun haben kannst und haben
„wirst, und dessen Kraft Gott so rein und so hehr in
„Dich gelegt hat, ist ein Trost meines Todbetts,
„der dem Troste gleich sey der Einfluß der edelsten
„und besten meiner Söhne diesem Todbett gewähren

„wird. Mach mir oft Freuden, wie die ist, daß Du
„jetzt einige Zeilen von mir forderst und so veran-
„laßtest Dir zu sagen, was mein gehemmter Mund
„nicht frei und leicht also ausgesprochen hätte." [10]

Nicht lange war indessen Jgfr. Kasthofer in Jferten,
als Hr. Pestalozzi sie für seine Töchteranstalt auf eine
bestimmte Weise in Anspruch nahm. Ein Vierteljahr
etwa nach ihrer Ankunft verließ Jgfr. H***, die bis-
herige Hauptlehrerin, die Anstalt, und Hr. Pestalozzi
bat Jgfr. Kasthofer, an ihre Stelle zu treten, wofür
er ihr einen Gehalt von 24 Louisd'or jährlich zusagte.
Jgfr. Kasthofer nahm den Antrag an, und trat in
ihre Stelle am 1. April 1809 ein, nachdem Hr. Pestalozzi selbst darüber an ihren Bruder, den verstorbenen
Hrn. Staatsschreiber Kasthofer in Aarau, geschrieben,
und dieser seine Zustimmung gegeben hatte. In pädagogischer Hinsicht ruhte von da an die ganze Last der

---

[10] Wir berufen uns hier auf das sittliche Gefühl unserer
Leser, ob die Versunkenheit eines Menschen denen
zugerechnet werden kann, deren Einfluß ihn einst so
hoch erhob? — Der wahrhaft edle Mensch wird auch
dadurch, daß er in seinem schönen Glauben sich getäuscht
sieht, sittlich gehoben. Wer aber nur dann edel dachte
und edel handelte, wenn er von Edeln getragen wurde,
der muß, wenn er sich den Unedeln und dem Unedeln
hingiebt, nothwendig dahin kommen, daß er seine eigenen edelsten Momente, deren Erinnerung ihn in sich
selbst schamroth macht, als sinnlose Träume verhöhnt,
und daß er die Edeln, deren Anblick sein Gewissen
geißelt, mit sich in den Schlamm seiner Schlechtigkeit
versenken möchte.

Anstalt auf Jgfr. Kasthofer, da Frau Luster bloß die ökonomische Verwaltung derselben und die mütterliche Besorgung der Zöglinge über sich hatte; dessen ungeachtet hatte sie während der zwei ersten Jahre weder Kost noch Wohnung in der Anstalt. Auch erhielt sie während dieser ganzen Zeit nicht eine einzige Zahlung auf Abschlag ihres Gehalts, sondern bestritt ihren Unterhalt ganz aus eigenen Mitteln. Da Hr. Pestalozzi selbst in einer bedrängten Lage war, so erlaubte ihr das Zartgefühl nicht, ihn an die Erfüllung seiner ökonomischen Verpflichtungen gegen sie zu mahnen, und sie suchte daher mit den Summen, die sie von Zeit zu Zeit von ihrem Vormund und ihren Brüdern erhielt, auszukommen. Einem derselben, Hrn. Oberförster Kasthofer in Unterseen, der ihr am Neujahr 1811, da sie eben krank war, zwei Louisd'or zuschickte, fielen indessen die Ausdrücke, in denen sie ihm dafür dankte auf, und er schrieb ihr darüber:

„Deinen Dank für die übersandten 32 Franken „hättest Du als bloßen Empfangsschein ausdrücken „können; es ist ja nicht der Mühe werth. Trage besser „Sorge zu Deiner Gesundheit: das ist der Dank, den „ich fordere, und dann sage mir auch, ob denn die „24 Louisd'or, die Pestalozzi Dir als seiner Lehrerin „versprochen, Dir wirklich bezahlt werden? Pestalozzi „ist redlich, aber alt; seine Verwandten kenne ich „nicht; fordere schriftliche Zusagen. Wir sind arm „und haben nicht im Verlag, Verluste zu machen. „Daß Du sagst, die zwei Louisd'or haben Dich erleich„tert, macht mich stutzig; mit 24 Louisd'or solltest Du „ja leben können."

Bei ihrer unbegrenzten Hingebung für Hrn. Pestalozzi und ihrem eben so unbedingten Vertrauen zu ihm
konnte es indessen Jgfr. Kasthofer nicht über sich gewinnen, den Rath ihres Bruders zu befolgen; doch
vermochte dieser Brief so viel über sie, daß sie Hrn. Pestalozzi über ihre diesfällige Lage Eröffnungen machte. In
Folge derselben erhielt sie von ihm wenigstens von Zeit
zu Zeit kleine Summen; doch brauchte es oft mehrere
Tage, ja Wochen zur Ergänzung von ein paar Louis-
d'or, und zuweilen entlehnte er selbst in der Noth des
Augenblicks wieder von ihr. Da sie indessen um dieselbe
Zeit auch Kost und Wohnung in der Töchteranstalt erhielt, so reichten die kleinen Zahlungen nebst dem, was sie
noch von ihrem Vormund zu beziehen hatte, zu Bestrei-
tung ihrer Ausgaben hin. So dauerte dies Verhältniß,
bei dem sie natürlich von ökonomischen Sorgen nie frei
wurde, bis zum November 1813, als dem Zeitpunkte
der Uebergabe des Töchterinstituts an Jgfr. Kasthofer.[11]

---

[11] Wir sind über dieses ökonomische Verhältniß so sehr
in's Einzelne gegangen, weil Hr. Pestalozzi sich in
spätern Zeiten darüber die schändlichsten Verleumdungen erlaubt hat, deren Widerlegung nur durch die
umständlichste Darlegung der Thatsachen vor dem
Schiedsgerichte möglich war, und auch vor dem
Publikum nur dadurch möglich ist.
Die Belege zu den hier angeführten Thatsachen,
insoweit sie nicht bereits in den mitgetheilten Aktenstücken
enthalten sind, liefert das Hausbuch der Jgfr. Kasthofer von ihrer Ankunft in Iferten bis zu ihrer Verheirathung, das mit der äussersten Pünktlichkeit geführt
ist. Obgleich in demselben Einnahmen und Ausgaben,

Die Art, wie Jgfr. Kasthofer in stiller Aufopferung
die ökonomischen Bedrängnisse Hrn. Pestalozzi's theilte,
ist übrigens nicht der einzige Beweis ihrer kindlichen
Hingebung an ihn und ihrer unerschütterlichen Anhänglichkeit an sein Werk. Nicht nur trug sie mit Freuden
alles Drückende ihrer Stellung in der Pestalozzischen
Anstalt, sondern sie machte auch von den Gelegenheiten,
die sich ihr darboten, eine günstigere Stellung für sich
zu gewinnen, keinen Gebrauch. Wir theilen zum Beweis
hiervon folgende Einladung ihres verstorbenen Bruders,
Hrn. Staatsschreibers Kasthofer in Aarau, vom 22. November 1810 mit:

„ Der eigentliche Grund, warum ich Dir jetzt
„schreibe, ist die Stelle als Stiftsdame in Olsberg,
„die Dir der Schulrath anzutragen einmüthig beschlossen

---

vermischt mit Notizen über ihre ökonomischen Verhältnisse, unter einander eingeschrieben sind, und es im
Lauf von fünf Jahren nicht einmal bilanzirt wurde,
so fand es sich doch, als bei Anlaß des Schiedsgerichts
die verschiedenen Rubriken ausgezogen und gegen einander gehalten wurden, nicht nur am Schluß, sondern
auch von einem Jahr zum andern, in völliger Uebereinstimmung mit sich selbst sowohl, als mit den von
ihrem Vormund ausgefertigten Vogteirechnungen, und
mit allen früher von ihr daraus erhobenen Rechnungsangaben. Dadurch lieferte es einen so unerschütterlichen
Beweis für diese letztern, daß es bei'm Schiedsgerichte
nicht nur Hrn. Pestalozzi's eben so grundlose, als
schwankende Behauptungen, sondern auch den auf seinen,
nach den Regeln der Buchhaltung geführten, Büchern
willkührlich eingetragenen Compensationsartikel über-
wog. Man sehe unten Art. 5 des Schiedsspruches.

„hat. Da Deine Antwort bisher ausblieb, so bat man
„mich, Dir zu schreiben und Dich zur Annahme zu be-
„stimmen. — Deine Annahme wird jetzt von dem Schul-
„rath als für das Gedeihen der Anstalt durchaus nöthig
„angesehen, und man setzt einen großen Werth darauf.
„Die Mißbräuche in der Anstalt sind jetzt gehoben, die
„Stiftsdamen und Lehrerinnen artige Leute; Dir soll
„die schöne Wohnung der Aebtissin abgetreten werden;
„der Schulrath will keine Oberin erwählen, bis er
„Dich dazu wählen kann, — Dich jeder Prüfung ent-
„heben, und Dir zum Eintritt bis im Frühling Zeit
„lassen, kurz jede Bedinge eingehen, die Du ihm an-
„zeigst; er verspricht ferner, alles Mögliche für das
„Institut zu thun. So hat er zwei sehr gute Flügel
„von Freiburg kommen lassen, und als Neujahrsge-
„schenk Bertuchs Bilderbuch für 300 Fr. angeschafft.
„Für Dich persönlich will er mit der Pension so weit
„gehen als er kann, und sie bleibe Dir ja lebensläng-
„lich, es sey folglich eine ehrenhafte, angenehme und
„solide Anstellung. Bei diesen Umständen würde ich
„selbst zur Annahme rathen; freilich ist mein Rath
„interessirt, weil wir dadurch das gewinnen, daß wir
„uns näher befinden und öfter sehen können; indessen
„scheint mir doch die Sache wirklich nicht zu verwerfen;
„schreibe mir in einem Briefe vertraulich alle Deine
„Wünsche in dieser Hinsicht, oder lieber, komme mit
„Jgfr. H*** zu uns über's Neujahr; ich will Dich
„dann nach Olsberg führen, um mit Dir den Ort,
„den man Dir als Deinen künftigen Aufenthalt vor-
„schlägt, zu besichtigen.“

Diesen Brief erhielt Jgfr. Kasthofer während ihrer

Krankheit, und sie verschob also die Entscheidung; als sie aber im folgenden Frühjahr ihre Verwandten besuchte, schlug sie die Stelle bestimmt aus, und theilte diesen ihren Entschluß Hrn. Pestalozzi mit, der, darüber sehr erfreut, ihr schrieb:

„Gottlob, daß Du zu einer Anstellung im Aargau
„jetzo Nein sagtest — die Grundsätze und Mittel des
„Hauses gehen nicht vom Erhabenen aus und führen
„nicht zum Erhabenen; — ein Mann kann Großes lei-
„sten, wenn sein Herz schon von Anderem, das ihn
„fesselt, gekränkt ist — aber ein Weib kann nur dann
„erhaben wirken, wenn das Wesen ihrer Stellung, wo
„nicht erhaben ist, doch wenigstens ihrer eigenen innern
„Erhebung nicht täglich Hindernisse in den Weg legt;—
„wer das Höhere thun kann, muß das Niedere lassen;
„— für das, was man in Olsberg will, finden sich
„schon Leute.

„Freundin, wenn mein Thun keine Folgen gehabt
„hätte, als daß es dem höhern Streben einiger edler
„Menschen eine so bestimmte und feste Richtung gegeben,
„daß sie das Kleinere durchaus nicht mehr wollen, wenn
„sie das Größere können — wenn es keine andere Folge
„gehabt hätte, als den Sinn einiger guten Menschen
„so zu bestimmen, wie der Ihre bestimmt ist, so würde
„ich mit meinem Daseyn zufrieden seyn. — Freundin,
„wie freue ich mich Ihrer, und wie schön ist der Traum
„des gemeinsamen Zusammenhanges unsers Hauses bis
„an mein Grab. — Finden Sie Jemand, der Ihnen
„gleichet, finden sie ein Kind von Unschuld und Kraft,
„das Sie liebt, so werfen sie den Funken, der in

„Ihnen glühet, in sein Herz, und wenn es nicht an
„untrennbare Verhältnisse gebunden ist — so bringen
„Sie es unserer Verbindung näher. — Täglich fühle
„ich mehr, was ein gemeinsames Band auszurichten
„vermag, und das Bild des Senfkorns, das zum
„großen Baum wird, ist mir täglich mehr das Bild
„dessen, was jeder Mensch mit seinem auch noch so
„beschränkten Thun zu erzielen suchen soll. — Liebe
„Freundin! lasset uns nicht müde werden auf unserer
„Laufbahn, oder vielmehr, laßt mich auf derselben
„allein müde seyn."

Fassen wir nun die Art und Weise in's Auge,
wie dieses Verhältniß der Jgfr. Kasthofer zu ihm und
seiner Anstalt von Hrn. Pestalozzi in seiner neuesten
Schrift hingestellt, wie boshaft es dem ökonomischen
Verfall seines Hauses angereiht, und damit die Uebergabe der Anstalt an Jgfr. Kasthofer und ihre Verheirathung mit Hrn. Niederer in Zusammenhang gesetzt wird.

Unmittelbar nach der von uns oben schon (S. 13)
ausgehobenen Stelle über die Dilapidation der Ressourcen der Anstalt unter Hrn. Niederers Leitung
fährt er auf S. 67 also fort:

„Ich habe mich oben über die Errichtung der
„Töchteranstalt mit aller Bestimmtheit dahin ausge-
„drückt, wir haben uns, da wir uns schon mit sieben
„Lasten beladen fühlten, dadurch, daß wir uns noch
„die achte auf die Schultern luden, das Tragen
„der sieben erstern zu erleichtern gesucht.

„Die Thorheit war groß und die Folgen auch. Sie
„mußten es seyn. Sie konnten nicht anders. Die
„höchste, reinste, edelste Natur wird in sich selbst ge-
„lähmt und unwirksam gemacht und gleichsam getöd-
„tet, wo die Unnatur und die Gewalt ihrer Selbst-
„sucht im Aeußern ihrer Umgebungen allherrschend
„und allwirkend dasteht. Das war bei der ersten
„Einrichtung meiner Töchteranstalt bestimmt der Fall.
„Meine Frau Tochter, Frau Kuster, hatte ein Mut-
„terherz ohne ihres Gleichen, und war von Seite der
„Liebe, Sorgfalt, Treue, Anmuth, Thätigkeit und
„Aufopferung zur Erzieherin, im ächten Sinne des
„Worts, wie geschaffen; aber bei dem engen Zusam-
„menhange des Knabeninstituts, seiner Mittel und
„seines Personale mit der eine neue unabhängende
„Schöpfung und Organisation höchst bedürftigen Töch-
„teranstalt war an keine, das edle, reine Herz der
„guten Kuster befriedigende Erziehung, es war an
„keine, die Ansprüche der großen Idee befriedigende
„Elementarbildung zu denken. Meine gute Frau Toch-
„ter war in Umgebungen geworfen und von Umge-
„bungen abhängig gemacht, die mit ihrem kindlichen
„Muttersinn nicht stärker hätten abstechen können, als
„dieses wirklich der Fall war. Ihre innere Kraft
„ward dabei durch den Mangel nothwendiger Handbie-
„tung und Hülfsmittel schon an sich gelähmt, und
„dann noch durch den Widerspruch und Widerstand
„unedler, leidenschaftlicher Umgebungen der Segens-
„folgen beraubt, die ihr unter bessern Umständen zu
„Theil geworden wären. [12]) Sie litt in ihrer Lage

---

[12]) Wir wollen einen Augenblick annehmen, Frau Kuster

„im Stillen sehr. Zu diesen Schwierigkeiten, die dem
„Wesen besonders einer weiblichen, wahrhaft reinen
„und edeln Erziehung im Wege standen, gesellten sich
„jetzt noch in unsern Umgebungen allgemein neuer-
„wachte, und in unserer Mitte selbst künstlich belebte
„Ansprüche auf eine größere Aufmerksamkeit auf den
„Weltton, den die weibliche Erziehung in gegenwär-
„tiger Zeit unumgänglich fordere; und ich, der
„ich damals bestimmt in einem Seelenzu-
„stand war, daß ich mich von den Augen-
„blickseindrücken der Gegenwart wie eine
„Wetterfahne sehr leicht nach der Seite
„drehen ließ, gegen die jedesmal der Wind
„wehte, ward sehr leicht dahin gebracht,
„den Talenten, die Jgfr. Kasthofer in
„Rücksicht auf die Befriedigung der An-
„sprüche eines bessern Weltton besitze,
„einen für die Realbedürfnisse des Hauses
„viel zu hohen Werth zu geben, so wie zu-
„gleich den künstlichen Einflüsterungen über
„den Grad der praktischen Fertigkeiten in
„den Ausübungsmitteln der Idee der Ele-
„mentarbildung, von denen ich selber kei-
„nen deutlichen Begriff in mir selbst trug,
„ohne alle Prüfungsfähigkeit blinden
„Glauben beizumessen. Ich kann es gegen-

---

sey wirklich pädagogische Vorsteherin der Töchteranstalt
gewesen, was sie nicht war — dringt sich nicht Jedem
die Frage auf, wie Hr. Pestalozzi dazu kam, sie in
solche Umgebungen zu setzen, und Jahre lang darin zu
lassen?

„wärtig beinahe nicht begreifen, wie es
„möglich gewesen, in dem Grade an leere
„Worte über ihre Ueberzeugung vom Werth
„der Idee der Elementarbildung, und an
„ihre tiefe Kenntniß der damals so geheisse-
„nen Methode wie an's Evangelium zu glau-
„ben. Und doch war es der Fall." [13]

„Unter diesen Umständen und bei diesen Verir-
„rungen führte mich selber das Mitleiden über die
„wirkliche Lage meiner lieben Frau Tochter auf den
„Gedanken, die Uebertragung dieser Anstalt an Jung-

---

[13] Wie kann Hr. Pestalozzi es wagen, die Verbindung
der Jgfr. Kasthofer mit seiner Anstalt als Folge der
Augenblickseindrücke der Gegenwart darzustellen, da er sie Jahre lang vorher kannte und mit ihr
Briefe wechselte? — Diese Verbindung aus seiner Ueberschätzung ihrer Talente in Rücksicht auf
die Befriedigung der Ansprüche eines bessern Welttons zu erklären, da sie sich auf ihren
Wunsch, die Methode kennen zu lernen, und seine durch
die Erfahrung des vieljährigen Wirkens der
Frau Niederer auch jetzt noch vollkommen
gerechtfertigte Ueberzeugung ihres Werths für dieselbe gründete; — von blindem Glauben an leere Worte
zu sprechen, wo er Thaten der Verzichtleistung auf
lockende Aussichten, wo er Jahre lange Aufopferung
als Bürgschaft eines wahren Werths hatte; — von
Einflüsterungen im Vorbeigehen ein Wort fallen
zu lassen, während Jgfr. Kasthofer durch ihn erst
seine Familie und seine Umgebungen kennen lernte —
wie, fragen wir, kann er das wagen?

„fer Kasthofer wäre für sie eine Art von Erlösung aus
„dem Drange, in dem sie sich in derselben befand,
„und glaubte auf der andern Seite auch mit Zuver-
„sicht, Jgfr. Kasthofer sey durch ihre Verhältnisse in
„Bern und im Aargau und durch die Achtung, die
„sie an beiden Orten, wie ich nicht zweifelte, be-
„sitze,[14] wenn ich ihr zum Anfange des Etablisse-
„ments in ökonomischer Hinsicht mit dem höchsten
„väterlichen Vertrauen an die Hand gehe, wirklich
„in der Lage, das Etablissement schnell in eine bedeu-
„tende Aufnahme zu bringen[15]), und zweifelte keinen
„Augenblick an ihrer herzlichen Bereitwilligkeit, mir
„mein väterliches Vertrauen mit kindlicher Dankbar-
„keit und liebreicher Aufmerksamkeit bis an mein
„Grab zu vergelten, und auch auf die Aeufnung des
„in meiner Hand zu bleibenden Knabeninstituts zu
„erwiedern. Ich ahnte nichts weniger, als daß ich
„durch vielseitige Einflüsterungen zu diesen Ansichten,
„deren Folgen das Unglück meiner letzten Lebensjahre
„auf ihre oberste Höhe gebracht, mit vieler Kunst
„vorbereitet und eingewiegt worden sey. Jgfr. Kast-
„hofer, die die Wichtigkeit einer, das Eigenthum

---

[14] Als ob sie sie nicht wirklich besessen hätte und bis auf
diesen Tag noch besäße. Hr. Pestalozzi's Schrift wird
sie ihr wahrlich auch nicht rauben.

[15] Das gesteht er also doch, daß er bei dieser Uebergabe
seinen Vortheil im Auge hatte, und daß er diesen
bei der Anstalt, so wie sie war, nicht fand. Um zu dieser Ueberzeugung zu kommen, bedurfte es doch wohl
keine Einflüsterungen in einem Augenblicke, wo er ökonomisch ganz zerrüttet war!

„meiner Anstalt in ihre Hand legenden Uebergabe,
„und die Delikatesse der Annahme derselben in diesem
„Zeitpunkte sehr wohl fühlte, fand, um auch den
„entferntesten Verdacht, als ob sie meine Schwäche
„in einer Angelegenheit von diesem Belang miß-
„brauchen wolle, von sich auf die nachdrücklichste
„Weise abzulenken, für gut, unserm gemeinsamen
„Freund, Hrn. Hofrath Mieg, mit mir zu ersuchen,
„diesen Abtretungsact mit aller möglichen Sorgfalt
„für mich und meine Rechte auszufertigen, und wie
„sehr Hr. Mieg dieses mit großer Sorgfalt zu Gun-
„sten der Jgfr. Kasthofer eben wie für mich gethan
„habe, erhellt sehr klar aus dem Traktate selbst.
„Hr. Schmid hat denselben in seiner Schrift, Wahr-
„heit und Irrthum, wirklich abdrucken lassen, und
„dem Publikum zugleich die Bedeutung und die Fol-
„gen, die Jgfr. Kasthofer als Frau Niederer diesem
„Instrumente zu geben sich später bemühte, unum-
„wunden dargelegt. Indessen war es jetzt geschehen,
„und zwar durchaus nicht mit großer Erbauung weder
„von Seite meiner Frau noch von Seite meiner Frau
„Tochter. Meine Frau war in Rücksicht auf Jgfr. Kast-
„hofer durchaus nicht mit mir gleicher Meinung. So
„groß das Zutrauen auf sie bei mir war, so groß war
„das Mißtrauen gegen sie bei meiner Frau sowohl
„als bei meiner Frau Tochter. Sie hielten mich beide
„in Rücksicht auf Jgfr. Kasthofer für mehr als nur
„halbblind, und die Folgen dieser Blindheit mußten
„ihnen, besonders aber der Frau Kuster, um so mehr
„zu Herzen gehn, da schon lange vor der Uebergabe
„der Anstalt meine dießfällige Schwäche selber von
„Leuten, die ihr untergeben waren, dahin mißbraucht

„ wurde, unter ihren Augen ein Geschwatzwerk nach
„ dem andern über die schlechte Ordnung die in ihrem
„ Hause herrsche, mit dem Hinzusatze zu verbreiten,
„ wie das alles anders wäre, wenn Jgfr. Kasthofer
„ an der Spitze der Anstalt seyn würde. Hr. Hofrath
„ Mieg war ein inniger Freund meiner Frau und
„ ihren diesfalls entgegengesetzten Ansichten über
„ Jgfr. Kasthofer nicht fremd, noch viel weniger mit
„ denselben im Widerspruche; [16]) aber er fand das
„ Ganze unseres Etablissements in einem solchen Zu-
„ stande, daß er beinahe hoffnungslos für dasselbe
„ war, und glaubte, vermittelst der Uebergabe meines
„ Töchterinstituts durch einen rechtsgültigen und
„ sorgfältig abgeschlossenen Accord, wenig-
„ stens einen Theil des darin liegenden Kapi-
„ tals mir auf alle Fälle zu sichern und zins-
„ bar zu machen. [17]) Wahrlich, es hätte damals
„ weder ihm noch jemand anders in den Sinn kommen

---

[16]) Wenn Hr. Mieg Hrn. Pestalozzi's Freund, Jgfr. Kasthofer aber die Person wär, als die Hr. Pestalozzi sie
schildert, so wäre die Vermittlung der Uebergabe der
Töchteranstalt an dieselbe, besonders wenn er es noch
mit großer Sorgfalt zu ihren Gunsten gethan, ein sehr
schlechter oder ein sehr dummer Streich gewesen! —
Hr. Mieg hat aber in Jkrstatt das Andenken eines eben
so rechtschaffenen als einsichtsvollen Mannes hinterlassen

[17]) Weiter unten werden wir sehen, daß dieses ganze Kapital sich auf 508 Fr. 3 Bz. belief, woran ihm Jungfer Kasthofer, gleich bei der Uebergabe etwas über die
Hälfte bezahlte; obgleich sie weit mehr an ihn zu fordern hätte.

„können, daß irgend ein rechtlicher, oder auch nur
„ein Ehre im Leib habender Mensch, am allerwenig-
„sten Jgfr. Kasthofer selber, diesen Akkord als sie
„unverpflichtend in's Auge fassen würde.[18]) Aber sein
„Original verschwand aus meinem Büreau,[19]) und
„schon das hätte mich aufmerksam machen sollen.
„Aber ich kannte die Welt noch nie, und in diesem
„Augenblicke am allerwenigsten. Und nun heirathete
„auf einmal Hr. Niederer (was kein Mensch, der
„ihn und seine Verhältnisse näher kannte, hätte ahnen
„dürfen) Jgfr. Kasthofer."

Wir müssen die Widerlegung der einzelnen Lügen,
von denen diese Stelle ein wahrhaft empörendes Gewebe ist, dem zweiten Abschnitte aufbehalten; wir
theilten sie hier in ihrem ganzen Zusammenhange mit,
weil eben in diesem Zusammenhange die Vollendung
ihrer Schändlichkeit liegt. Wir fragen hier, am
Schlusse des ersten Abschnittes, nur noch unsere Leser,
wer von ihnen bei Durchlesung dieser Stelle hätte
errathen können, daß die Ankunft von Jgfr. Kasthofer
bei Hrn. Pestalozzi von ihm selbst nach vieljähriger
Bekanntschaft und mehrjähriger vertrauter Freundschaft mit ihr auf's Dringendste betrieben wurde, —
daß zwischen der Ankunft der Jgfr. Kasthofer in
Iferten und der Uebergabe der Töchteranstalt an sie

---

[18]) Jgfr. Kasthofer hat sich von Anfang bis zu Ende auf
diesen Akkord berufen. Gebrochen hat ihn Hr. Pestalozzi, wovon sich der Beweis weiterhin findet.

[19]) Die Grundlosigkeit dieser hämischen Verdächtigung ist
unter Note 32 nachgewiesen.

ein Zeitraum von fünf Jahren liegt, und daß während beinahe dieser ganzen Zeit sie der Anstalt zur großen Zufriedenheit nicht nur Hrn. Pestalozzi's, sondern auch der Aeltern, pädagogisch vorstand — daß endlich zwischen der Uebergabe der Anstalt an Jgfr. Kasthofer und ihrer Verheirathung mit Hrn. Niederer wieder ein halbes Jahr liegt, und daß bei der Uebergabe, und noch geraume Zeit hernach Niemand, und wie Hr. Pestalozzi selbst wohl wußte, auch weder Hr. Niederer noch Jgfr. Kasthofer an eine solche Verbindung dachten? — wir fragen, ob nicht Jeder vielmehr das Gegentheil von dem Allem vermuthen mußte?

Als Muster der Verleumdung ist diese Stelle ein wahres Meisterstück; man fühlt dafür eine Art von Bewunderung, ähnlich der Zuversicht von Franz Moor, wenn er betet: Ich bin ja kein gemeiner Sünder! Hr. Pestalozzi hat es in der Entstellungskunst, die seine frühere Darstellungskunst an Klarheit und Fluß der Rede bei weitem übertrifft, zu einer so genialen Höhe gebracht, daß nicht nur Alles, was er Unwahres sagt, eine Verleumdung ist, sondern auch Alles, was er Wahres sagt, und Alles was er gar nicht sagt! Und das ist nicht etwa Hyperbel, sondern buchstäblich wahr, und der Fluch der Hölle, der auf einem in solcher Gesinnung und mit solcher Absicht unternommenen Werke ruht!

II. Geschichte der Uebergabe des Töchterinstituts, der Verheirathung Hrn. Niederers mit Jgfr. Kasthofer, und ihrer weitern Verhältnisse zu Hrn. Pestalozzi bis zum gänzlichen Rücktritt Hrn. Niederers von der Pestalozzischen Anstalt, und dem bald darauf erfolgten Anfang der Rechnungsstreitigkeiten, Sommer 1817.

Die Töchteranstalt, die Hr. Pestalozzi im November 1813 an Jgfr. Kasthofer übergab, war ursprünglich von den Herren Krüsi und Hopf errichtet, und von ersterem Hrn. Pestalozzi übergeben worden, wie folgendes von Hrn. Krüsi zum Behuf der schiedsrichterlichen Untersuchung ausgestellte Dokument ausweist:

„Ich Endsunterschriebener bezeuge hiermit nach „Wissen und Gewissen, daß ich im Jahr 1806, vereint „mit meinem Freunde, Hrn. Samuel Hopf, Lehrer „in Burgdorf, mit völliger Zustimmung von Hrn. Heinrich Pestalozzi, bei dem wir damals beide als Lehrer

„und Mitarbeiter standen, die Erziehungsanstalt für
„Töchtern errichtet habe, welcher Herr Pfarrer Niederer
„in Jferten mit seiner Gattin gegenwärtig vorsteht.
„Nach ohngefähr einem Jahre trat genannter Freund
„und Mitstifter von der Anstalt zurück, von wo an ich
„selbige bei zwei Jahren auf eigene Rechnung führte.
„Da ich aber in der gedoppelten Stellung als Lehrer
„der Pestalozzischen Knabenanstalt und als Vorsteher
„des Töchterinstituts meine Kräfte zu sehr zersplittert
„sah, und Hr. Pestalozzi selbst den Wunsch äusserte,
„daß ich mich Ersterer wieder ganz und ausschliessend
„widmen möchte, so übergab ich ihm Letzteres einfach,
„schuldenfrei ohne schriftlichen Vertrag; nur ertheilte
„mir Hr. Pestalozzi freiwillig, aus eignem Antrieb,
„mündlich die Zusicherung, daß, wenn er künftig in
„den Fall kommen sollte, die Anstalt an jemanden
„abzutreten, er mir dieselbe, als ihrem Gründer zuerst
„anbieten werde. Ich rechne es Hrn. Pestalozzi keines-
„wegs an, daß ihm bei der geschehenen Uebergabe an
„Jgfr. Kasthofer, jetzige Frau Niederer, obige münd-
„liche Zusicherung entfallen war.[20] Auch fand ich sowohl
„in meinen eigenen Lebensverhältnissen, als in den
„betreffenden Personen und in der Sache selbst Gründe
„genug, den Gang der Dinge nicht durch Ansprüche
„zu stören, die ich damals mit Recht hätte geltend
„machen können, aber seit der bald zehnjährigen Führung
„der Anstalt durch Hrn. Pfarrer Niederer und der

---

[20] Jgfr. Kasthofer kannte bei der Uebernahme der Anstalt
diese Uebereinkunft nicht, sondern erfuhr so wie später
erst durch Hrn. Krüsi selbst.

„ gänzlichen Umwandelung aller Verhältniſſe derſelben
„ als längſt erloſchen betrachte.

„ Trogen, den 11. Jänner 1824.

　„ Hermann Krüſi,
　„ Vorſteher der Kantonsſchule.

„ Die Aechtheit obiger Unterſchrift beſcheiniget hier-
„ mit amtlich die Kanzlei des Kantons Appenzell A. R.

„ Trogen, den 12. Januar 1824.

　　　„ Für dieſelbe :
　　　„ G r u n h o l z e r
　　　　„ Landſchreiber.“

(L. S.)

Wenn alſo Hr. Peſtalozzi in der oben angeführten
Stelle ſeiner Schrift und an andern Orten von der
Töchteranſtalt, als einer von ihm errichteten ſpricht, ſo
iſt ſchon dies eine Unwahrheit. Sie war ihm von
Hrn. Krüſi übergeben worden, weil ſie dieſem zu ſchwer
war, und eben ſo übergab er ſelbſt ſie aus dem gleichen
Grunde an Jgfr. Kaſthofer.

Als Eigenthum Hrn. Peſtalozzi's war das Töchterinſtitut eine Nebenanſtalt des großen Peſtalozziſchen Knaben-
inſtituts. Es bewohnte ein gemiethetes Lokal, zur Zeit der
Uebergabe bereits das, in welchem es ſich noch jetzt befindet,
und das Eigenthum der Stadt Jferten iſt. Die Haus-
geräthſchaften gehörten zum Theil Hrn. Peſtalozzi, zum
Theil Hrn. und Frau Kuſter, die die ökonomiſche Verwaltung, keineswegs aber, wie Hr. Peſtalozzi von
letzterer zu verſtehen giebt, auch die pädagogiſche Leitung über ſich hatten. Indeſſen war dieſe Verwaltung
von der der Hauptanſtalt ſo wenig geſondert, daß ſelbſt

Viktualien aus ihr in die Töchteranstalt geliefert wurden, dafür aber auch die Einnahmen dieser letztern zum Theil in die Kasse der erstern flossen. Die Stunden wurden zum Theil von den Lehrern der Knabenanstalt, bei weitem die meisten aber von Jgfr. Kasthofer, der einzigen Lehrerin und pädagogischen Vorsteherin ertheilt. Wie sehr zur Zufriedenheit der Eltern sie ihrem Amte vorstand, beweist die Thatsache, daß die Anstalt zur Zeit ihres Eintritts 8 und zur Zeit der Uebergabe, 4½ Jahre später, 17 Zöglinge zählte. Bei der ökonomischen Verwirrung der Hauptanstalt konnte es indessen nicht fehlen, daß auch in der Töchteranstalt Unordnungen einrissen, die den Fortgang derselben hemmten, so wie daß andererseits die Verlegenheiten der ersteren durch die Sorge für diese vermehrt wurden.

Hr. Pestalozzi giebt dies in seiner Schrift zum Theil selbst zu, indem er die Töchteranstalt als „die achte „Last, die er sich zu den sieben andern aufge- „laden," darstellt, und von ihr sagt: „bei dem „engen Zusammenhange des Knabeninstituts, „seiner Mittel und seines Personale mit der „eine neue unabhängende Schöpfung und „Organisation höchst bedürfenden Töchteran- „stalt" sey in dieser an keine befriedigende Erzie- hung und Elementarbildung zu denken gewesen, und weiter: unter diesen Umständen „habe ihn selbst „das Mitleiden über die wirkliche Lage sei- „ner lieben Frau Tochter 21) auf den Gedan-

---

21) Die Lage der Frau Custer war allerdings auch nicht die beste, sie und ihr Gatte wurden für die Dienste,

„ken geführt, die Uebertragung dieser An-
„stalt an Jgfr. Kasthofer wäre für sie eine
„Art von Erlösung aus dem Drange, in dem
„sie sich in derselben befand;" indem er sagt,
„sein Freund Hr. Mieg „habe das Ganze seines
„Etablissements in einem solchen Zustande
„gefunden, daß er beinahe hoffnungslos für
„dasselbe gewesen."

In der That war bei der Unmöglichkeit, die Anstalt selbst fortzuführen, nichts natürlicher, als sie
ganz an Jgfr. Kasthofer zu übergeben, die bei dem
Zutrauen, das die Eltern in sie setzten, und bei ihrer
ausnehmenden Ordnung und Pünktlichkeit, wie Niemand Anderes im Stande war, ihr wieder aufzuhel-
fen; ja es war dies das einzige Mittel sie zu erhalten, um so mehr da Jgfr. Kasthofer nach den unver-
hältnißmäßig großen Opfern, die sie bereits gebracht
hatte, sich den ökonomischen Unordnungen Hrn. Pestalozzi's nicht länger preisgeben konnte, sondern auf
anderweitige Versorgung denken mußte, was sie auch
Hrn. Pestalozzi freimüthig eröffnete. Er wollte indessen
ihre Entfernung nicht zugeben, sondern erklärte ihr
seine Absicht, die Töchteranstalt ganz in ihre Hand

---

die sie der Töchteranstalt leisteten, eben so wenig als
Jgfr. Kasthofer belohnt. Hr. Pestalozzi selbst sagt darüber in einem seiner spätern Briefe (1817), den wir
weiter unten vollständig abdrucken werden, „Hr. Kuster
„fordere noch von Neuem von ihm einen Ersatz von
„tausend Gulden für die von ihm und seiner Frauen
„selig im Töchterinstitut geleisteten Dienste."

zu legen, mit dem Beifügen, wenn Jgfr. Kasthofer sie nicht übernehme, so werde er genöthiget seyn, sie in fremde Hände zu geben, hingegen könne sie sich im Fall der Uebernahme seiner kräftigsten Unterstützung versichert halten. Der Wunsch, einen Wirkungskreis beizubehalten, dem sie sich seit fünf Jahren mit der innigsten Hingebung angeschlossen hatte, die Hoffnung, den bisherigen Unordnungen der Anstalt von nun an, da sie ihr Eigenthum wäre, steuern zu können, das Vertrauen endlich auf Hrn. Pestalozzi's väterliche Zusicherungen überwogen endlich bei Jgfr. Kasthofer jede andere Rücksicht, und sie übernahm die Anstalt am 15. November 1813 durch folgenden von Hrn. Mieg aufgesetzten Vertrag:

„ Zwischen Endesunterschriebenen ist unter dem heu-
„ tigen Dato folgender Vergleich abgeschlossen worden:

„ 1) Ueberläßt Hr. Pestalozzi Mlle. Kasthofer das
„ bisher unter seinem Namen und für seine Rechnung
„ geführte Töchterinstitut, daß sie sowohl in Hinsicht
„ der Oekonomie als des Unterrichts und der Erziehung
„ nach eigenem Gutdünken schalten und walten kann.

„ 2) Uebernimmt Hr. Pestalozzi die Bezahlung aller
„ Schulden des Töchterinstituts, die bis jetzt zu dessen
„ Bestehung und Erhaltung gemacht wurden, und über-
„ giebt Mlle. Kasthofer die Anstalt schuldenfrei.

„ 3) Von dem Tag der Uebernahme an bezahlt
„ Mlle. Kasthofer den Hauszins und bestreitet alle Aus-
„ lagen aus ihren Mitteln, dagegen bezieht sie von

„eben diesem Zeitpunkt an die zu bezahlende Pension
„ der Zöglinge; Hrn. Pestalozzi kommt aber die Pen-
„ sion zu bis zu dem Augenblick der Abtretung der
„ Anstalt.

„ 4) Die Pension der Zöglinge, welche voraus
„ bezahlt haben, über den Termin hinaus, wo Mlle. Kast-
„ hofer die Anstalt übernimmt, wird letzterer pro rata
„ vergütet.

„ 5) Die Rechnungen, welche für das laufende
„ Quartal gemacht wurden, expedirt das Büreau des
„ Knabeninstituts, die Gelder werden an dasselbe be-
„ zahlt, und Mlle. Kasthofer bezieht nach Eingang
„ ihren Antheil pro rata, für Pension und gemachte
„ Auslagen, den andern Hr. Pestalozzi, wenn nicht
„ eine andere Abrede genommen wird.

„ 6) Mlle. Kasthofer vergütet Hrn. Pestalozzi den
„ Unterricht, den die Lehrer des Knabeninstituts in
„ dem Töchterinstitut ertheilen, und zwar in der Art,
„ daß angenommen wird, daß jeder Lehrer im Knaben-
„ institut 5 Stunden täglich zu geben habe, und daß
„ in einem Jahr 300 Lehrtage vorkommen, und sein
„ Unterhalt, nämlich Kost, Logis ꝛc. Hrn. Pestalozzi
„ 24 Louisd'or koste, dazu seinen Gehalt gerechnet und
„ mit 1500 dividirt, den Werth der Stunde jedes ein-
„ zelnen Lehrers bestimmt, so daß Mlle. Kasthofer die
„ Stunde nicht höher zu stehen kommt, als Hrn. Pe-
„ stalozzi selbst; z. B. ein Lehrer bekäme 20 Louisd'or
„ Gehalt, und seine Kost, Logis ꝛc. koste 24 Louisd'or,
„ das ist zusammen 44 Louisd'or, so kostet eine Lehr-

„ stunde 16 Kreuzer, und so verhältnißmäßig die der
„ andern Lehrer.

„ 7) Hr. Pestalozzi und Mlle. Kasthofer kommen
„ über die Stunden der Lehrer und Lehrgegenstände
„ überein, und eine billige Geneigtheit sich wechsel-
„ seitig zu unterstützen, wird zum Flor beider Anstal-
„ ten beitragen. Hr. Pestalozzi wird die Lehrer anhal-
„ ten, daß sie ihren Unterricht mit Pünktlichkeit, Ernst,
„ Zusammenhang und wohl vorbereitet ertheilen, und
„ sich so betragen, daß der Zweck der Anstalt nicht nur
„ nicht gestört, sondern gefördert werde.

„ 8) Wenn Mlle. Kasthofer 20 Zöglinge hat, wo-
„ von eine in die andere gerechnet ihr 25 Louisd'or
„ bezahlt, erhält Hr. Pestalozzi ein Zwanzigstel dieser
„ Einnahme und darüber; z. B. von 30 Zöglingen die
„ im Durchschnitt 25 Louisd'or zahlen, bekommt Hr. Pe-
„ stalozzi den 20sten Theil von 30 mal 25 Louisd'or;
„ dagegen fällt diese Abgabe weg, wie die Zahl der
„ Zöglinge unter 20 sinkt, wovon jede 25 Louisd'or
„ bezahlt, und dies nur auf die Lebenszeit von Hrn. Pe-
„ stalozzi. 22)

„ 9) Es werden Mlle. Kasthofer nach einem Inventar
„ und billiger Taxation die Möbeln übergeben, und

---

22) Diese Klausel, durch die die Abgabe auf Hrn. Pestalozzi's Lebenszeit beschränkt wird, hat J. Schmid, damals von Hrn. Pestalozzi zu seinem Nachfolger erklärt,
bei'm Abdruck des Vertrags in „Wahrheit und Irrthum“
auszulassen für gut befunden, wahrscheinlich — bona fide!

»sie bezahlt von Schreiner - und Küchengeräthschaften
»10 Procent des Taxationswerthes und von einem
»Bett per ein Jahr, wenn es

»a) nur aus Matratze, Kissen und Decke
»besteht . . . . 10 Frk.

»b) wenn es noch ein Deckbett hat . . 12 -

»c) wenn es Matratze, Kissen, Decke
»hat, und Deckbett und die Ueberzüge und
»Lacken dazu gegeben, aber das Waschen
»der letztern vom Knabeninstitut aus nicht
»besorgt wird . . . . 16 -

»d) wenn alle Monate weiße Lacken nebst
»dem Bettzeug wie gewöhnlich gegeben werden 20 -

»10) Was an Schreinwerk und Küchengeräthschaft
»während des Gebrauchs zu repariren ist, besorgt
»Mlle. Kasthofer auf ihre Kosten.

»11) Was von Möbeln früher zu Grunde ginge,
»oder unbrauchbar würde, als ein vernünftiger Ge-
»brauch es mit sich bringt, wird ersetzt verhältniß-
»mäßig.

»12) Was Mlle. Kasthofer nicht mehr an Möbeln
»und Betten leihweise behalten will, gibt sie in or-
»dentlichem Zustande zurück, und es geht etwas pro
»rata an der Miethsumme ab.

»13) Das Stimmen der Klaviere besorgt Mlle. Kast-

„hofer und verständigt sich mit Hrn. Rennschmidt
„(dem Klavierlehrer) auf ihre Kosten.

„14) Wenn Hr. Pestalozzi von den ihr überlasse-
„nen Möbeln nöthig hat, so steht ihm das Recht zu,
„sie zurückzufordern, doch nach einer billigen beider-
„seitigen Voranzeige, um die nöthigen Verbesserun-
„gen zum Ergänzen oder weitern Unterbringen anzu-
„wenden.

„15) Möbeln die in dem gemachten Inventar sich
„nicht finden, und später von Mlle. Kasthofer gelie-
„hen werden vom Knabeninstitut, erfordern eine be-
„sondere Uebereinkunft, die von dieser gegenwärtigen
„unabhängig ist.“

Unsere Leser mögen nun selbst urtheilen, was davon zu halten sey, wenn Hr. Pestalozzi von der Uebergabe des Töchterinstituts unter solchen Umständen,
und durch diesen Vertrag sagt: „Jgfr. Kasthofer habe,
„weil sie die Wichtigkeit einer, das Eigen-
„thum [23] seiner Anstalt in ihre Hand legen-
„den Uebergabe, und die Delikatesse der

---

[23] Worin besteht denn das Eigenthum, das in die
Hand von Jgfr. Kasthofer übergieng, da ja Alles, was
sein Eigenthum war, ihm als sein Eigenthum verzinst,
oder, wie wir nachher sehen werden, käuflich übernommen wurde? Er wird darunter doch nicht etwa die Zöglinge verstehen! Bei den merkwürdigen Begriffen von
mein, dein und sein, die er in der Schrift ent-
wickelt, wäre es gar wohl möglich.

"Annahme derselben in diesem Zeitpunkt
"sehr wohl gefühlt, um auch den entferntesten Ver-
"dacht, als ob sie seine Schwäche in einer
"Angelegenheit von diesem Belang mißbrau-
"chen wollen, von sich auf die nachdrücklichste Weise
"abzulenken, für gut gefunden, den gemeinsamen
"Freund beider, Hrn. Hofrath Mieg mit ihm zu er-
"suchen, diesen Abtretungsakt mit aller möglichen
"Sorgfalt für ihn und seine Rechte auszufertigen" —?
Sie mögen selbst urtheilen, ob diese Acquisition der
Gegenstand einer Intrigue seyn konnte, wie er es
darstellt, indem er sagt: "er sey zu diesen Ansichten
"mit vieler Kunst "vorbereitet und eingewiegt
"worden." — ob dieser Akkord nur dazu geeignet
war "ihm wenigstens einen Theil des in der
"Anstalt liegenden Kapitals auf alle Fälle zu sichern
"und zinsbar zu machen" — ob "sehr klar aus dem
"Traktate selbst erhelle, wie sehr Hr. Mieg den Ab-
"tretungsakt mit großer Sorgfalt zu Gunsten
"der Jgfr. Kasthofer eben wie für ihn ausgefer-
"tigt". [24] — ob seine Frau und seine Frau Tochter

[24] Und wie reimt es sich nun mit dieser großen Sorgfalt zu Gunsten der Jgfr. Kasthofer, daß Herr
Hofrath Mieg, "ein inniger Freund der Frau Pesta-
"lozzi, den Ansichten derselben über Jgfr. Kasthofer"
(ihrem Mißtrauen gegen sie) "nicht fremd, noch viel
"weniger (sic!) mit denselben im Wider-
"spruch war" —? Hr. Hofrath Mieg wird gewiß auch
erstaunen, wenn er hier seine Freundschaft für Herrn
Pestalozzi erst in ein zweideutiges Licht gestellt, und

Recht hatten, wenn die Uebergabe der Anstalt „weder
„der einen noch der andern zu großer Er-
„bauung“ [25]) diente — ?

_____

dann wieder als Waffe der Verleumdung gegen
Herrn und Frau Niederer gerichtet sieht! — Wer
sieht hier nicht aures ex pelle leonis? — Wir kennen
Hrn. Hofrath Mieg blos durch das Andenken, das er
in Jferten hinterließ; im Vertrauen aber auf dieses
Andenken bitten wir ihn, wenn er in gegenwärtiger
Schrift irgend eine unrichtige oder entstellte Thatsache
fände, dies eben so zur Steuer der Wahrheit, wie wir
unsere Schrift, öffentlich bekannt zu machen.

[25]) Auch das Andenken der Todten ist ihm nicht mehr heilig. Das hat er bei seiner Abreise von Jferten bewiesen durch Entweihung der Ruhestätte seiner Frau,
durch die Zerstörung des ihr von Jferter Freunden im
Schloßgarten errichteten marmornen Denkmals; —
das beweist er jetzt in seiner Schrift, indem er seiner Frau und seiner Tochter Andenken zur Verleumdung mißbraucht. Wir können kaum glauben, daß
Frau Pestalozzi in solcher bleibender Mißstimmung
gegen Jgfr. Kasthofer gewesen sey, denn es liegen
Briefe von ihr an diese vor uns, und zwar aus der
Zeit der Verheirathung, also nach der Uebergabe,
die ihrem Inhalt nach unbedeutend sind, in denen aber
durchaus der herzlichste Ton herrscht, und in denen sie
sich ihre redliche Freundin, ihre sie liebende Mutter nennt. — Und von der Kusterschen Familie ist es
notorische Thatsache, daß sie allezeit, und bis zu Herrn
Kusters im J. 1822 erfolgtem Tode, mit dem Niedererschen Hause im besten Vernehmen lebte, daß Hr. Kuster

Unter solchen Bedingungen würde wohl Jeder eine Anstalt, auch wenn sie ihm nicht gerade zur Last fiele, an eine Person übergeben, deren Charakter und Talente ihm den Fortgang des Unternehmens in ihrer Hand gewährleisteten. Die Uebergabe des Töchterinstituts war in der That keine große Wohlthat, wie Hr. Pestalozzi sie jetzt darstellt; [26]) wohl aber war die

die Erziehung seiner Töchter demselben anvertraute, auch zu der Zeit noch, als Hr. Pestalozzi schon aus Feindseligkeit gegen dasselbe eine neue Töchteranstalt unter der Leitung der Jgfr. Schmid in seinem Hause errichtet hatte; daß er selbst eine Zeit lang als Kostgänger in dem Niedererschen Hause lebte; daß Hr. Kuster in tiefem Abscheu gegen die Schmid'schen seinen Töchtern mit Niemand im Schloße, den Großvater ausgenommen, Umgang gestattete; daß er endlich auf dem Todbette noch seine Kinder der Muttertreue der Frau Niederer empfahl. Kaum aber hatte der Edle die Augen geschlossen, so machte Hr. Pestalozzi von seinem Stief-Großvater-Recht Gebrauch. Seine beiden Töchter wurden aus dem Niedererschen Hause, das acht Jahre lang ihnen zweites Elternhaus gewesen war, ohne Rücksicht selbst darauf, daß eine derselben darin eben zur Confirmation sich vorbereitete, weggerissen, und ihnen jede Verbindung mit demselben untersagt. — Dies ist Pestalozzi's Achtung für das Andenken und den Willen seiner theuersten Todten! Ist es ein Wunder, daß er sich an den Lebenden versündiget?

[26]) Wer denkt hier nicht an das:
Timeo Danaos et dona ferentes — ?

Uebernahme derselben von Seiten der Jgfr. Kasthofer ein Opfer, das sie Hrn. Pestalozzi und seiner Sache brachte. Alles, was sie dabei gewann, war, daß die freie, von den Verwirrungen der Pestalozzischen Wirthschaft unabhängige Leitung und Verwaltung der Anstalt sie in den Stand setzte, dieses Opfer zu bringen. Die Frucht, die Herr und Frau Niederer davon ernteten, war eine Schuldenlast von zehntausend Franken, in die ihre Anstalt durch die schweren Jahre des Kriegs und der Theurung, so wie durch die nachtheiligen Folgen von Pestalozzi's erst unfreundschaftlichem und dann feindseligem Benehmen gerieth, und aus der sie sich nur durch festes Ausharren im Guten mitten unter allen Drangsalen und Widerwärtigkeiten zu dem Flor wieder erheben konnte, in dem sie jetzt dasteht, als die schönste, edelste und unumstößlichste Widerlegung aller Anschwärzungen Pestalozzi's.

Die Mißlichkeit der Unternehmung an sich, besonders in einem Zeitpunkte, wo man die unglücklichen Ereignisse, die bald darauf die Ruhe der Schweiz und der Nachbarländer störten, bereits voraussah, oder doch ahnte, erregte bei den Verwandten der Jgfr. Kasthofer, und besonders bei ihrem Bruder, Hrn. Staatsschreiber Kasthofer in Aarau, große Bedenklichkeiten, und sie willigten nur ungern und nur unter der Bedingung ein, daß sie die Möbeln und Betten käuflich übernehme. Namentlich wegen der Betten schrieb ihr Bruder von Aarau am 29. November 1813 an sie: „Dazu würde ich in meinem Leben nie stimmen; so „mußt Du bei kleinem Feuer Dich verzehren. Kaufe „sie an, wie solches mit den Mobilien der Fall ist,

„ und rechne den Betrag ab gegen das, was Pestalozzi
„ Dir noch an Besoldung zu bezahlen schuldig ist; ich
„ hoffe, er wird einwilligen, und dann sehe ich die
„ Sache als abgethan an." Hr. Pestalozzi sah die Nothwendigkeit dieser Forderung sowohl, als die Billigkeit
des damit verbundenen Anerbietens ein, und es wurde
ausgemacht, Jgfr. Kasthofer solle die Betten sowohl
als die Mobilien nach der Behufs der Uebergabe vorgenommenen Taxation veraüten.

Hinsichtlich der Möbeln geschah es durch Abrechnung
an den für das laufende Vierteljahr von Hrn. Pestalozzi
vorausbezogenen Pensionsgeldern der Zöglinge, wie
folgende am Ende des Vierteljahrs von Hrn. Kuster
eigenhändig ausgefertigte, von Hrn. Pestalozzi und
Jgfr. Kasthofer unterzeichnete Rechnung ausweist:

Soll Jungfer R. Kasthofer, ihre Corrent-

			Fr.	Bz.	Kr.
1813.					
Nov.	15	300 Wedelen (Reiswellen) ihr überlassen, betragen mit Unkosten	16	—	
		Bei Jgfr. *** angewiesen .	—	5	2
		= Prof. *** in Zürich id.	39	5	2
		Penston u. Auslagen für C***, seit 1. Sept., 2½ Monat	74	4	2
		Durch Hrn. Mieg baar empfangen	147	7	—
Dez.	31	Briefporto für das ganze Institut, seit Mitte Nov. . .	24	2	2
1814.					
Febr.	16	Baar von Hrn. Custer empfangen	100	—	—
	18	Anweisung bei Hrn. *** in Lindau	177	3	2
		Anweisung bei Hrn. ***, Notar in Bern, für R. C. .	114	2	—
	22	An übernommenem Hausrath, laut Verzeichniß von dato[27])	273	3	
		Saldo, der ihnen zu gut kommt	45	—	—
			1012	3	2

Yverdon, den 22. Februar 1814.

Pestalozzi.

Empfangen 45 Franken den 22. Hornung 1814.

R. Kasthofer.

---

[27]) Diese 273 Fr. 3 Bz. für Hausrath, und 235 Fr. für

Rechnung mit Herrn Pestalozzi. Haben

1813.			Fr.	Bz.	Kr.
Nov.	15	Saldo der Rechnung von M***, dato in Vorschuß	31	5	2
		„ „ „ von H*** „ „	170	7	2
		„ „ „ v. Schwestern ***	180	3	—
		„ „ „ von N*** „ „	154	1	2
		„ „ „ von C*** „ „	39	—	2
		„ „ „ von E*** „ „	131	5	2
		„ „ „ von L*** „ „	41	3	2
Dez.	31	„ „ „ von L*** „	50	—	
1814.		Dienstenlohn von Anfang Juli bis Mitte Nov., den sie zahlte	45	—	
Jan.	18	Ihre Auslagen für M*** und Pension bis 1. April, die das Schloßinstitut für ihre Rechnung bezogen	127	1	2
Febr.	18	Baar von Ihnen empfangen (mit Inbegriff von 13 Franken für drei Bettstellen und einen Fruchtkasten, die zuerst nicht auf der Liste waren) .	41	5	—
			1012	3	2
1814.					
Febr.	22	Kommt Ihnen Saldo zu gut .	45	—	—

Betten, sind nebst ein paar Klavieren und Fässern, die Jgfr. Kasthofer bis 1815 leihweise behielt, das ganze Kapital, das mit der Töchteranstalt an Jgfr. Kasthofer

Hinsichtlich der Betten wurde ausgemacht, sie sollten an dem rückständigen Gehalt der Jgfr. Kasthofer abgerechnet werden. Dies beweist der oben angeführte Brief des Hrn. Staatsschreibers Kasthofer von Aarau, der als offener Einschluß durch Hrn. Pestalozzi's Hand gieng, zusammengehalten mit einem spätern Brief desselben (das Datum ist mit dem Siegel weggerissen) an Hrn. Pestalozzi selbst, den dieser, eben weil er zum Theil sie betraf, der Jgfr. Kasthofer übergab, und wo es am Schlusse heißt:

„ Ich danke Ihnen auch für die Berichtigung oder
„ Vertilgung des Artikels wegen dem Zins der Mobilien
„ und Betten, vermittelst dessen nun meine dießörtigen
„ Bedenken gegen die Uebereinkunft mit meiner Schwester
„ gehoben sind, ohne die ich derselben nie meine Zu-
„ stimmung hätte geben können."

Damit übereinstimmend schrieb Jgfr. Kasthofer am 22. Februar 1814, also am Tage des Abschlusses obiger Correntrechnung in ihr Hausbuch (vergleiche Note 11 unserer Schrift) Folgendes:

übergieng. Auch mußte sie, wie ihr oben erwähntes Hausbuch ausweist, um die Wirthschaft in ordentlichen Stand zu stellen, im Augenblick der Uebernahme Geld aufnehmen, und noch in den letzten sechs Wochen des Jahrs 1813 an achthundert Franken auf anderweitige Ankäufe von Hausrath verwenden, ohne daß hierbei die Leinwand und Zeuge gerechnet sind, die sie von Bern bezog.

„Die Herren des Instituts haben über Alles, was
„ich vom 14. November 1813 bis heute an Hausrath,
„Holz, Geld und Wechseln von Hrn. Pestalozzi empfan-
„gen hatte, abgerechnet, und laut der mir darüber
„zugestellten Rechnung ist das Ganze durch den Betrag
„der Vorschüsse, die Hr. Pestalozzi zum Theil an der
„Pension der Zöglinge bezogen hatte u. s. w., bilan-
„zirt. Es macht für mich den Werth von Eintausend
„und zwölf Franken, 3 Batzen 2 Kreuzer.

„Dies bilanzirt alles, was ich von Hrn. Pestalozzi
„empfangen habe, ausgenommen die von Hrn. *La-
„vanchy* taxirten Betten, die von meinem
„Gehalt abgerechnet werden sollen, mit Abzug
„jedoch des Werths der Bettstellen, der auf die heute
„berichtigte Rechnung getragen worden ist.“

Daß hierüber nicht auch, wie über die vorausbezogenen Pensionsgelder eine endliche Abrechnung Statt
fand, erklärt sich genügend aus dem damaligen Zustand der Pestalozzischen Verwaltung; sie war in solcher Unordnung, daß kaum die laufenden Rechnungen
in's Reine gebracht wurden, und daß die aus Hrn. Pestalozzi's Freunden in der Stadt zusammengesetzte ökonomische Kommission über die Vergangenheit sich zu
orientiren gar keine Mittel in Händen hatte. Hr. Pestalozzi selbst bilanzirte in seinem Kopf auf's Gerathe-
wohl eine Schuldigkeit gegen die andere; [28] umsonst

---

[28] So z. B. fiel in dem ersten Jahr, während der Abwesenheit der Frau Pestalozzi, und auch nachher noch,
der Empfang und die Bewirthung der Fremden, die

erſuchte ihn Jgfr. Kaſthofer, die im Gegentheil von
jeher in allen Angelegenheiten auf die pünktlichſte

---

zum Beſuche der Anſtalt nach Jferten kamen, faſt allein
der Töchteranſtalt anheim, da ſie durch ihre beſſere
Einrichtung dazu ſehr geeignet war. Frau Niederer
machte zwar deßhalb keine Anſprüche an Hrn. Peſtalozzi, aber er ſelbſt fühlte, daß er ihrer neuen Haushaltung dadurch eine Laſt auflege, für die er ſie anderwärts ſchadlos halten müſſe. Daher äuſſerte er ihr,
wenn ſie auf Abrechnung wegen der Betten drang,
durch das Empfangen der Fremden auch für ſeine Anſtalt ſeyen dieſelben bereits mehr als bezahlt. — So
auch als Hr. Niederer bei ſeiner Verheirathung Koſt
und Logis nicht mehr im Schloſſe hatte, erklärte ſich
Hr. Peſtalozzi, es ſolle ſich dagegen die Bezahlung der
von den Lehrern ſeiner Anſtalt im Töchterinſtitut zu
gebenden Stunden aufheben. — Durch ſolche Aequiva-
lentanſichten lehnte Hr. Peſtalozzi die Bitten um Abrechnung von ſich ab, und Frau Niederer mußte ſich
wieder gedulden; ſie mußte ſich um ſo mehr gedulden,
da ſie gegen Hrn. Peſtalozzi im Vorſchuß war, und ſo-
mit dringende Forderung der Abrechnung ſo gut als
eine Mahnung geweſen wäre; wozu ſie ſich gegen Herrn
Peſtalozzi, bei den damaligen Umſtänden und Verhältniſſen, nie entſchließen konnte. — Wir ſind überzeugt,
daß dieſe allgemeine Bilanzirung der gegenſeitigen
Schuldigkeiten damals von Hrn. Peſtalozzi redlich gemeint war; nichts deſto weniger war dieſe Art, die
ökonomiſchen Angelegenheiten zu behandeln, ein unglücklicher Fehler, der noch unglücklicher wurde durch
ſeine Folgen. Denn als Leidenſchaft ſeinen Blick zu
trüben anfieng, geſellte ſich dazu der Phantaſiefehler,
ſeine Schuldigkeit gering, die Anderer hingegen groß,

Ordnung gehalten hatte, zu wiederholten Malen um
schließliche Abrechnung; er verschob es immer, und
sie konnte und wollte ihn doch nicht bestürmen, um
so mehr, da bei der damaligen Reinheit aller sonstigen Verhältnisse sie einen solchen Ausgang der Sache
nicht ahnen konnte. Von Hrn. Pestalozzi's entschiedener
Abneigung gegen jede klare und bestimmte Auseinandersetzung werden wir später dakumentirliche Beweise
zur Genüge finden. Für den Zeitpunkt von dem hier
die Rede ist, berufen wir uns einstweilen auf das
Zeugniß des oft unwillkührlich aufrichtigen Joseph
Schmid, der in seiner Schrift „Wahrheit und Irrthum" S. 37 sagt:

„Frau Niederer selbst äußerte damals" (nach
„Schmids Zurückkunft, 1815) „es sey ihr recht an-
„genehm, einmal Jemand im Schlosse zu wissen,
„der Pestalozzi's Interesse mit der höchsten Gewissen-
„haftigkeit besorge. Sie hat auch schon vor mei-
„nem zweiten Eintritt in die Anstalt ihre
„Bereitwilligkeit, ihr ökonomisches Inte-
„resse von demjenigen Pestalozzi's zu schei-
„den, einigermaßen an den Tag gelegt."

Die Verhältnisse waren demnach jetzt folgende:

---

und sich dadurch im Vorschuß zu sehen; und als er
endlich zu der Verstockung kam, die Ungerechtigkeit,
die hinter ihm lag, zur Gerechtigkeit stempeln zu wollen, führte er auf dieses Fundament das Werk der
Verleumdung auf, das in seiner Schrift vollendet vor
uns steht.

Was an fahrbarer Habe im Töchterinstitut blieb, war erkauftes Eigenthum der Jgfr. Kasthofer. Sie hatte nur noch drei Klaviere und ein paar Weinfässer, die Hr. Pestalozzi im Jahr 1815 zurückgegeben wurden, und von denen unten die Rede seyn wird. Damit fielen die Artikel 9, 10, 11, 12 und 14 des Vertrags von selbst weg.

Auch der Artikel 13 hatte von der Rückgabe der Klaviere an keine Bedeutung mehr; bis dahin aber wurde er richtig beobachtet.

Vom Artikel 15 machte Jgfr. Kasthofer niemals Gebrauch.

Dem Artikel 3 geschah dadurch ein Genüge, daß vom Augenblick der Uebergabe an Jgfr. Kasthofer den Hauszins bezahlte, und jede Viktualienlieferung von Seiten des Schlosses aufhörte.

Die Artikel 4 und 5 waren durch die Rechnung von 22. Februar 1814 gleichfalls abgethan.

Die Vollziehung der Artikel 1 und 2 lag in der Uebergabe selbst.

Es bleiben also von dem Vertrag als fortdauernde gegenseitige Verbindlichkeiten noch die Artikel 6, 7 und 8 übrig.

Wer dieses Vertragsverhältniß gebrochen, werden wir weiter unten sehen. Wir machen hier bloß darauf aufmerksam, daß

1) Der Kapitalwerth, den Hr. Pestalozzi mit der Töchteranstalt übergab, im Ganzen die Summe von 508 Fr. 3 Bz. betrug,

2) Dieser Kapitalwerth ihm nicht nur unmittelbar nach der Uebergabe zum Theil vergütet wurde, sondern daß er ihr mehr als das vorher schon schuldig war;

3) Der größere Theil der Geräthschaften der Töchteranstalt, wie sie als Eigenthum der Jgfr. Kasthofer bestand, von dieser anderwärts angekauft wurde:

4) Die Töchteranstalt von der Uebergabe an ein völlig abgeschlossenes Haus bildete, das mit der Wirthschaft der Knabenanstalt durchaus nichts mehr gemein hatte;

5) Demnach jeder materielle Grund zu Verbindlichkeiten gegen Hrn. Pestalozzi aufgehoben war, und er keine Ansprache an die Töchteranstalt zu machen hatte, als die jährliche Abgabe nach Artikel 8; und endlich:

6) Diese Abgabe ganz natürlich auf Hrn. Pestalozzi's pädagogisches Verhältniß zur Töchteranstalt, und auf die Beihülfe sich gründete, die er derselben durch die Lehrer seiner Anstalt, doch immerhin gegen die im Vertrag bestimmte Vergütung, leisten würde.

Wie will nun Hr. Pestalozzi die Worte seiner Schrift rechtfertigen: „Wahrlich, es hätte damals

„ weder ihm " (Hrn. Mieg) „ noch jemand anders in
„ den Sinn kommen können, daß irgend ein recht-
„ licher oder auch nur ein Ehre im Leib habender
„ Mensch, am allerwenigsten Jgfr. Kasthofer sel-
„ ber, diesen Accord als sie unverpflichtend
„ in's Auge fassen würde." Bis hierher war sie
demselben in allen Stücken nachgekommen, (denn daß
sie nicht mehr verzinste, was sie gekauft hatte, war
doch wohl natürlich) und weiterhin werden wir sehen,
daß sie ihn überall ihren Rechnungsangaben zu Grunde
legte.

Nach dieser Auseinandersetzung dessen, was die
Anstalt vor und bei der Uebergabe war, so wie dessen,
was sie durch die Uebergabe wurde, nehmen wir den
abgebrochenen Faden der Geschichte der persönlichen
Verhältnisse wieder auf, und theilen, wie früher, auch
hier die betreffenden Aktenstücke mit, durch die der
Geist, in dem Alles geschehen war, in's hellste Licht
gesetzt wird.

Herr Pestalozzi erließ an die Eltern der Zöglinge
der Töchteranstalt am 21. November 1813 folgendes
Circular:

„ Mein Alter und die Menge meiner Ge-
„ schäfte machten schon lange den Wunsch in
„ mir rege, einen Theil der letztern treuen
„ und sichern Händen anzuvertrauen, damit
„ meine übernommenen Pflichten zur Zufriedenheit der
„ Eltern, welche ihre Kinder meiner Leitung anver-

„traut haben, mit Kraft, Eifer und Liebe erfüllt
„würden. Dieser Wunsch wird nun erfüllt,[29]) indem
„Mlle. Kasthofer, welche bisher die Leitung des
„Töchterinstituts besorgte, es nun ganz für ihre
„Rechnung übernimmt, wodurch in der Führung
„desselben, in dem Unterricht und in dem Verhältniß
„zu mir, meinen Lehrern und meiner Knaben-Erzie-
„hungsanstalt durchaus keine Veränderung vorgeht;
„ich werde dadurch in meinen weitläufigen
„ökonomischen Verhältnissen erleichtert,
„und habe in dieser Abtretung zugleich ein Mittel
„gefunden, Mlle. Kasthofer einen Beweis meiner Ach-
„tung und meiner Zufriedenheit über ihr bis-
„heriges Bemühen zu geben, wofür ich sie
„nicht anders zu belohnen vermochte; zu-
„gleich sehe ich die Fortdauer eines Theils
„meiner pädagogischen Unternehmungen ge-
„sichert, denen ich mein ganzes Leben aufgeopfert
„habe. Die Lehrer der Knabenanstalt werden nach
„wie vor den wissenschaftlichen Unterricht in der
„Töchteranstalt ertheilen, indem diese Absonde-
„rung bloß auf die Oekonomie und keineswegs
„auf Erziehung und Unterricht Einfluß haben
„wird.

„Indem ich einen, durch viele Jahre in der
„Erziehung praktisch erprobten Person diese

---

[29]) In dem gleichen Geiste schrieb er an Jgfr. Kasthofer
selbst, als sie auf kurze Zeit abwesend war: „Ich gehe
„ täglich in Dein Haus, und danke Gott, daß ich
„ es so nennen kann!“

„Anstalt übergebe, darf ich den Eltern meiner bis-
„herigen Zöglinge zuversichtlich die Versicherung geben,
„daß durch diese neue Einrichtung ihren Wün-
„schen und den Bedürfnissen ihrer lieben
„Töchter auf eine Weise wird entsprochen
„werden, die gewiß die Zufriedenheit der
„erstern erhalten, und das Wohl der letztern
„für ihr ganzes Leben begründen wird.

„Ich danke bei dieser Gelegenheit für die viel-
„fältigen Beweise von Zutrauen und Liebe, die ich
„von den verehrten Eltern der Zöglinge erhalten habe;
„sie war der Lohn meines Bemühens, und ich hoffe,
„daß sie mir auch ferner diese Gesinnungen erhalten
„werden; denn ich werde nie aufhören, so viel
„ich kann, zum Flor der Töchteranstalt bei-
„zutragen, und auf jede Tochter zu wirken, wie die
„Entwicklung ihres Geistes und Herzens nach ihrer
„Individualität es erfordert.

„Da die Abtretung am 15ten November dieses
„Jahres erfolgte, so werden die Rechnungen für das
„erste Vierteljahr noch von mir unterzeichnet und
„verschickt werden; ich behalte mir sodann vor, noch
„zu bestimmen, an wen von uns beiden die Bezahlung
„geschehen soll, indem wir, vor der Hand noch mit
„der Auseinandersetzung beschäftigt, den verehrten
„Eltern diese neue Einrichtung wegen der ausserwesent-
„lichen Anordnungen nicht länger unbekannt lassen
„wollten.“

Wir haben die treffendsten Stellen dieses Dokuments ausgezeichnet, und bitten nun unsere Leser zu vergleichen,

wie einerseits das, was Hr. Pestalozzi von Jungfer Kasthofer den Eltern versichert, durch die Leistungen der Töchteranstalt, auch aller seiner Feindseligkeiten unerachtet, bis auf diesen Tag in die schönste Erfüllung gegangen ist, und immer auf's Neue in Erfüllung geht,

wie hingegen anderseits er gerade das Gegentheil von demjenigen gethan hat, was er den Eltern und Jgfr. Kasthofer hier versprach;

wie ferner alles in diesem Circular Gesagte mit unserer Darstellung der ganzen Sache im vollkommensten Einklange, mit der Darstellung Hrn. Pestalozzi's in seiner neuesten Schrift aber im grellsten Widerspruche steht.

Offenbar ist es, daß Hr. Pestalozzi entweder damals die Eltern, oder jetzt das Publikum grenzenlos belogen hat. Kann noch Jemand zweifeln, wo die Lüge zu suchen sey?

———

Die große Zufriedenheit Hrn. Pestalozzi's über die mit der Töchteranstalt getroffene Veränderung, zu der er auch, wie wir sehen, alle Ursache hatte, wurde durch die Verlobung der Jgfr. Kasthofer mit Hrn. Niederer nicht nur nicht gemindert, sondern vielmehr erhöht, und dieses Ereigniß war ihm eben so willkommen als unerwartet.

Herr Pestalozzi, der in den Tagen seiner höchsten geistigen und sittlichen Erhebung, wo er noch mit demüthigem Sinne des unerwarteten Gelingens seiner Unternehmung sich freute, sich in ein reines und richtiges Verhältniß zu der mit seiner Persönlichkeit stark contrastirenden Persönlichkeit Hrn. Niederers zu setzen gewußt hatte (vergl. oben S. 16—19), — war in den spätern Zeiten der Bedrängniß keineswegs immer so gerecht. Unmuth über die Widerwärtigkeiten, mit denen er zu kämpfen hatte, und die er, übermüthig geworden, als unverdiente Leiden betrachtete, anstatt in sich selbst den Grund des Uebels aufzusuchen und ihm abzuhelfen, hemmte sehr oft die Begeisterung für sein Werk, und störte dadurch natürlich auch das Verhältniß zu dem, der nur seinem Werke lebte und sich ihm, zwar mit grenzenloser Liebe, aber nur in seinem Werk und nicht in seiner Persönlichkeit hingab. Er gefiel sich immer mehr in dem Gedanken, sich selbst als großes Opfer seines Werks zu beschauen, und gründete darauf den Anspruch, daß Hr. Niederer in seinem Verhältniß zu ihm besondere persönliche Rücksichten auf diese seine Stimmung beobachten sollte, so wie er anderseits die Zumuthung desselben, dem Uebel abzuhelfen, anstatt es äusserlich zu verdecken und im Innern zu einer Quelle des Unfriedens zu machen, als eine Anmaßung von sich wies. [30]

---

[30] Hrn. Pestalozzi's diesfallsige Denkungs- und Handlungsweise, deren traurige Folge endlich Hrn. Niederers nothgedrungenes Zurücktreten von seiner Anstalt, und die gänzliche Zerrüttung dieser letztern war, charakterisirt auf's Treffendste folgende Pestalozzische Fabel

Herr Niederer selbst kam dadurch in eine immer schwierigere Lage. Je mehr das Werk Pestalozzi's

---

(in den Figuren zu seinem Abc-Buch, Basel 1797. S. 166):

„Die Baukunst in Nollingen.

„Ehemals stand Nollingen auf festem Boden; aber „der Runz des Lechstroms nahm seine Richtung gegen „seine Mauern, und der Boden in der Stadt ward „locker.

„Indessen bauen die Herren von Nollingen ihre „Häuser auf dem weichenden Grund forthin, wie sie „ehemals auf dem festen Boden gebaut haben, und „unterstützen und verblenden dann die sinkenden Mäu- „ern, so gut sie können und mögen. Auch sind sie hie- „rin so weit gekommen, daß es wirklich wahr ist, was „sie von sich rühmen, daß man nämlich die zerrisse- „nen Mauern in der Welt nirgend besser sticken, ver- „blenden, verbergen und unterstützen könne, als bei „ihnen." (Diesen Ruhm hat sich Joseph Schmid er- worben, durch die Rettung Pestalozzi's, deren Folgen jetzt am Tage sind.)

„Aber ein Mann, der die Kunst der Nothhülfe ver- „achtet, wo man der Noth selbst abhelfen sollte, trug „den Bürgern von Nollingen an, ihnen über die Bau- „kunst Vorlesungen zu halten.

„Die guten Leute glaubten zwar, man verstehe diese „Kunst in der Welt nirgend besser, als bei ihnen. „Doch wie Hans Nord, da er jetzt den Kopf in einen

durch das Hinsinken in Leidensgefühle und die damit
verbundene Kraftlosigkeit litt, desto größer wurde die
Aufgabe, die er zu lösen hatte, desto geringer wurde

„Krug zu stecken versprach, Zuschauer bekam, also
„bekam Hans Michel Zuhörer in seinen Vorlesungen.
„Aber diese fanden sich, wie jene, betrogen.

„Er las ihnen nur von der Nothwendigkeit
„das Wasser abzugraben, wo es den Boden der Mau-
„ern unterfresse, und von der Kunst, Röste unter die
„Häuser zu legen, wo man das Wasser nicht abgraben
„könne, und damit schwieg er.

„Umsonst wagt es meine Muse, den Aerger der
„Herrn von Rollingen, über den unverschäm-
„ten Hans Michel zu beschreiben.

„Die Ehre ihrer Stadt zu retten, forderten sie jetzt
„alle ihre Baumeister auf, den Gegenstand dieser Wis-
„senschaft in öffentlichen Vorlesungen von allen Sei-
„ten zu erschöpfen; vorläufig aber die Unthun-
„lichkeit aller Vorschläge des Neulings, die
„alle ihre Unterstützungs- und Verblen-
„dungskünste lächerlich machen, gehörig zu
„beleuchten.“

Thut Hr. Pestalozzi etwas Anderes, indem er in
der Vorrede seiner neuesten Schrift seinen „Schwanen-
„gesang, der das Wesen seiner pädagogischen Bestre-
„bungen“ darlegen soll, ankündigt, vorher aber in
dieser Schrift die Mitwirkung und Hülfe, deren er
sich von Hrn. Niederer einst erfreut, und sein Werk
selbst, das er dadurch auf den Weg des Gelingens
gebracht hatte, auf's Bitterste schmäht?

auf der andern Seite die Unterstützung, die er in
Pestalozzi selbst für die Lösung derselben fand. So
wurde sein Leben mit Pestalozzi und in der Anstalt
desselben ein beständiger Kampf; und es wurde ihm
dadurch ein Verhältniß, in dem er Ruhe und Befriedigung seines Gemüths fände, und zu dem immer sich
erneuernden Kampfe immer neue Kräfte sammeln könnte,
im höchsten Grade zum Bedürfniß. So war es natürlich,
daß er in Jgfr. Kasthofer, mit der ihn bis dahin die
gleiche Anerkennung des Pestalozzischen Werks und
die gleiche Hingebung für dasselbe zur innigsten Freundschaft verbunden hatte, das suchte und fand, was ihm
fehlte. In ihr allein begegnete er dem Glauben an
die heilige Sache, der auch ihn beseelte, und der in
Pestalozzi immer mehr zu wanken anfeng. In ihren
Verhältnissen als Vorsteherin der Töchteranstalt fand
er zugleich einen freien Wirkungskreis für das, was
in der Pestalozzischen Anstalt durch ihren Vorsteher
selbst immer größere Hinderwisse erfuhr. So kam es,
daß ihm für sich selbst und für seine Wirksamkeit im
Verhältniß zu Pestalozzi die Verbindung mit Jgfr. Kasthofer zur unerläßlichen Bedingung wurde.

Herr Pestalozzi seinerseits fühlte die Nothwendigkeit,
daß Hr. Niederer in ein seinem Wesen und seiner
Lebensaufgabe angemessenes Verhältniß trete, eben so
gut, als Hr. Niederer selbst. Er sah ebenfalls in
Jgfr. Kasthofer die Person, die allein Hrn. Niederers
geistigen und gemüthlichen Bedürfnissen entsprechen
konnte, und freute sich daher nicht nur des von
Hrn. Niederer genommenen Entschlusses, sondern be-
diente sich auch alles Einflusses, den er auf Jgfr. Kast-

hofer hatte, um sie zur Erfüllung von Hrn. Niederers
Wünschen zu bestimmen.

Dies geht aus den vor uns liegenden Briefen
Hrn. Pestalozzi's über diese Angelegenheit unwidersprechlich hervor, und wir theilen sie daher auch unsern
Lesern mit, so weit sie sich zu öffentlicher Bekanntmachung eignen.

An eine bei diesem Ereigniß interessirte Person
schrieb er unter Andern:

„Lange, sehr lange war es ein Verhältniß der
„bloßen Freundschaft; es wurde aber wegen des Zu-
„sammentreffens ihrer Lebenszwecke und ihres Berufs
„immer enger; endlich erkannte er es als die einzige
„Rettung aus seiner ihm immer unerträglicher
„gewordenen, isolirten, überladenen und un-
„befriedigten Lage. Es ist nicht eine Leidenschaft,
„es ist ein gereifter Entschluß, der ihn mit Jgfr. Kast-
„hofer zusammen brachte.

„Es spann sich eine Freundschaft zwischen ihm und
„Jgfr. Kasthofer an — davon weder er, noch sie,
„dieses Ende wollten — oder auch nur ahndeten. —
„Ich schwöre Dir mit Vatertreue — bis acht
„Tage, ehe sie sich versprochen, glaubte
„Jgfr. Kasthofer noch, es wäre unmöglich,
„daß sie je daran denken konnten, einander
„zu heurathen.

„Ich bin glücklich, daß Niederer in eine häusliche

„Ordnung und in eine Gemüthsstimmung kommt,
„die der großen Bestimmung, zu der seine Talente
„und seine Stellung ihn rufen, angemessen, und sie
„zu befördern geschickt ist. — Liebe, Theure, freue
„Dich für mich; es war für mein *Etablissement*
„dringend, daß er, an den ich mich seines
„Fortgangs halber fast allein halten kann,
„auch äusserlich in die Lage [kam], [31]) mir
„mit äusserm Erfolge beizustehen, wie er es
„in Rücksicht auf seinen innern Erfolg schon
„längst gethan — Freundin — Er ist mir über
„alles wichtig, und seine Verbindung macht
„mir ihn das doppelt.“

Muß es nun nicht jedes Gefühl empören, wenn
eben der Mann, der den hohen Sinn, in dem diese
Verbindung geschlossen wurde, kannte, der ihn einst
theilte, der mit allen Verhältnissen auf's Innigste
vertraut und selbst der eifrigste Beförderer dieser Verbindung war, — wenn eben dieser Mann dieselbe als
eine eigennützige und treulose, ja sogar verbrecherische
Spekulation darstellt, indem er sie der Uebergabe der
Töchteranstalt mit folgenden Worten anschließt (S. 73):

„Wahrlich, es hätte damals weder ihn (Hrn. Mieg)

---

[31]) Da in den Pestalozzischen Briefen häufig Wörter ausgelassen sind, so haben wir sie aus dem Sinn ergänzt,
ob richtig, mögen unsere Leser selbst beurtheilen. Der
diplomatischen Treue und Genauigkeit wegen, mit der
wir diese Aktenstücke geben wollten, haben wir sie indessen immer in diese Klammer [ ] eingeschlossen.

„noch jemand anders in den Sinn kommen können,
„daß irgend ein rechtlicher oder auch nur ein Ehre
„im Leib habender Mensch, am allerwenigsten Jung-
„fer Kasthofer selber, diesen Accord als sie unver-
„pflichtend in's Auge fassen würde. Aber sein Ori-
„ginal verschwand aus meinem Bureau[32]
„und schon das hätte mich aufmerksam machen
„sollen. Aber ich kannte die Welt noch nie und in
„diesem Augenblicke am allerwenigsten. Und nun
„heurathete auf einmal Herr Niederer (was
„kein Mensch, der ihn und seine Verhältnisse

---

[32] Wie es damit zugieng, können wir freilich nicht angeben. Thatsache aber ist es, daß, als Hr. Pestalozzi von
Frau Niederer um Bereinigung der diesfallsigen Verhältnisse wiederholt ersucht wurde, er ihr unter andern
Ausflüchten sagte, sein Original des Vertrags sey verloren, worauf sie ihm das ihrige gab. Dieses verschwand gleichfalls, und Frau Niederer ersetzte auch diesen
Verlust durch Herbeischaffung einer Abschrift von ihren
Verwandten, denen sie zur Zeit der Uebergabe den Vertrag mitgetheilt hatte. Man sehe darüber weiter unten
(S...., gegen das Ende des Alinea, in welchem die Note 181
angezeigt ist) den Brief der Frau Niederer an Hrn. Pestalozzi. Ohne diese Abschrift, gegen deren Aechtheit
weder Pestalozzi noch Schmid jemals eine Einwendung
wagten, wäre der Vertrag, und somit das Fundament
der Rechnungsverhältnisse, wenigstens erweisbar nicht
mehr vorhanden. Auf wen fällt nun, wenn das Verlo-
rengeben nicht Sache des Zufalls ist, der Verdacht; auf
die, bei denen das Aktenstück zweimal verschwand, oder
auf die, die es zweimal wieder herbeischafften?

„näher kannte, hätte ahnen [33]) dürfen) Jung-
„fer Kasthofer, und fand dadurch neue, tief
„in meine Wirthschaft eingreifende Mittel
„zum Mißbrauch der Allgewalt in der Re-
„gierung meines Hauses, die ich unglücklicher
„Weise vorher schon in seine Hand gelegt."

Kann man sich eine größere Verletzung der Wahrheit, des Gefühls und der Sittlichkeit denken? Doch
hören wir weiter seine eigene Schilderung des Geistes,
in dem Hr. Niederers Verheirathung mit Jgfr. Kasthofer geschlossen und von ihm selbst angesehen wurde.
An einen seiner innigsten Freunde schrieb er um die
gleiche Zeit:

„Meine Seele jubelt — meine ersten Kinder rei-
„fen — Niederer prüft und reiniget den Saamen,
„den ich fast nur in blindem Glauben auswerfe —
„und Kasthofer — Kasthofer die mir Gott gab, und
„die ihres Gleichen nicht hat — heurathet Niederer —
„ich könnte für beide sterben — sie sind meine ersten,
„ich möchte sagen, sie sind meine einzigen Kinder. —
„Das Traumgebild — das aus meiner Hand ging —

---

[33]) Hier haben nun unsere Leser einen Beweis, wie auch
die Wahrheit in seinem Munde zur Verleum-
dung wird, und daß wir somit oben wirklich nicht mehr
gesagt haben, als was buchstäblich wahr ist. —
Er wußte selbst besser als irgend Jemand, daß und
warum Hr. Niederer sowohl als Jgfr. Kasthofer zur
Zeit der Uebergabe der Töchteranstalt an die letztere an
eine Verbindung miteinander keinen Gedanken hatten?

„ erhaltet in ihrer Leben und Wirklichkeit. — Mäch-
„ tig wird er das zerrissene Band zwischen den Mei-
„ nigen wieder knüpfen — und lieblich wird sie — in
„ das neu zu Bindende heilige Fäden einspinnen —
„ und alles Verbundene mit Rosen bestreuen. — Dann
„ sinke ich auf ihren Schoß, wenn mein Ende nahet,
„ und sie schließt mein gestorbenes Auge. — Freund —
„ Edler — kann man glücklicher enden — aber noch
„ warten Tage des Leidens und der Sorgen auf mein
„ ermattetes Seyn; ich erliege fast unter der ökono-
„ mischen Mühseligkeit meiner Stellung — zehn Jahre
„ und mehr stehe ich da und thue als armer Privat-
„ mann — was das Gemeinwesen — was öffentliche
„ Behörden thun sollten und nicht thun — Gott [hat]
„ mir geholfen, daß ich diese zehn Jahre nicht erlag —
„ die ungeheuren Bedürfnisse — die das äussere Chaos
„ meiner Versuche, meiner Umgebungen und ihres Wech-
„ sels und ihrer Zufälle ansprachen — wurden täglich
„ befriediget — ohne daß ich in dieser ganzen Zeit
„ jemahls auch nur für ein Paar Monate und tausend
„ und tausendmahl nicht für den morgenden Tag
„ Sicherheit für die Befriedigung dieser Bedürfnisse
„ hatte — ich ging meinen Gang sorglos daher —
„ und Gott half immer — das Resultat seiner Hülfe
„ ist der Punkt der Reifung auf dem mein Unterneh-
„ men jetzt wirklich steht — ich darf und will ihm
„ ferner vertrauen — aber jetzt ist die Zeit, in der
„ [ich] aussprechen darf, was in einer Sache, die
„ nicht die Sache eines Individuums, sondern die
„ Sache der Staaten — und der Menschheit selbst ist,
„ Andere thun sollen, da ich das Meine gethan habe —
„ auch da. — Freund — die psychologischen Funda-

„ mente — nicht bloß einiger Unterrichtsfächer sondern
„ des ganzen Erziehungs‑ und Unterrichts‑wesens sind
„ zu einer höhern Klarheit gebracht — die Natur der
„ Gemüthsbildung, der Geistes‑ und der Kunst‑bildung
„ ist [nicht] nur tiefer erforscht — sondern ihre Mittel
„ vielseitig organisirt, und zum Gemeingut der Nie‑
„ dersten wie der Obersten gemacht — die allgemeinen
„ Fundamente aller Anschauungswissenschaften sind an
„ der Sprache begründet — das Studium der alten
„ Sprachen ist der Naturgemäßheit, mit welcher
„ Mutter und Amme das Kind die lebenden lehren,
„ näher gebracht — das Studium der Geschichte und
„ der Geographie hat klarere Anschauungsmittel und
„ einen Umfang mnemonischer Vortheile.“

Diese Briefe, von denen Hr. Pestalozzi eigenhän‑
dige Abschriften Hrn. Niederer mittheilte, beweisen
zur Genüge, wie zufrieden er damals mit dem innern
Gang seiner Unternehmung war, wie auch nur keine
Spur von dem Gedanken, Hr. Niederer habe seinen
ökonomischen Verfall herbeigeführt, in seine Seele
kam, wie im Gegentheil er die wahren Ursachen des‑
selben sehr wohl kannte, welche Wichtigkeit endlich
für die weitere Verfolgung seines Unternehmens in
jeder Hinsicht die Verbindung Hrn. Niederers mit
Jgfr. Kasthofer in seinen Augen hatte.

Freilich behauptet er jetzt, es sey dies Alles nur
ein Traum gewesen. Welche Bürgschaft giebt aber er,
der sein ganzes Leben geträumt zu haben behauptet, dem
Publikum dafür, daß er jetzt nicht im Traum ist? [34]

---

[34] Seine Zumuthung an's Publikum, daß es ihm jetzt,

Daß er damals nicht träumte, daß auch um ihn her Niemand träumte, beweist die Anerkennung, die seiner Sache, die ihm und seiner Anstalt damals zu Theil wurde, beweist das fortdauernde innere Gedeihen und Wohlergehen des Niederer'schen Hauses, beweist das erfolgreiche Wirken aller derer, die in dem damaligen Geiste Pestalozzi's zu wirken fortfuhren, und die, wo auch immer der Gang der Ereignisse sie hingestellt, Segen um sich her verbreiten, und anerkannt werden von Allen, von denen sie gekannt sind.

Daß er aber auch jetzt nicht träumt, daß er vielmehr wacht, mit dem hell offenen Auge der Bosheit wacht, das beweist sein consequent durchgeführtes Lügengemälde seines Lebens, das beweisen die zahllosen Verleumdungen seines Buchs; dadurch liefert er den Beweis, daß er nur darum seine Vergangenheit einen Traum schilt, weil er dadurch vor seinem Gewissen und vor den Augen der Welt den eben so gerechten als furchtbaren Vorwurf von sich abzuwälzen wähnt, den seine von den Gelüsten der Selbstsucht geschändete, alles Großen und Heiligen entblößte Gegenwart unabwendbar auf ihn lädt.

Welche Verhärtung in sich selbst, welch ein Ueber-

---

wo er seinem ganzen Leben widerspricht, Glauben beimessen soll, erinnert an die Eidesformel, die die Glarner, als sie Wesen nach der Mordnacht wieder eroberten, den Einwohnern des Städtchens bei der Huldigung vorschrieben: Wir — Meineidige — schwören, u. s. f.

muth gegen die Welt gehört dazu, dem Heiligsten,
was er in sich selbst trug, Hohn zu sprechen und das
Erhabenste, was er verkündiget, und was seinen Namen für immer unsterblich gemacht hat, mit frecher
Zunge zu lästern! Welcher Wahnwitz der Bosheit,
eben durch diesen unsterblichen Namen den Glauben
an die Wahrheit, die ihm denselben verliehen, und
an die Menschen, die ihm in dieser Wahrheit zur
Seite gestanden, wie mit einem Schlage vernichten zu
wollen! Aber ewig umsonst lehnt sich die menschliche
Ohnmacht gegen Gottes Ordnung auf. Den Glauben
weder an die Wahrheit noch an die in ihr lebenden
Menschen, ja nicht einmal seinen unsterblichen Namen
wird er vernichten. Auch dieser wird ewig glänzend
dastehen vor den Augen der Menschheit, als Sinn-
bild alles Erhabenen und Heiligen, was ihr durch
ihn geworden, und die Nachwelt wird davon die
Schmach, womit er selbst sich befleckt hat, trennen,
so wie die Mitwelt genöthiget ist, alles Große, das
sie einst in ihm verehrte, von seiner Person zu scheiden!

———

Wir theilen nun noch drei Briefe mit, die Hr. Pestalozzi an Hrn. und Frau Niederer auf ihrer Hochzeitreise schrieb, und bitten unsere Leser, denselben
ihre ganze Aufmerksamkeit zu widmen, weil sie nicht
nur das, was wir über die Verheirathung gesagt, bestätigen, sondern auch die Belege zu unserer obigen
Schilderung des damaligen Verhältnisses Hrn. Niederers zu Hrn. Pestalozzi enthalten. In ihnen treten
schon deutliche Spuren des Unmuths und der Unge-

duld über seine Lage hervor, obwohl er damals, weit
entfernt, die Ursachen davon seinen Freunden aufzubürden, vielmehr von ihnen Rettung und Hülfe verlangte, die sie ihm auch zu leisten bereit waren, die
er bei ihnen aber nur dann finden konnte, wenn er
sie vor Allem aus in sich selbst suchte.

„ Liebe Freunde!

„Wenn Ihr diesen Brief erhaltet — seid Ihr
„vielleicht schon verheirathet; mein Herz ist voll —
„mein Kopf belastet und meine Hand träg — Eure
„Briefe von Bern und Burgdorf freuten mich sehr.
„Es muß alles neu werden — Hohe Kraft dazu liegt
„in Euch beiden — und durch Eure Vereinigung wird
„sie gedoppelt — ich hoffe alles von Gott — und auch
„von Euch und von den Meinigen — wenn sie die
„Wahrheit und Euch beide näher kennen werden —
„aber Ihr geht auch einem großen, einem schweren
„Kampf entgegen — unser Gebäude [muß] von Grund
„auf erneuert werden, wenn das Vertrauen für dasselbe
„wieder hergestellt werden soll. 35) — O Freundinn —

---

35) Dieser Brief kann höchstens zwei bis drei Monate später geschrieben seyn, als der vorige an seinen Freund.
(Genauer läßt es sich nicht bestimmen, weil beinahe alle
seine Briefe ohne Datum sind, und die Zeit, wo sie
geschrieben wurden, einzig aus ihrem Inhalte bestimmt
werden kann; die Verlobung von Hrn. Niederer mit
Jgfr. Kasthofer fällt zu Anfang des Jahrs 1814; ihre
Hochzeitreise zu Ende Mai und Anfangs Juni.) Man
vergleiche nun die Aeußerungen dieses Briefes über

„wie gut iſt es, in unſerer Lage nur auf uns ſelbſt
„und auf innern Werth, auf unſere innere Kraft zu
„bauen, und Gottes Segen nur von dieſer und durch
„dieſe zu erwarten. — Die Menſchen ſind ſo ſchwach,
„— ſo anmaßlich — und thun denen, die ihnen
„dienen, ſo leicht Unrecht [36]) — Der Brief von
„Frau *** an ihr Kind that mir weh — für Dich
„und auch für mich — ſie war ſo freundlich mit mir,
„und jetzt iſt auch nur nicht einmahl ein Gruß an
„mich darin — und [an] Niederer auch. — Bey uns
„wird das faule Holz nicht geſund, man muß es weg
„— man muß es auf den Miſt werfen, ſonſt ſteckt es
„das geſunde noch an — O Niederer — ohne Reinheit
„und Kraft in den Umgebungen — ſind alle Anſtren-
„gungen für das Hohe und Große verloren — wo
„Lümmeley und Schwäche aus allen Ecken hervor-
„guckt, da bildet ſich das Erhabene und Gute nicht

seine Anſtalt mit denen des vorhergebenden, wie ihn
während der kurzen Abweſenheit ſeiner beiden Freunde
einige Unannehmlichkeiten ſchon über das Ganze miß-
muthig gemacht hatten. Man urtheile nun, in welcher
Lage Herr und Frau Niederer ſich einem Manne gegenüber befinden mußten, deſſen Anſichten von ſich ſelbſt
und ſeinem Werke ſo ſchwankend waren. Dieſe Schwäche
wäre ihm zu verzeihen; aber das iſt ihm nicht zu verzeihen, daß er ſie jetzt zu ſeiner Stärke macht, daß er
ſein Mißlingen in ſich ſelbſt zur Verleumdung eben
derer mißbraucht, denen er dadurch unſägliche Leiden
bereitet, denen er es unmöglich gemacht hat, ihm zu
helfen, ſo gern ſie auch wollten.

[36])   Mutato nomine de te
Fabula narratur.

„leicht — unsre größten Feinde sind unter unserem
„Dach und essen mit uns aus einer Schüssel — und
„glauben nicht, weder daß sie schlechte Leute, noch
„daß sie unsre Feinde seien — Jede Schlechtheit, die
„wir nicht zu besiegen vermögen, müssen wir von uns
„trennen — es ist besser, verlassen und gehemmt zu
„sein, als angesteckt und verdorben zu werden — es
„[ist] besser, allein zu sein, als von Schlechtheit
„Scheinhülfe anzunehmen [37]) — es ist schwer, ohne
„einen Freund zu leben — aber ich will lieber einen
„Freund entbehren, als mit einem Feind unter einem
„Dache wohnen. [38])

„Lieber, innig Geliebter — in den Tagen Eurer
„Abwesenheit werde ich wie im Feuer geläutert —
„aber wills Gott auch zur Klarheit kommen — was
„zu thun sei — um das Edle in unserer Mitte zu
„reinigen — und unter sich selbst in Harmonie zu
„bringen — und dann vereiniget der Schlange des
„Verderbens, die uns mit Macht zu ergreifen trach-
„tet [39]), mit Erfolg auf den Kopf zu treten. —

---

[37]) Hätte er doch das bedacht, ehe er von Joseph Schmid
Scheinhülfe annahm! Denn daß es Scheinhülfe war,
hat der Ausgang bewiesen.

[38]) Das ist eben sein Unglück, daß er keinen andern Freund
mehr haben kann, als den, der jetzt mit ihm unter
einem Dache wohnt, und der, nächst ihm selbst, sein
größter Feind ist.

[39]) Er fühlt das Verderben, das ihn ergreifen will, aber

„Liebe, liebe Freunde — ich hoffe auf Euch mehr,
„als auf mich selbst, und glaube an Euch mehr, als
„an mich selbst [40]) — aber Eure Abwesenheit liegt
„schwer auf mir; ihr mangelt mir in allen Verhält-
„nissen [41]) — ich zähle schon die Stunden — da ich

---

in unglücklicher Verblendung sucht er die Schlange
außer sich, die in seinem eigenen Herzen sich immer
mehr eingenistet. Wir werden am Ende dieser Schrift
noch stärkere Beweise von diesem charakteristischen Zug
seines Wesens finden, daß er nämlich so lange und so
weit einen tiefen und scharfen Blick, besonders in das
menschliche Verderben, hat, bis es sein innerstes Selbst
berührt, wo er dann auf einmal blind wird.

[40]) Daran hat er Recht gehabt, insofern der Erfolg das
gerechtfertiget, was er hier ausspricht — aber er hat
daran übel gethan; wenn der Mensch nicht mit Wahrheit an sich selbst, d. h. an das Göttliche in sich selbst,
glaubt, und nicht mit freudigem Muthe auf sich selbst
hofft, so ist aller Glaube an Gott und Menschen, alle
Hoffnung auf Ihn und sie eitel und nichtig; denn alle
Liebe des Himmels und der Erde kann den nicht retten, der sich selbst verläßt und aufgiebt.

[41]) Wie unverkennbar spricht sich nicht in diesem ganzen
Briefe die Unselbstständigkeit seines Wesens aus, auf
die wir schon oben (Note 10) aufmerksam gemacht haben.
Er hatte keine Kraft mehr, auch die geringste Wider-
wärtigkeit als Mann zu tragen und in eigenem selbst-
ständigem Glauben zu überwinden, sobald er die nicht
mehr um sich hatte, die seinen Glauben stärkten und
seinen Muth erhoben, — die, von denen er selbst in
seiner Erhebung so gut als in seinem Falle den Beweis

„ lange zählen muß — eh ich Euch wieder sehe. —
„ Berichtet mich doch, wie es Euch allenthalben geht
„ — und knüpfet freundliche Verhältnisse an, so viel
„ Ihr immer könnt; ich wünsche unaussprechlich, daß
„ Ihr bald einige talentreiche Mädchen findet; — mit
„ Deinen Kräften, l. Kasthofer, wird dann bald das
„ Uebergewicht Deines Instituts vor andern entschieden
„ sein — Adieu, Liebe beide, hier ist Nichts wichtiges
„ vorgefallen, als daß das liebe far niente meines
„ Alters die Jugend um mich her immer mehr ansteckt,
„ und Eure Abwesenheit in allen Ecken sichtbar ist. [42])

---

geliefert hat, daß sie die wahrhaften Stützen seines
Werks und seiner Begeisterung für das Edle und Große
in ihm und außer ihm waren. Welch ein Schmerz mußte
es seyn, diesen Mann so immer mehr sich selbst untreu
werden zu sehen, bis er endlich im Abfall von sich
selbst, in der Kraft der Selbstsucht die Stärke und
Selbstständigkeit gewann, die ihm im Glauben und in
der Liebe gefehlt hatten. Ein Schmerz, mit dem der
— von ihm verleumdet und mißhandelt zu seyn — in
keine Vergleichung kommt! —

[42]) Wenn diese Briefe in der Absicht geschrieben wären,
seine neueste Schrift zu widerlegen, so könnten sie
nicht sprechender seyn. Nicht nur geht daraus die
Grundlosigkeit seiner Beschuldigungen hervor, sondern
sie erklären auch alles nachfolgende Unglück, indem sie
die Ursachen desselben in ihrem ersten Anfang aufdecken.
— Wir wollen von Joseph Schmid keinen Dank verdienen; er muß es uns aber doch Dank wissen, daß wir
urkundlich darthun, wie er keineswegs die Ursache, sondern nur das Werkzeug von Pestalozzi's Verderben war.

— Jetzo da ich das schreibe, seid Ihr bei meiner
„l. Frau — und am Freitag saget Ihr mir vielleicht,
„wie Ihr sie gefunden. [43]) — Thut doch Alles, um
„in St. Gallen das Vertrauen zu erhalten, das wir
„bis jetzt besitzen — aber schreibet mir, was auch
„immer begegnet, unverholen — Sorget für Eure
„Gesundheit — seid froh und glücklich — und Du,
„Niederer, vergiß den *** nicht.

„Daß Julien hieher kommt, siehst Du aus seinem
„Briefe, aber mich kümmert, daß er von Paris aus
„nichts schreibt, das uns angeht. [44])

„Lebet wohl, es läutet zur Suppe — ich muß
„enden.

„Euer ewig treuer Freund Pestalozzi.“

„Freund! — Freundinn! — von heute an ewig
„unter Euch selbst — und wills Gott auch ewig mit
„mir vereinigte Freunde!

---

[43]) Man halte auch gegen diese, obwohl nicht vielsagende,
Stelle die Rolle, die Hr. Pestalozzi jetzt seine Frau
spielen läßt, und vergleiche damit unsere Note 25.

[44]) Auch das Hängen an äußerm Erfolg und die Anerkennung von Menschen, wodurch er sich innerlich abmühte
und äußerlich lächerlich machte, sind ein charakteristi-
scher Zug seines Wesens.

„— Heute an Eurem Hochzeittag will ich auch
„keinen Gedanken in meiner Seele tragen — der,
„wenn er da wäre — den heitern Himmel Eurer
„heiligsten, Eurer schönsten Stunde betrüben könnte
„— ich will oft an Euch [denken] und mich oft
„[erinnern], was ich seyn soll und was ich thun soll,
„wenn es Euch bis an mein Grab um mich her wohl
„sein soll — ich werde mir heute oft und viel vor-
„stellen — was Ihr beiden sein könnt und sein wer-
„det — damit es mir bis an mein Grab um Euch
„wohl sein könne 45) und — O Niederer, o Freun-
„din — Keines von uns allen soll über sich ergehen
„lassen — was kommt, sondern wir alle müssen uns
„vereinigen — um über alles hinüber gehen zu können
„— was uns Unrechtes und Unbilliges in den Weg
„kommt — Wir wollen einander zu diesem Zwecke
„Hand bieten, wie wir können und mögen — aber
„auch gegenseitig keine Handbietung von einander
„erwarten, die der Individualität eines jeden wider-

---

45) Wie fürchterlich ist dieser Wunsch, diese Hoffnung getäuscht! Herr und Frau Niederer, die an Hrn. Pestalozzi wie an sich selbst geglaubt, sind in diesem Glauben schmerzlich getäuscht; und Hr. Pestalozzi, der an
sie mehr als an sich selbst geglaubt, ist eben so sehr
getäuscht in den Früchten, die er von diesem Glauben
zu ernten hoffte. Aber jene sind durch ihn, er ist durch
sich selbst getäuscht; jene sind getäuscht an einem
Menschen, an einem Menschen, den sie über Alles
hochgeschätzt und geliebt. Dieser ist durch die Täuschung
aller Täuschungen an sich selbst, an den Menschen und
an der Wahrheit getäuscht! —

„spricht. [46]) Gott hat einem jeden ausgezeichneten
„Menschen eine Eigenheit seines Seyns und Wesens
„gegeben, innert deren Schranken er sich vervoll-
„kommnen, die er aber, ohne sich selber tief zu
„schaden, nicht überschreiten darf. Niederer — Dein
„Kreis ist groß — er ist erhaben groß — aber er-
„kenne seine Schranken und tritt mit keinem Fuß
„aussert dieselben heraus — auch ich will meine
„Schranken [erkennen] und innert denselben mit Dir

---

[46]) Hier treten die Spuren seiner Unbehaglichkeit über die
Forderungen, die Hr. Niederer um seines Werks willen an ihn machte und machen mußte, unverkennbar
hervor. Das Folgende zeigt, daß er Hrn. Niederers
Verbindung mit Jgfr. Kasthofer als eine Hülfe dagegen
in's Auge faßte. Daß hier die ökonomischen Angelegenheiten keine Rolle spielten, ist jedenfalls klar; daß aber
in Hrn. Pestalozzi vieles lebte und erschien, wogegen
Hr. Niederer nicht anders als kämpfen konnte, das
beweisen schon viele Stellen der hier vorliegenden Briefe,
das beweist der tiefe Fall seines Unternehmens, insoweit es das seinige blieb, und die Versunkenheit seines
persönlichen Charakters; dafür ist seine ganze neueste
Schrift ein einziges unabweisbares Zeugniß. Nicht nur
verkannte er die Gesinnung, in der Hr. Niederer gegen ihn
kämpfte; er machte es auch Frau Niederer unmöglich,
vermittelnd dazwischen zu treten, indem er das, was
sie ihm war, in sich selbst entweihte, und sich so für alle
Wahrheit und Liebe von ihr aus unzugänglich machte.
Das mußte er aber thun, wenn er mit Sicherheit seinen
Entschluß durchführen wollte, gegen sich selbst nicht
mehr zu kämpfen, und also auch jede dahin zielende
Forderung Hrn. Niederers von sich abzuhalten.

„ vereiniget zu leben suchen — und Du, Edle — die
„ heute den heiligen Tag ihrer hohen Bestimmung
„ [feiert] — Edle, tritt mit aller Sanftheit Deines
„ hohen Sinns immer zwischen uns in die Mitte —
„ wenn einer von uns sich selber oder seinen Bruder
„ mißkennt — Edle — tritt mit Deiner sanften Seele
„ in die Mitte — wenn die Täuschung irgend [einer]
„ äuffern Erscheinung die ewige Wahrheit unserer inner-
„ sten Vereinigung trüben — und uns in die Lage setzen
„ könnte, um eines Mißverständnisses [willen] — dem
„ Zweck unserer Vereinigung weniger zu sein und
„ weniger zu leben — als wir können und sollen —
„ Lieber, lieber Niederer — laßt uns doch auf unserer
„ Bahn glaubend und hoffend thun — was wir können
„ und mögen — und dann das Gelingen und die Zeit
„ des Gelingens dem überlassen, der die Schicksale der
„ Menschen leitet — und keinen verläßt — der auf
„ ihn hoffet. — Liebe beide — der Segen Euers heu-
„ tigen [Tages] werde die Quelle des hohen Segens
„ unseres Thuns und unserer Anstalt — Er werde die
„ Quelle und das Mittel der Ueberwindungskraft alles
„ dessen, was uns im Wege steht, zum höchsten Ziel
„ unseres Lebens zu gelangen.

„ Meine ewige Liebe segne Euch und kommet, so-
„ bald ihr könnt, als die Gesegneten des Herrn, und
„ auch als meine frohe und zutrauensvolle Kinder in
„ die Arme Euers alten und schwachen — aber Euch
„ bis in den Tod liebenden Vaters

„ Pestalozzi " 47)

—————

47) Wir können uns unmöglich überwinden, diesen erhabenen Aussprüchen seiner edleren Natur auch nur ein

„Lieber Freund!

„Ich muß Dir alle Posttage schreiben — und es
„geht mir, wie Deiner Jgfr. Kasthofer, wenn ich
„den Kopf so voll habe, daß ich nicht weiß, wo er
„mir steht, — so ist es mir Erholung, an Dich zu
„schreiben — ich bin eben in Dich verliebt — ob ich
„es schon selbst fast nicht glauben kann — wegen so
„oft zwischen uns eintretenden unlieblichen Dingen —
„O Lieber — wärest Du nur wieder da — Du kommst
„jetzt nur halb Niederer und halb Kasthoferinn — als
„ganz Niederer solltest Du für mich arbeiten — aber
„nur als halb Niederer vermag ich Dich zu tragen —
„das ist so wahr, daß ich lieber will — daß Du mir
„auch nur als halb Niederer arbeitest, als daß ich
„Dich als ganz Niederer tragen soll — schwerer,

Wort seiner neuesten Schrift gegenüber zu stellen. Mit
tiefem Schmerz rücken wir diesen Brief hier ein —
nicht, weil er ein Beweis gegen Hrn. Pestalozzi's Anklagen ist; als solchen müssen wir ihn ohne Rücksicht
auf unser Gefühl geben — sondern weil der Gedanke
der tiefen Selbstentwürdigung seines Urhebers uns mit
inniger Wehmuth erfüllt. Kann ein furchtbareres,
ein zermalmenderes Gericht über einen Menschen ergeben, als das, daß nicht nur sein Schlechtes, daß auch
das Edelste, was in menschlichen Verhältnissen gedenk-
bar ist, und was einst in ihm lebte, vor dem Richter-
stuhle der sittlichen Ordnung ihn verklagt? Läßt sich eine
größere Pein denken, als die, daß die Furie der Gewissens-
angst nicht nur mit dem Feuerbrande der Schuld, sondern auch mit der Fackel des Himmels den Unglücklichen
verfolgt und ängstigt? —

„gewichtiger Mann — Lieber Niederer — wie konn-
„ten doch zwei so ungleiche Wesen, wie Du und ich
„so nahe zusammen kommen — und wie war es mög-
„lich, daß wir für die Ewigkeit eins werden konn-
„ten, wie wir es sind, und wer ist mehr Schuld —
„Du oder ich, daß wir für die Zeit so oft entzweit
„sind, als wir es sind — und wer wird helfen, daß
„wir es in Zukunft nicht mehr sind — ich hoffe alles
„von Kasthoferinn; da Du ihr nur Freude bist — und
„in nichts, in gar nichts auch nur eine leichte Last —
„so mag sie desto mehr an mir und an meiner Schwer-
„fälligkeit tragen — aber im Ernst — ich hoffe, sie
„werde es vermögen, das Verhältniß zwischen Dir
„und mir leicht und froh zu machen — ich träume
„mich in das Glück hinüber und freue mich desselben.
„Lieber — Lieber, wäret Ihr nur schon wieder da —
„die innere Schwäche unseres Hauses — hat den
„Schwächsten unter uns das Maul aufgethan — daß
„sie uns Affenräthe geben und offene Versammlung
„über uns unter sich selbst haben. — Gegen solche
„rettet weder Weisheit noch Güte, sondern nur —
„Geld zum Auszahlen und Wegschicken des Schlech-
„ten — und zum Anstellen des Bessern — das Haupt-
„übel unseres Hauses kommt nicht von der Küche und
„den Weibern — es kommt von den bei mir Männer
„spielenden Knaben, die an allen andern Orten nur
„Lehrbuben wären — aber bei mir keinen Meister
„und keinen Herrn finden — und darum [aus] allem
„Tact des Lebens gefallen. — Alle Augenblicke läuft
„ein solcher Säubub hier fort — bringt mich um
„einige hundert Franken und schwatzt dann, wenn er
„fort ist, vom Etablissement — genau, wie wenn er

„an demselben verloren und sich demselben aufgeopfert
„— diesen Spuck treibt jetzt *** in ***. O Gott,
„Niederer, hilf mir, daß kein schlechter, kein un-
„zuverläßiger Mann mehr unter mein Dach eingehe,
„sonst bin ich unrettbar verloren, und lebe bis an
„mein Grab in täglichen Anschauungen und Gefühlen
„die mir alles vergiften, was mir das Leben lieb
„macht — und woran mich Natur und Pflicht bin-
„den. 48) — Der Grab, in dem die Kinder an Lisa-

---

48) Die Zumuthung, die er hier Hrn. Niederer macht, ist
in der That stark, und die Verantwortlichkeit, die er
ihm zuschiebt, nicht gering. Deutlicher kann er es nicht
aussprechen, daß er in sich selbst schon damals verloren
war, als dadurch, daß er einen andern verantwortlich
machen will für das, wofür jeder für sich selbst nur
selbst verantwortlich seyn kann, für seine eigene Ueberwindung des Schlechten. Daß er aber in seiner schrecklichen Ahnung über die Folgen einer Verbindung mit
einem schlechten Menschen sich nicht betrog, das lehrt
die Vergiftung aller seiner Anschauungen und Gefühle
seitdem er sich mit Schmid verkettet hat. Daß Hr. Niederer die Zurückkunft dieses Menschen in die Anstalt
nicht nur nicht hinderte, sondern sogar beförderte, ist
das Einzige, woraus ihm Hr. Pestalozzi jetzt keinen
Vorwurf macht, und gerade auch das Einzige, was
ihm wirklich zum Vorwurf gereichen könnte. Er that
es freilich im Irrthum über die Absichten Schmids, und
dieser Irrthum ist verzeihlich, da Schmid nach seinem eigenen Geständniß gegen Hrn. Niederer den Heuchler spielte. Er sagt (Wahrheit und Irrthum S. 13)
mit spöttischer Selbstgefälligkeit: „Er" (Hr. Niederer)
„ward mit Jgfr. Lashofer in seiner, nur einige Stun-

„beth" (der Haushälterin der Knabenanstalt) „han-
„gen, ist groß — und es ist nicht bloß Brod, sondern

„den von Bregenz entfernten Heimath getraut, und
„bei diesem Anlaß durfte natürlich sein „Ideal" nicht
„fehlen, ich mußte seinem Hochzeitfeste beiwohnen. Er
„und seine Gemahlinn besuchten mich auch und brach-
„ten einige Tage in meinem Kreise und bei meinen
„Freunden zu. Das spätere Unglück unserer
„Serwürfnisse hat ihren Keim größtentheils
„in den zutraulichen Gesprächen, die bei die-
„sem Anlaß zwischen uns Statt hatten. Nie-
„derer setzte mich in volle Kenntniß seines
„Vorhabens und seiner Pläne und selbst des
„Grundes seiner mir gänzlich unerwarteten,
„ich möchte sagen, wie ich ihn und seine Ver-
„hältnisse kannte, unmöglich scheinenden,
„pädagogischen Hairath mit der ehemaligen
„Jgfr. Kasthofer. — Unsere Correspondenz
„wurde fortgesetzt." Und (S. 16 der gleichen
„Schrift): „Seine" (Pestalozzi's) „edle Gattinn, die
„treue Gefährtinn seiner Leiden, erkundigte sich bei
„mir, im Augenblick meiner Ankunft, gleich mit freier
„Offenherzigkeit, ob ich für Niederer oder für ihren
„Mann komme. Meine Antwort war einfach. Aber
„ich zeigte ihr die Nothwendigkeit, zu dul-
„den und zu schweigen; ich war ja der liebe
„Schmid, das Ideal meines Freundes Nie-
„derer." Ist es vielleicht dies, wovon Hr. Pestalozzi
S. 94 seiner Schrift sagt : „Es herrschte hie und da
„bei den Schonungen, die man sich in diesem Zeitpunkt
„gegenseitig zeigte, eine reservatio mentalis, die aber
„unter gewissen Umständen und bei gewissen Gelegen-
„heiten so wenig bedeckt wurde, und im Gegentheil

„tägliche, thätige Liebe und Sorgfalt, die sie an sie
„bindet — Du kannst Dir die Thränen nicht vor-

„so plump zum Vorschein kam, daß man ihren Trug
„nicht nur bei'm Sonnen- sondern selbst bei'm Mond-
„schein sehen und mit Händen greifen konnte " — ?
Man sollte es wenigstens glauben. — Schmid, der von
dem, was Pestalozzi als Werkzeug Gottes und als Offenbarer der Menschennatur war und seyn sollte, keine
Ahnung und wie es scheint dafür auch niemals Sinn
hatte, konnte freilich Hrn. Niederers Plane und Absichten nicht verstehen, sondern nur mißverstehen. Wir
wollen ihm auch dieses nicht zurechnen; wir können
diesfalls blos bedauern, daß Hr. Niederer die Proben
seines Glaubens, seiner Hoffnung und seiner Liebe vor
ein Schwein geworfen, das sich dann auch wirklich,
wie wir sehen, gegen ihn umkehrte und ihn zertreten
wollte. — Daß aber Schmid Hrn. Niederer auf dem
Glauben ließ, als verstehe er ihn nicht nur, sondern
als sey er auch mit ihm einverstanden, so daß dieser
seine Correspondenz mit ihm fortsetzte; daß er ihm
nicht offen aussprach, entweder er verstehe ihn nicht,
oder, so wie er ihn verstehe, könne er mit ihm nicht
übereinstimmen, ist eine passive Schlechtigkeit, ein
verrätherischer Mißbrauch des Vertrauens. Daß er hernach Frau Pestalozzi versprach, unter der Maske des
Heuchlers ihrem Manne gegen Hrn. Niederer zu dienen, ist eine vorsätzliche Niederträchtigkeit, und würde,
wenn es so ganz, wie es Schmid erzählt, wahr wäre,
weder dem Verstand noch dem Gefühl der Frau Pestalozzi
zu großer Ehre gereichen. Jedenfalls ist es nicht zu
verwundern, wenn Frau Pestalozzi, die ihres Mannes
Unternehmung nur von der ökonomischen Seite betrachtet zu haben scheint, und von dieser allerdings

„ stellen die *** weinte, als er von ihr schied —
„ und ich darf mir die Lücke nicht denken, die tief in
„ den Geist des Hauses eingreifend entstehen wird —
„ wenn sie fort ist — und wie sie sagt — nicht mehr
„ kommen kann; die Jgfr. *** ist unvorsichtig —
„ und mehret das Geschwätz, das mir Müh macht,
„ bald auf diese, bald auf jene Seite — sie unter-
„ hielt neulich den guten *** — den *** und den ***
„ — von den großen Unordnungen des Hauses ꝛc. ꝛc. [49])

mit vielem unzufrieden zu seyn Ursache hatte, durch
Schmids Eingebungen in eine wirkliche und fortdau-
rende Mißstimmung gegen Hrn. und Frau Niederer
kam, während sie früher nach dem, was wir oben
(Note 25) gesehen haben, wohl nur vorübergehend ver-
stimmt und mißtrauisch war. — Was übrigens Hrn. Niederer betrifft, so hat er, wenn er auch durch den Mißbrauch seines Vertrauens in die Redlichkeit Schmids,
das seinem Herzen Ehre macht, zu einer falschen Maßregel verleitet worden war, sich nicht gescheut, seine
Mißbilligung gegen Schmids Denkungs- und Handlungsweise, sobald diesen die Maske nicht mehr deckte,
offen an den Tag zu legen und Hrn. Pestalozzi die
Folgen seiner Anschließung an denselben mit der war-
nenden Stimme der Wahrheit unumwunden aufzudecken.

[49]) Diese Stelle wirft Licht auch auf das „Geschwatzwerk,
„ das die Frau Kuster untergebenen Leute unter ihren
„ Augen“ (S. 73 der Pestalozzischen Schrift) über die
schlechte Ordnung des Töchterinstituts machten. Was
wirklich vorhanden ist, und was viele gemeinschaftlich
drückt, darüber sprechen und schwatzen sie unter sich,
und das wird ewig Niemand anders verhindern können, als dadurch, daß er dem Uebel abhilft.

„ — Kommt doch so bald als möglich zurück. — Ach
„ Gott, den Augenblick vernehme durch Deinen Brief
„ von Aarau, daß Jgfr. Kasthofer kränkelt — Du trö-
„ stest mich zwar — die Gefahr sey verschwunden —
„ aber schreibe mir doch jeden Posttag hierüber mit
„ Bestimmtheit — ich will das Beste hoffen. — Lieber,
„ ich mache Dir einen Jammerbrief von oben bis unten
„ — Du willst wissen wie alles geht — im Ganzen
„ recht, aber Esel bleiben Esel — und der Mohr än-
„ dert seine Haut und der Pardel seine Flecken nicht. —

„ Vorgestern traf Jgfr. *** Herrn *** allein
„ mit Jgfr. *** an und sagte blos scherzend — Ah,
„ un tête-à-tête! — worüber denn Hr. *** morndeß
„ der Jgfr. *** das Kapitel schriftlich so unver-
„ schämt derb las — daß ich bei'm Lesen des Briefs
„ beinahe auf den Kopf stund — diese Leute wissen
„ weder was Ordnung noch Anstand, noch Gewissen,
„ noch Fleiß, noch Treu — und wollen ohne alles
„ dieses genialisch leben — ich habe das Document
„ dieses Briefs für Dich aufbehalten lassen.

„ Die Frau *** hat mir auch geschrieben — un-
„ gefähr wiederholt, was sie dem Kind sagte, aber
„ mit großer Achtung für Jgfr. Kasthofer, Dich und
„ das Knabeninstitut. — Den Augenblick begegnet wie-
„ der etwas — das ich Dir sagen muß — *** kommt
„ eben zu mir — und sagt — Ihr werdet die Umstände
„ meiner Eltern wissen — ich antwortete — Nein,
„ ich weiß sie nicht; — Er — sie sind ausser Stand,
„ weiter etwas für mich zu thun, und Hr. Niederer
„ hat mir gesagt, wenn ich etwas nothwendig habe —

„ so solle ich es nur Euch fordern — Ich — hat das
„ Hr. Niederer gesagt? — Er — Ja, er hats gesagt —
„ ich — nun, das wundert mich [50] — aber was kannst
„ Du, wie verdienst Du mir das, was Du von mir
„ forderst? — Er antwortete — daß er Stunden gebe
„ — daß er bei Ott und bei Martin zeichnen ge-
„ lernt — und ehemals sich mit der Mathematik be-
„ schäftiget — ich antwortete ihm — daß ein armer
„ Mensch, der keine Mittel, sich zu erhalten habe —
„ Tag und Nacht arbeiten müsse, denen zu dienen,
„ die ihm Brod geben — und ihn etwas lernen [leh-
„ ren] [51] — daß er das nicht thue — daß er mich

---

[50] Es muß nicht Hrn. Niederers Gewohnheit gewesen
seyn, Hrn. Pestalozzi allerlei Leute auf diese Art zu-
zuweisen, sonst hätte es ihn nicht gewundert.

[51] Wer sollte wohl an diesen äußerst humanen Grundsätzen den Stifter einer Armenanstalt erkennen? —
Ja, wenn sie in solchem Geiste errichtet war, so ist es
kein Wunder, daß die Zöglinge diese Anstalt „flohen
„wie der Teufel das Kreuz,“ daß sie die Stunde, wo
ihre Dienstzeit zu Ende war, kaum erwarten konnten. Man vergleiche in seiner neuesten Schrift die Geschichte seiner Töchteranstalt, und namentlich die Klagen über den Undank der Zöglinge derselben
(S. 223 und 224). Viele wissen, daß dieselben oft Knecht-
und Magd-Dienste verrichten mußten, und Hr. Jere-
mias Meyer hat darüber, wie Verf. dies von mehreren
Augenzeugen weiß, nicht zu viel gesagt. Man schuldigte
Schmid dieser schlechten Behandlung an; wie es scheint,
hat man ihm auch hierin Unrecht gethan, und er hat
Pestalozzi's Unglück nicht nur dadurch herbeigeführt,
daß er ihn in die Sünde immer tiefer hineinzog, son-

„fliehe, wie der Teufel das Kreuz — daß ich kein
„Brod und kein Geld für undankbare Leute habe und
„daß man mir nicht zumuthen könne, daß ich forthin
„schwache, elende Menschen, die weder Edelmuth,
„noch Kraft, noch Anstrengung, noch Genie [52]) zei-
„gen, als die Meinigen — und sogar als meine
„Lehrer ansehn und an ihnen handeln müsse — wie
„man nur an Menschen handeln darf, die verdienen,
„daß man sich für sie aufopfre — ich bin müde —
„mehr irgend etwas einem Unwürdigen darzuwerfen,
„was ich den Meinigen schuldig bin — und was ihr
„Herz von mir entfernt, weil sie mich durch meine
„Schuld unrichtig beurtheilen müssen — mein Herz
„ist zerrissen — daß der Unwürdigen und Unverbesser-
„lichen [53]) um mich her noch so viele sind. — Lieber,
„jetzt auch etwas Fröhliches — gestern kam der Preus-
„sische Staatsrath von * * * mit Hofrath * * * von
„Paris — auf der Reise nach Berlin hier durch —
„sie sagten uns, es habe ihnen sehr leid gethan, uns

---

dern auch dadurch, daß er so lange sein Sündenbock
war.

[52]) Sie! Dieser Gedanke ist ausserordentlich pädagogisch!

[53]) Nur den Unwürdigen, der sich in ihm selbst regte,
sah er nicht, und deßwegen ward er auch ein Unver-
besserlicher. Mit Recht nennt ihn daher der neueste
Ehrengruß an ihn (N. Zürcherzeit. 1826, Nro. 35) „durch
„bittre Leiden unbekehrt." Der Dichter, der
diese Zeile wohl nur des Reims auf gelehrt wegen
schrieb, hat, wie es in der Begeisterung immer geht,
wohl schwerlich geahnt, welche große Wahrheit er mit
diesen Worten aussprach.

„tn Basel zu verfehlen — sie haben mit Hardenberg
„gearbeitet, und dieser habe mich lassen zum Mittag-
„essen einladen — ich sey aber wenige Stunden vor-
„her abgereist — sie waren sehr befriediget und ver-
„sicherten, der preußische Staat werde gewiß fortfah-
„ren, thätiges Interesse an uns zu nehmen — sie
„empfahlen mir sehr — den König, wenn Er und
„Hardenberg nach Neuenburg kommen — welches nach
„der Londoner Reise sehr wahrscheinlich sey — dort
„zu suchen — sie versicherten mich — daß Harden-
„berg sehr wünsche, mich zu sehen [54]) und genau
„über das Ganze berichtet zu sein.

---

[54]) In dieser Selbstwichtigmacherei mit Personen von aus-
gezeichnetem Range hat er es später noch weiter gebracht, wie unter Anderem folgender Zug beweist: Es
kam ein Mann mit Wachsfiguren, die er für's Geld
herumzeigte, nach Iferten, und hatte unter andern
auch ein Bild des Kaisers Alexander auf seinem Bret.
Hr. Pestalozzi hatte nichts Eiligeres und Angelegent-
licheres zu thun, als sich in seinem gewöhnlichen häß-
lichen und vernachläßigten Aufzuge vor den Monarchen
hinbossiren zu lassen, um so in Gesellschaft eines Kaisers auf den Jahrmärkten vorgezeigt zu werden!! Man
machte Schmid aufmerksam, er solle nicht zugeben, daß
Hr. Pestalozzi in einer so karikirten Stellung zur Schau
getragen werde. — „Bah!" antwortete er, „das wird
„nur um so mehr Aufsehen machen." — Doch unsere
Leser können diese kleinliche Eitelkeit auch in seiner
neuesten Schrift finden, wenn sie S. 76—80 die Darstellung seiner Reise nach Basel und der Audienz, die
er vom Kaiser daselbst erhalten, nachlesen wollen. Er
spricht davon ungefähr eben so, wie jener einfältige

„Auch ist ein Knab von Kreuzlingen hier — Sonst
„ist Alles gesund und wohl — und die Lehrer, wenig-
„stens die Meisten sehnen sich aufrichtig nach der
„Rückkunft ihres Lehrers. Wenn Jgfr. Kasthofer ge-
„sund ist, so wünsche ich einen Gruß von ihr mit
„eigener Hand und Fingern. In Ewigkeit
                              „Dein Pestalozzi.“

Obgleich nur ein Theil dieses Briefs unmittelbar
unsern Gegenstand berührt, so haben wir doch geglaubt,
ihn ganz mittheilen zu müssen, weil er ein höchst
charakteristisches Gemälde der Stellung ist, die Hr. Pestalozzi in seiner Anstalt behauptete, und der Art, wie
er das in ihr Vorkommende behandelte; weil aus ihm
unsere Leser besser, als aus Allem, was wir ihnen
darüber sagen könnten, auf die Schwierigkeiten schliessen mögen, die sich Hrn. Niederer und seinen Freunden entgegenstellten.

Das Ganze der Anstalt bedurfte einer festen, über
die einzelnen Erscheinungen sich erhebenden, und sie
ruhig und würdig behandelnden Leitung, wie sie von
Hrn. Pestalozzi nach dem, was er selbst ausspricht,
nicht zu erwarten war — wie sie auch an seiner Stelle
Niemand übernehmen konnte, da Niemand Pestalozzi

---

junge Mensch, der in einer großen Handelsstadt an ein
seinem Oheim befreundetes Haus zur Besorgung alles
ihm Nöthigen empfohlen war, und, als ihm der Schnei-
der die nach der Stadtmode gemachten Kleider brachte,
ganz naiv sagte: „Es scheint, mein Herr Onkel Land-
ammann wolle Staat mit mir machen!“ —

seyn durfte noch wollte. Es blieb also seinen ältesten
Gehülfen, die er selbst für das Gelingen seines Werks
in immer höherem Grade verantwortlich machte, nichts
Anderes übrig, als der Versuch, ihn zu der Festigkeit,
zu der Ruhe und Würde zu führen, die ihm fehlte.
Dazu konnte aber Hr. Pestalozzi nur dann gelangen,
wenn er in sich selbst die Herrschaft behauptete über
die unruhige Aengstlichkeit seines ungebändigten Ehr-
geitzes und über die oft rohen Ausbrüche seines zügel-
losen Gefühls, wodurch der innere Gang der Anstalt
weit mehr gefährdet wurde, als durch die allerdings
auch nachtheiligen ökonomischen Verlegenheiten. Aber
Hr. Pestalozzi versteckte sich hinter die Ehrfurcht, die
er als Vater, hinter die Liebe, die er als Freund,
hinter den Dank, den er als Wohlthäter, hinter die
Schonung, die er als Greis ansprach, um alle diesfallsige Forderungen an ihn abzuweisen, Forderungen,
die auf wahre Ehrfurcht für seine Würde als Stifter eines solchen Werks, und als Vater eines solchen Hauses, auf wahre Liebe für ihn als ein Werkzeug Gottes zur Beglückung der Menschennatur, auf
wahre Dankbarkeit für das, was Gott durch ihn der
Menschheit gegeben hatte, auf wahre Sorgfalt für
das Heilige in ihm und für das in seiner Unternehmung bereits Gewonnene gegründet waren.

War diese Stellung gegen Hrn. Pestalozzi selbst
peinlich, so war die gegenüber seinen Umgebungen
nicht minder mißlich. Die Forderungen, die an sie
gemacht werden mußten, konnten nicht anders als im
Namen Pestalozzi's und für ihn gemacht werden. Wenn
aber nun er selbst, der sich Hrn. Niederer gegenüber

so erhaben aussprach, gegen andere Menschen eine
andere Sprache führte, wenn er in dem Schwanken
seiner Ansichten ohne Niederer ein anderer Mensch
war, als mit ihm, welche Nahrung gab er nicht dadurch jeder Leidenschaft, jeder Unzufriedenheit mit
Hrn. Niederers Ansichten und Vorschlägen; in welch
zweideutige Stellung brachte er ihn nicht dadurch gegenüber allen denen, die nicht selbst hoch genug standen, um die Verhältnisse bis auf den Grund zu durch-
schauen; und derer mochten nicht Viele seyn, nach
Hrn. Pestalozzi's eigener Schilderung. Und auf der
andern Seite war dann Hr. Niederer auch wieder genöthiget, Hrn. Pestalozzi's allgemein absprechender und
verwerfender Behandlung der Menschen, wenn sie
irgendwo einen Mißgriff gethan hatten, sich entgegenzustellen. Er mußte für Hrn. Pestalozzi die Forderungen an sie machen, und gegen die Ungerechtigkeiten
desselben sie schützen. That er jenes nicht, so handelten
sie nicht im Geist der Unternehmung, that er dieses
nicht, so mußten sie bei'm ersten Anlaß der Unzufriedenheit, Hrn. Pestalozzi's die Anstalt verlassen. Es gehörte wahrlich eine hohe moralische Kraft, eine große
Ueberwindung der eigenen Persönlichkeit dazu, um
sich in dieser Stellung fest und frei, selbstständig und
rein zu behaupten, wie es Hr. Niederer gethan hat.

Dazu kam nun noch die ökonomische Bedingniß,
der nothwendig abgeholfen werden mußte, um die
Unternehmung äußerlich sicher zu stellen, und dadurch
Hrn. Pestalozzi selbst wieder in die Lage zu setzen,
daß er von äußeren Sorgen frei ganz dem Geiste seines Werks leben könnte. So wurde es dringendes Be-

dürfniß; an die Spitze der Administration einen Mann
zu stellen, der mit der praktischen Tüchtigkeit in diesem Fache Einsicht und Hingebung für die höhern
Zwecke Pestalozzi's verbände, um nach diesen die zu
treffenden Maßregeln abmessen zu können. Dies war
die hohe Aufgabe, zu der Schmid berufen wurde, und
Hr. Niederer kam hierbei Hrn. Pestalozzi's Wünschen
voll Vertrauens auf Schmids guten Willen, und voll
Hoffnung auf die Zukunft entgegen.

In welchem Geiste Schmid selbst diese Berufung
von vorn herein ins Auge faßte [55]), und wie er dem
Vertrauen, das Hr. Niederer in ihn setzte, entsprach,
haben wir oben (Note 48) bereits gesehen. Als weite-
ren Beleg seiner Heuchelei heben wir hier nur seinen
Brief vom 24. December 1814 aus, dem also die
„zutraulichen Gespräche, in denen ihn Herr Niederer
„in volle Kenntniß seines Vorhabens und seiner Pläne
„setzte," vorausgegangen waren. Er antwortet auf
Hrn. Niederers Aufforderung zum Rücktritt in die
Anstalt:

[55]) Wenigstens nach seiner eigenen Darstellung in Wahrheit und Irrthum; sein Brief macht es aber wieder
zweifelhaft, ob er wirklich damals schon geheuchelt,
oder später sich selbst der Heuchelei fälschlich angeklagt
habe? — Hr. Pestalozzi und er sind in einem sehr edeln
Wettstreite begriffen; in der Schrift des Erstern kann
man keine Stelle finden, wo keine Lüge ist; bei Schmid
kann man nicht finden, wo eigentlich die Lüge steckt.
Das macht: Jener lügt en gros und dieser en détail.

„Lieber Freund!

„Hätteſt Du mir geſchrieben, ich würde Dir dan-
„ken und müßte Dir noch im Tod dankbar ſeyn; aber
„was die Götter [56]) thun, dafür ſoll man auch ihnen
„zuerſt danken. In dieſem Geſichtspunkt betrachtet,
„erſcheint mir Deine und ganz vorzüglich Peſtalozzi's
„Bereitwilligkeit, meinen Kräften, die mit einem rei-
„nen, ernſtlichen und aufrichtigen Willen für die
„Menſchheit unterſtützt ſind, wieder Handbietung zu
„geben, wenn dieſes in meinem Vaterlande nicht gehn
„ſollte, als einen Ruf Gottes an. — Und dieſer Ruf
„hat ſo in mein Herz gegriefen, daß wenn ich nicht
„mit vielem Recht meinem Vaterland angehörte, und
„in demſelben bleiben muß durch das, was es da
„thun ſoll, daß ich jetzt gerne ganz dem Vater mei-
„ner Bildung angehörte, ja es wäre meine größte
„Luſt auf Erden. Führt mich das Schickſal aus Man-
„gel an Handbiethung [57]) zu ihm, ſo kann ich

---

[56]) Somit haben es dieſe zu verantworten und nicht Herr
Niederer. — Es fragt ſich nur noch ob Di superi oder
inferi?

[57]) Er findet einen Ruf des Schickſals, weiter zu geben,
darin, wenn er an einem Orte nichts mehr zu thun
hat. Das ſind nun freilich ſehr handgreifliche Finger-
zeige; wie ſich aber die Ueberzeugung von einem innern Beruf darauf gründen, oder auch nur daran knüpfen kann, iſt ſchwer zu begreifen. — Noch ſchwerer
aber begreift man die Unverſchämtheit, mit der er in
Wahrheit und Irrthum dieſe Rückkunft Schmids als
eine That der Aufopferung darſtellt. Sagt nicht Hr. Peſtalozzi ſelbſt in ſeiner neueſten Schrift, S. 87: „Indeß

„ verſichern, nichts wird mich mehr von ihm trennen,
„ denn ein höherer Wink hat mich dahin geführt.

„ Im Vorbeygehen bemerkt: Mein Vaterland hat
„ mir gewiſſe Anſichten und Begriffe gegeben, von de-
„ nen ich mich dadurch überzeuge, daß ſie nicht das
„ höchſte Ideal ſind, von dem dann ausgegangen wer-
„ den kann in meiner Lag, und ich halte mich für
„ ganz von dieſer Seite gereinigt an dem hohen Werk
„ der Menſchenbildung in der unübertrefbaren Liebe
„ und Geiſt Peſtalozzi's Theil zu nehmen. Durch eine
„ ſolche Idee war ich bisher noch ſehr befangen.

„ Freund! Wenn ich in derjenigen Lag, in welche
„ mich unſre Regierung verſetzt, Peſtalozzi's Liebe und
„ Aufopferung für die Menſchheit nicht würdig werde,
„ und würdig darinn auch ſein Zögling zu ſeyn, ſo
„ wird und iſt es mir moraliſches und religiöſes Be-
„ dürfniß bey Peſtalozzi zu ſeyn, ihm ganz anzugehö-
„ ren. Ich werde alle Anſtalten treffen, die Sach zu
„ betreiben, ſo viel als immer möglich iſt, damit es
„ ſich bald entſcheide, was ich zu thun habe. Vielleicht
„ daß es ſich auch ohne mein Thun bald entſcheidet,
„ auf jeden Fall denk ich bis Frühjahr alles beſtimmen
„ zu können, auch wenn die Organiſierung unſeres Lau-

„ war es Schmid nichts weniger als leicht, die Ver-
„ hältniſſe, in denen er damals ſtand, und die ihm
„ große Ausſichten vorzubereiten ſchienen, zu verlaſſen.
„ Aber ſein Herz, ſeine Liebe zu mir überwand die ſtar-
„ ken Gründe, die ihn zur Nichtannahme dieſes Rufs
„ hätten bewegen können. Er kam wieder." —

„des bis auf diesen Augenblick nicht vor sich gehn
„sollte — welches ein auserordentliches Bedürfniß ist,
„und auch alle Tag erwartet wird.

„Was Du über Pestalozzi als Erzieher sägst, ist
„ganz wahr, und ich bin überzeugt, daß ich auch in
„keinem Verhältniß auf Erden mehr an meinem Platz
„seyn würde, als an der Seite meines Bildungsva-
„ter, und könnte ich mich diesen Augenblick anschlie-
„sen, wie jetzt noch nicht, wahrlich keinen Augenblick
„würd ich säumen. Die Entscheidung abzuwarten,
„scheint mir schon in Beziehung auf das Urtheil des
„Publikums nothwendig.

„Ich werde jedes Mittel und jeden Weg ergreifen,
„der mich zu Pestalozzi führen kann; denn ich bin
„überzeugt, daß wenn (!) es in meiner Natur liegt,
„Pestalozzi's würdiger Jünger zu werden, daß ich es
„durch die Erfahrung und Einsicht in der Entfernung
„der 4 Jahren noch geworden bin. Was ich jetzt
„weiß, begreif und wünsche, mußte ich selber erfah-
„ren und sehn. — Die vorliegende Tagesgeschicht drückt
„meiner Erfahrung und Einsicht den unfehlbaren
„Stempel noch auf. —

„Daß ein öffentliches Wirken, nach dem mein
„ganzes Wesen so gestrebt hat, ein frommer Traum
„wird, ist mir jetzt leider nur zu klar, und wenn
„man es auch kräftig und phisalogisch [58]) behandelt,

---

[58]) Das ist der Humor davon!

„ so arbeitet man sich doch in dem Wuft von Schwie-
„ rigkeiten nur ab, und es kommt lang nicht dabey
„ heraus, was man Kraft dabei vergeudet.

„ Meine Ansichten sind so durch eigene Erfahrun-
„ gen gereiniget, daß ich ganz überzeugt bin, daß
„ innige Harmonie und Freundschaft aus ihnen her-
„ vorgegangen ist und hervorgeht, und auch ich halte
„ mich über Ehrgeiz und Selbstsucht erhaben — Zwar
„ hat es Müh gekostet, mein etwas hitziges und ge-
„ walthätiges Naturel zu besiegen, was aber in dieser
„ Zeit möglich ist, ist geschehn. ⁵⁹) Kann man meine
„ Schwester im Töchterinstitut gebrauchen, so versteht
„ es sich, daß ich sie dann mitbringen würde; ist aber
„ dieses der Fall nicht, so kann sie hier bleiben, bis
„ man sie bedürfte, ⁶⁰) sie hat hier immer noch einen
„ ihr angemessenen Wirkungskreis. Meine herzliche
„ Empfehlung an Vater Pestalozzi, es habe mich selig
„ gemacht, und nur das Gefühl, ich könne und dürfe
„ nicht so weg um mich an sein Vaterherz zu hängen ⁶¹)
„ und glücklich zu seyn, halte mich davon ab, um
„ nicht alles fahren zu lassen. Doch sollte er es für
„ ausführbar, möglich, gut und nothwendig auf eine
„ Art halten, so seye ich für alles bereit, er seye und

---

⁵⁹) Also an Zeit hat's ihm gefehlt! Ja wahrhaftig! Wenn
ich nur hinreichenden Athem hätte zu beten, so wollt'
ich Buße thun — sagt Sir John.

⁶⁰) Hinc illæ lacrymæ!

⁶¹) Er hat sich daran in der That nicht gehängt, sondern gehenkt.

„bleibe Vater eines ihn innig liebenden Sohnes, der
„nach nichts strebe, als ihm werth zu werden, der
„im Glück seines Vaters leicht jeden andern Wunsch
„und Gedanken überwinde — Ein Vaterland läßt sich
„durch ein Vaterherz mehr als ersetzen — Einen Her-
„zensgruß von Schwester und mir an Deine Frau und
„an alle unsre Liebenden in Iferten von Deinem
„Freund der gern bald wieder etwas von Dir hören
„möchte.

„Bregenz, den 25ten Decbris 1814.

„Joseph Schmid.“

Mit weitern Mittheilungen aus der damaligen Correspondenz dieses eben so windigen als sündigen [62])
Menschen verschonen wir billigermaßen unsere Leser.
Dieses eine Aktenstück genügt zum Beweise, wie groß
die Täuschung an ihm war — eine Täuschung die sich
allein erklären läßt aus Hrn. Niederers festem Vertrauen auf guten Willen und auf Kraft, die, wenn

---

[62]) Man ist durch diese „Wundernatur von den Tiroler-
bergen“ versucht, an die virgilische Fabel zu glauben:

Sæpe, sine ullis
Conjugiis, vento gravidæ (mirabile dictu!)
Saxa per et scopulos et depressas convalles
Diffugiunt, non, Eure, tuos, neque solis ad ortus,
In Boream, Caurumque aut unde nigerrimus Auster
Nascitur, et pluvio contristat frigore cœlum.
Hic demum, hippomanes vero quod nomine dicunt
Pastores, lentum destillat . . . .

. . . .

Hoc satis armentis.

sie die gehörige Richtung erhalten, zuverlässig segens-
reich seyn werde. Wäre Hr. Pestalozzi selbst rein gewesen, so wäre vielleicht Schmid ein edler Mensch
geworden.

So aber klammerte er sich an Hrn. Pestalozzi's
Schwächen und Fehler an [63], und es entstand aus
dieser Vereinigung bald eine niedrige, alles in den
Staub herabziehende Anschauungsweise der Unternehmung und eine sykophantische Handlungsweise gegen
diejenigen, die in einem höheren Leben für die Wahrheit ihren Gang mit unerschütterlichem Glauben fort-
giengen, ohne sich durch die Umtriebe der Schlechtigkeit um sie her irre machen zu lassen. Aber ihre Vereinigung mit Pestalozzi reifte von Tag zu Tag mehr
ihrer Auflösung entgegen. Schon zu Anfang des Jahres 1816 schrieb Hr. Krüsi, der einzige von den alten
Gehülfen, der mit Hrn. Niederer bis in die letzten
Zeiten aushielt, an Hrn. Pestalozzi: „Vater! meine
„Zeit, Deine Nähe zu genießen ist vorüber. Ich muß
„Deine Anstalt, wie sie jetzt ist, und geleitet wird,
„verlassen, wenn ich meinen Muth und meine Kraft
„Dir und Deinem Werke zu leben, nicht immer mehr

---

[63] Gerade so, wie gewisse Insekten sich an die schmutzig-
sten Theile des Körpers festsetzen. — Wir bitten übrigens unsere Leser, sich an solchen Bildern nicht zu
stoßen; wollen wir der Natur treu bleiben, so können
sie nicht anders ausfallen, und dann sind sie doch immer
noch weniger anstößig, als der Gegenstand selbst wäre,
wenn wir ihnen denselben in seiner ganzen Natürlich-
keit vor Augen stellten. Intus digna geri! —

„verlieren soll. Für Alles, was Du mir warst, und
„was ich Dir sein konnte, danke ich Gott — für Alles,
„worin ich Dir fehlte, bitte ich Gott und Dich um
„Verzeihung." — Hr. Niederer gab zwar die Hoffnung, das einreissende Verderben aufhalten zu können,
noch nicht auf, und blieb in der Anstalt. Allein seine
Lage wurde mit jedem Tage schwieriger. So war er
im Jahr 1816 schon genöthiget, gegen die von Schmid
überall verbreitete Verleumdung: Hr. Niederer wolle
die Knabenanstalt zu seinem Eigenthum machen, und
Hrn. Pestalozzi auf die Seite bringen, sich Zeugnisse
von diesem und von Schmid selbst geben zu lassen. Wir
theilen sie beide hier mit, zum Beweise, wie weit noch
damals Hr. Pestalozzi bei aller Unzufriedenheit über
sein Verhältniß mit Hrn. Niederer, nach vielen schweren Kämpfen, die zwischen ihnen Statt gefunden hatten, von der Ungerechtigkeit entfernt war, ihm eigennützige Beweggründe unterzuschieben, und wie auf
der andern Seite Schmid seinen bösen Sinn in zwei-
deutigen Worten versteckte:

„Ich Endsunterschriebener bescheine, daß ich vor
„ein Paar Jahren viel und oft den Wunsch geäußert,
„meine Anstalt an Jemand, der sie besser als ich zu
„leiten im Stand sei, zu übergeben und abzutreten.
„Das war damals eine allgemein bekannte Sache,
„und da meine selige Frau mit ihrer bis in's Grab
„geliebten Freundinn, Frau Krüsi, sich von Yverdun
„entfernt und auf ihr Gut zurückgezogen, war das
„Gerede, die Sache sei schon wirklich geschehen, das
„Institut sei an Herrn Niederer abgetreten, in Zürch,
„Bern, Schafhausen, kurz allenthalben allgemein.

„Man schrieb es von allen Seiten hierher. Die Leh-
„rer meines Hauses glaubten selber, es sei wahr,
„ich habe es gethan, oder werde es thun. Es war
„aber nicht wahr. Im Gegentheil, es wurden durch
„Herrn Julien und mehrere an meiner Lage Theil
„nehmende Freunde Einrichtungen getroffen, die
„offenbar die fernere Erhaltung des Etablissements
„in meiner Hand zum Zweck hatten. Ich hatte
„auch von Anfang an, da dieses Gerücht sich ver-
„breitete, ihm widersprochen, wo ich immer den
„Anlaß hatte, und mußte es um so mehr thun, da
„Herr Niederer dieser Abtretung gegen mich einmal
„auch mit keiner Sylbe gedacht. Ich bin ihm auch
„das Zeugniß, daß dießfalls zwischen uns kein Wort
„verloren worden, öffentlich schuldig. Er hat, ich sage
„das mit der vollkommensten Ueberzeugung, den Wunsch,
„das Etablissement zu besitzen, durchaus nie gegen
„mich geäußert. Wenn er es aber gethan hätte, wie
„es nicht ist, so bin ich überzeugt, daß der alte ge-
„liebte Freund Pestalozzi's, Niederer, dieses in der
„Absicht gethan hätte, mir die mich zu Boden drü-
„ckenden Lasten meines Lebens zu erleichtern. Wer
„mich kennt und mich je von Niederer reden gehört,
„der weiß, daß ich ihn durchaus nicht fähig halte,
„diesen Wunsch auch nur von ferne gegen mich und
„zu meinem ökonomischen Nachtheil in seiner Seele zu
„tragen. Es liegt ganz und gar nicht in sei-
„nem Charakter, dießfalls irgend einen un-
„edeln Zweck in seiner Seele zu nähren. Er
„wäre weit eher fähig, durch unvorsichtige
„Aufopferungen ökonomisch gegen sich sel-
„ber zu fehlen, als durch wirthschaftliche

„Verfänglichkeiten Vortheile für sich er-
„schleichen zu wollen. Das bezeugt mit festem
„Glauben, Yverdun, den 1ten März 1816.

„Pestalozzi."

„Endsunterzeichneter schließt an das Zeugniß von
„Herrn Pestalozzi von heute noch folgende Erklärung an.

„Ich habe keine Thatsachen von Herrn Niederer in
„meiner Hand, die die Aechtheit darthun könnten, als
„hätte Herr Niederer Schritte gethan, das Knaben-
„institut zu übernehmen.

„Der früher allgemein verbreitete Lärmen, dieß
„seye wirklich der Fall, und die verschiedenen Briefe,
„die von Lehrern des Instituts ꝛc. um diese Zeit mögen
„in dieser Angelegenheit geschrieben worden seyn,
„müssen aus Aeußerungen von Herrn Pestalozzi erklärt
„werden.[64] Er war früher nämlich des Instituts müde,

---

[64] Es hätten sich wohl noch andere Erklärungsgründe
finden lassen, wie folgendes Aktenstück beweist:

„Endsunterzeichneter dieß bezeugt hiermit, daß ihm
„Herr Joseph Schmid, Lehrer im Pestalozzischen In-
„stitut in Iferten, Briefe vorgelesen, die Herr Nie-
„derer, Lehrer an derselben Anstalt Herrn Schmid nach
„Bregenz geschrieben. Briefe, die, so wie sie von
„Herrn Schmid ausgelegt worden, ein sehr nachthei-
„liges Licht über Herrn Niederer werfen; worin Die-
„ser jenen aufforderte, nach Iferten zu kommen, um
„mit ihm gemeinschaftliche Sache zu machen, und
„worin er ferner sagt „daß sie Pestalozzi schon befrie-
„digen und die übrigen Lehrer leiten wollen" ꝛc. ꝛc. —

„und sagte; wer es gern hätte: er werde es Herrn Nie-
„derer abtreten 65); ich bin daher ganz überzeugt,
„wenn es Herr Niederer gewünscht hätte und für ihn
„gewesen wäre, wie nicht, daß er dasselbe auch be-
„kommen hätte.

„Mir scheint es daher als Thatsache vor Jeder-
„manns Augen zu liegen, daß er keine Schritte für
„diesen Zweck gethan habe. Dieß bescheint

„Iferten, den 2ten März 1816.

„Joseph Schmid.“

„welches von Schmid erklärt wurde, wie wenn Nie-
„derer Herrn Pestalozzi auf die Seite bringen,
„die Anstalt an sich ziehen und die übrigen Lehrer
„(als schwache Köpfe?) wie Maschinen gebrauchen
„wollte.

„Zürich, den 9ten May 1816.

„Johannes Ramsauer.“

Herr Ramsauer war früher Lehrer der Pestalozzischen
Anstalt gewesen, und hatte auch in der Niedererschen
Töchteranstalt Unterricht ertheilt. Wie gefällt nun
unsern Lesern dieses Müsterchen von Verhetzung? — und
wie die obige Behauptung, man müsse die diesfallsigen
Gerüchte aus Hrn. Pestalozzi's Aeusserungen erklären? —

65) Wie reimt sich dies mit Hrn. Pestalozzi's Aussage, er
habe diesem Gerücht überall widersprochen? Entweder
hat Hr. Pestalozzi sich selbst widersprochen, oder Schmid
widerspricht ihm.

Wer erkennt nun nicht in dem ersten Aktenstücke den Mann, der, wenn er auch seinen Freund schon in Vielem sehr mißkannte, doch in seinem Glauben an dessen Rechtlichkeit noch nicht wankend war, und die Wahrheit heilig hielt, in dem letztern hingegen den Verwirrer und Zweideutigmacher aller Verhältnisse?

In dem gleichen Geiste behandelte Schmid auch das Verhältniß zur Töchteranstalt; doch wir können davon dem Leser keine bessere Anschauung geben, als wenn wir ihn selbst sprechen lassen. Er sagt, Wahrheit und Irrthum S. 36 und 37: „Um diesen Zweck" (die Verminderung der Lehrerzahl in der Pestalozzischen Anstalt) „desto sicherer zu erreichen, nahm ich auf „die Stunden, die sie in der Niedererschen „Töchteranstalt gaben, nach und nach keine „weitere Rücksicht mehr, indem ich mich wohl „davon überzeugen konnte, daß die Berechnung „und Bezahlung dieser Stunden, die zwar im „Contrakt der Uebergabe dieses Instituts stipulirt „waren, noch lange hinausgeschoben würde. [66] Dieses „Mittel war auch geeignet, Frau Niederer in die „Lage zu setzen, in das Töchterinstitut Lehrer oder „Lehrerinnen selbst anzustellen oder die Bezahlung

---

[66] Wie kam denn er zu dieser Ueberzeugung, er, der die Bereitwilligkeit der Frau Niederer, mit Hrn. Pestalozzi abzurechnen, kannte? (vergl. Seite 58 und 59 unserer Schrift.) Oder hatte er damals schon den Plan, diese Rechnungssache zu einem verworrenen und endlosen Handel zu machen?

„ dieser Stunden endlich einmal zu besorgen. 67) Ich
„ trachtete endlich, die gegenseitigen ökonomischen In-
„ teressen zwischen Pestalozzi und Frau Niederer, die
„ nicht immer zum Vortheil des Ersteren sich gemischt
„ fanden, zu trennen. 68) Bei allen diesen Maßregeln
„ und Schritten, die ich mit vieler Offenheit und
„ Freimüthigkeit als zur Rettung der Anstalt nothwendig
„ erklärte, wurde ich von Niederer und seiner Frau
„ auf eine Weise unterstützt, 69) daß ich eher an den
„ Tod, als daran dachte, sie werden späterhin meine

---

67) Frau Niederer hatte von Anfang an eine Lehrerin in
der Anstalt, erst Jgfr. Pf*** und vom 1. Jänner 1815
an Jgfr. Schl***. Auch besoldete sie, wie wir unten
(Note 71) sehen werden, mehrere Lehrer aus der Stadt.

68) Worin bestand denn diese Vermischung, da, wie wir
oben gesehen haben, die ökonomische Verwaltung beider
Anstalten geschieden war, und nur noch gegenseitige
Rechnungen Statt fanden, bei denen überdieß Frau
Niederer im Vorschuß war? Seit wann aber sagt man
von zwei Häusern, die in Rechnung miteinander stehen,
ihre ökonomischen Interessen seyen gemischt? — Uebrigens ist es nicht wahr, daß Schmid trachtete die ökonomischen Angelegenheiten zu trennen, sondern er
suchte sie zu verwirren, um durch die Verwirrung
eine Trennung anderer Art herbeizuführen.

69) Da er von Hrn. und Frau Niederer auf solche Weise
unterstützt wurde, wie kommt es denn, daß er das alte
Rechnungsverhältniß nicht erledigte? Es mußte ja unter
diesen Umständen für ihn ein Leichtes seyn, und doch
hat er es nicht gethan! —

„dießfällige Handlungsweise so grell mißdeuten.[70]
„Ich war wirklich auf diesen Fall nicht gefaßt. Um
„ein Paar Beispiele zu geben, welche Freiheiten, ohne
„zu beleidigen, ich mir in dieser Rücksicht erlaubte,
„dienen folgende Thatsachen. Der größte Theil des
„Unterrichts in dem Niederer'schen Töchterinstitut wurde
„durch die Lehrer der Pestalozzischen Anstalt besorgt.[71]

---

[70] Er glaubt also, wenn er als Heuchler gegen Andere
gehandelt, und diese in redlichem Vertrauen ihn ebenfalls für redlich gehalten, so seyen sie dadurch verpflichtet, ihn auch dann, wenn seine Heuchelei an den
Tag kommt, noch für redlich zu halten. Wahrscheinlich
sollten sie es der Consequenz wegen thun. Das ist ein
vortreffliches Moralsystem, nach welchem das Zutrauen
ehrlicher Leute ein Privilegium für die Spitzbuben
wird! — Das was er zur ökonomischen Erleichterung
Hrn. Pestalozzi's auf redliche Weise that, ist ihm aber
nie mißdeutet worden; — daß er die Lehrer der Pestalozzischen Anstalt zurückzog, war eine Verletzung des
Vertrags, und also ein positives Unrecht; doch auch
dies wäre ihm nicht hoch angerechnet worden, wenn
er dabei stehen geblieben wäre, aber er hetzte auch die
Lehrer, die in Hrn. Niederers Anstalt Stunden gaben,
gegen ihn auf, wie z. B. Herrn Ramsauer, nach dem
in Note 64 mitgetheilten Aktenstücke.

[71] Dies ist wiederum eine erweisbare Lüge. Die Töchteranstalt bezahlte an Klassenlehrer (die Privatstunden
nicht gerechnet), nach einem bei'm Schiedsgericht vorgelegten Auszuge aus ihren Büchern, in den Jahren
1814 und 1815 — 791 Frk. 4 Bz. — Die Lehrerrechnung
des Schlosses vom Tag der Uebergabe an — 15. November 1813 bis 4. April 1816 — also für etwas längere

„Ich selbst mußte in demselben, ohne mich noch
„orientirt zu haben, Unterricht in Zahl und Form
„ertheilen. Ich zog mich zurück und sandte einstwei-
„len untergeordnete Lehrer 72) zu diesem Zweck. Ich
„ließ drei Klaviere 73), Globus, Bücher, Landchar-

Zeit, beläuft sich nach dem Schiedsspruch auf 843 Fr.
8 Bz., wobei auch die Berechnung der Stunden, die
Hr. Niederer vor seiner Verheiratung in der Anstalt
gab, inbegriffen ist. — Außer diesen Stunden ertheilten nun noch Herr und Frau Niederer, ihre Lehrerin,
und ihr Freund Herr Krüsi in der Anstalt Unterricht.
— Es befanden sich aber damals in der Anstalt 16—18
Zöglinge, die Schülerinnen aus der Stadt, die blos
den Stunden beiwohnten, nicht mitgerechnet. — Wenn
man diesen Stand der Anstalt mit dem Lehrerpersonal
und den bezahlten Stunden vergleicht, so sieht man
leicht, daß für den Unterricht nichts gespart wurde;
und daß Hrn. Pestalozzi's Lehrer nicht das Meiste thaten, ist auch klar.

72) Dies geschah überhaupt, und nicht nur für die Schmi-
dischen Stunden, obgleich der Artikel des Vertrags
über die Lehrer für den wissenschaftlichen Unterricht
gemeint war, wie aus dem Circular an die Eltern
(S. 62) hervorgeht. Geraume Zeit war Gesang das
einzige Fach, das vom Schloß aus besorgt wurde.

73) Von diesen drei Klavieren war eines, wie Hr. Pestalozzi selbst bei'm Schiedsspruch zugab, in völlig un-
brauchbarem Stande; auch das zweite hatte Hr. Pestalozzi im Töchterinstitut blos deßwegen zurückgelassen,
weil er fürchtete, „die Säububen" (darunter verstand
er die Zöglinge der Knabenanstalt!) möchten es ihm
verderben. Frau Niederer gebrauchte es daher auch

„ten 74) und was ich immer in dem Niedererschen Töchter-
„institut entbehrlich und Pestalozzi angehörend und ihm
„jetzt nothwendig fand, in unsere Anstalt bringen. Ich
„konnte ohne Scheu den Lehrern den Wink 75) geben,
„sie dürfen freilich in der Niedererschen Anstalt Unter-
„richt ertheilen, aber ich werde denselben nicht als
„der Anstalt gegeben in Anschlag bringen. 76) Bet-

---

nicht, da aber Hr. Pestalozzi behauptete, sie habe es
miethweise übernommen, und es einmal auf dem Inventarium der im Töchterinstitut gebliebenen Effekten
stand, so mußte sie es wie das dritte verzinsen, daß
sie wirklich gemiethet hatte. Vergl. unten Note 172 und
Art. 7 des Schiedsspruchs.

74) Was soll hier der Umstand, daß die Pestalozzische Anstalt der Niedererschen einige Karten, Bücher u. dgl.
geliehen hatte? Dies ist doch wohl unter befreundeten
Häusern eine sehr natürliche gegenseitige Gefälligkeit.
Oder will er darauf die vorgebliche Vermischung der
ökonomischen Interessen gründen?

75) Vom Winken war Joseph Schmid, wie alle Menschen
seines Gelichters, von jeher ein großer Freund; zu-
dem, worüber man winkt, braucht man nicht zu stehen,
wie man zu dem stehen muß, was man sagt. Hr. Pestalozzi ist diesfalls, freilich im Vertrauen auf die Ae-
gide seines Namens, etwas kühner.

76) Dies that er vermuthlich laut Art. 7 des Vertrags,
wo es heißt: „Hr. Pestalozzi und Mlle. Kasthofer kom-
„men über die Stunden der Lehrer und Lehrgegen-
„stände überein, und eine billige Geneigtheit, sich
„wechselseitig zu unterstützen, wird zum Flor beider
„Anstalten beitragen. Herr Pestalozzi wird die Lehrer
„anhalten, daß sie ihren Unterricht mit Pünktlichkeit,

„ ten,[77]) Weinfaß[78]) u. f. w.,[79]) die in der Niederer'schen
„ Anstalt sich befanden und Pestalozzi angehörten, konnte
„ ich natürlich, ohne Stockung und Störung in's Ganze

„ Ernst, Zusammenhang und wohl vorbereitet erthei-
„ len, und sich so betragen, daß der Zweck der Anstalt
„ nicht nur nicht gestört, sondern gefördert werde."

Auf wen fällt nun der Vorwurf, daß er „keine
„ Ehre im Leibe gehabt, und den Accord als ihn un-
„ verpflichtend in's Auge gefaßt" habe?

[77]) Was es mit den Betten für eine Bewandtniß hatte,
haben unsere Leser schon oben (S. 56 und 57) gesehen.
Uebrigens hätte Schmid durch die Zurücknahme derselben Hrn. Pestalozzi einen schlechten Dienst gethan,
denn dieser konnte ja seine Kapitalien nicht vortheilhafter
anlegen, als so, daß er für Betten, die im Jahr 1813
auf 235 Franken gewerthet waren, nach Verfluß von
14 Jahren 938 Frk. 5 Btz. Zins und Kapitalvergütung
erhielt (f. Art. 8 des Schiedsspruchs).

[78]) Zwei kleine Transportfäßchen wurden 1815 gleich zurückgegeben; ein drittes größeres wollte Hr. Pestalozzi
nie zurücknehmen, obgleich er darum oft und dringend
ersucht wurde. Noch nach dem Schiedsspruch lag es in
Hrn. Niederers Keller, und Verf. dies, von Hrn. Niederer in dessen Abwesenheit bevollmächtigt, brachte es
endlich nur durch die Drohung hinaus, es, wenn Herr
Pestalozzi nicht anderweitig darüber verfüge, auf die
Straße stellen zu lassen.

[79]) Das heißt auf deutsch: Vier Tischtücher, die im Töchterinstitut geblieben und zu anderm Gebrauch vernutzt
worden waren. Sie wurden mit 10 Fr. vergütet (Art. 9
des Schiedsspruchs).

„zu bringen, nicht zurückziehen. Nie versuchte ich
„Unmögliches."

Obgleich nun die Stellung, die Schmid im Namen
Hrn. Pestalozzi's zur Töchteranstalt nahm, nach seinen
eigenen Angaben eine höchst unfreundschaftliche war;
obgleich er die Vertragsverbindlichkeiten Hrn. Pestalozzi's
gegen dieselbe zu erfüllen aufhörte, war doch von Rechnungsstreitigkeiten noch keine Rede. Diese erhoben sich
erst, als Hr. Niederer von der Pestalozzischen Anstalt
gänzlich zurückgetreten und dadurch die pädagogische
Trennung entschieden war. Da die Gründe dieser
letztern bei allen mit der Anstalt bekannten Personen
Hrn. Niederer nicht zum Nachtheil gereichen konnten,
so wurde von da an seine bürgerliche Rechtlichkeit
planmäßig verdächtiget, wie wir im nächsten Abschnitte
sehen werden.

Die Ursachen der pädagogischen Trennung, in so
weit sie nicht in den Ansichten und Bestrebungen selbst,
sondern in den persönlichen Verhältnissen Hrn. Niederers zur Anstalt lagen, haben wir oben schon berührt.
Hr. Niederer, der sich immer mehr von der Unmöglichkeit überzeugte, Hrn. Pestalozzi zu dem zu führen,
was er seyn und thun mußte, wenn sein Unternehmen
wahrhaft gedeihen sollte, hatte schon unterm 9. Febr.
1815 Hrn. Pestalozzi folgenden Vorschlag übergeben:

„Ihre und meine Lage machen eine Auseinander-
„setzung und durchaus klare Festsetzung unsers Verhält-
„nisses entschieden nothwendig.

„Es sind vier Grundlagen möglich, von denen

„dabei ausgegangen werden kann. Ich überlasse Ihnen
„die Entscheidung, indem ich Ihnen die Bedingungen
„vorlege, durch welche die Ausführung des einen oder
„andern Entschlusses entschieden wird.

„I. Ich kann Iferten verlassen. Da ich mir
„Gründe denken kann, die Ihnen einen solchen Ent-
„schluß wünschenswerth machen dürften, oder auch
„solche, die mich dazu nöthigten, so ist die Entschei-
„dung dafür dringlich, sowohl um, was ich Ihnen
„zu leisten habe, in kürzester Frist zu vollenden, als
„meine häusliche Einrichtung darnach zu treffen.

„II. Ich kann mich ganz aufs Töchterinstitut
„beschränken.

„III. Mich für bestimmte Stunden und Ge-
„schäfte mit Ihnen verabreden, wobei ich mich
„schlechthin aller Einmischung in den Gang, die Ten-
„denz und die innere Einrichtung Ihrer Anstalt enthalte,
„dabei aber mich auch von jeder Verantwortlichkeit
„frei mache.

„IV. Können Sie mir einen bestimmten Ein-
„fluß auf die Leitung des Unterrichts und der
„innern Einrichtung der Anstalt einräumen.

„I würde nöthig sein, wenn Sie, mich von dem
„Wesen Ihrer Anstalt entfernend, von meiner Nähe
„gedrückt würden.

„Zum II bin ich bereit, und wünsche es, wenn

„keine bestimmte der Aufgabe der Anstalt, und den
„Bedürfnissen der Methode entsprechende Organisation
„möglich ist.

„Auf III muß ich im letztern Falle schlechthin
„bestehen, und fordre, wenn Sie nicht zu Einrichtun-
„gen entschlossen sind, wie die Umstände sie dringend
„machen, so bald als möglich eine bestimmte Erklärung
„meiner Stunden und Arbeiten. Ich kann in diesem
„Fall den Religionsunterricht der ältesten, und Unter-
„richt in den Grundsätzen der Methode für die
„Erwachsenen besorgen.

„IV ist nur dann möglich, wenn Sie entweder selbst
„feste Grundsätze über den Unterricht der Zöglinge,
„die Bildung der Seminaristen, und die Leitung der
„Lehrer aufstellen, oder sie mich aufstellen lassen, und
„dann, wenn sie einmal angenommen sind, auch fest
„dabei bleiben.“ 30)

---

30) Wir geben dieses Aktenstück mit um so größerem Interesse, als es Hrn. Niederer gegen einen Vorwurf recht-
fertigt, den wir — von der Reinheit und Güte seiner
Sache in jeder andern und besonders in ökonomischer
Beziehung durch genaue Kenntniß der diesfälligen
Akten vollkommen überzeugt — ihm in Hinsicht seiner
geistigen Stellung zu Hrn. Pestalozzi machten, daß er
nämlich, wenn auch in der reinsten Absicht und mit
wahrer Ueberzeugung seines Berufs dafür, den psychologischen Mißgriff begangen habe, Hrn. Pestalozzi
zwingen zu wollen, das zu seyn, was er nicht seyn
wollte, noch konnte. — Sehr gerne nehmen wir diesen

Konnte sich Hrn. Niederers Hingebung an Pestalozzi und sein ernster Eifer für dessen Werk einfacher

---

Irrthum — den vielleicht Viele, die von Hrn. Niederers Unschuld in anderer Beziehung eben so überzeugt
waren, als wir, mit uns getheilt haben — hier nicht
nur ihm gegenüber, sondern auch öffentlich um so mehr
zurück, als wir unsere diesfällige Ansicht so wie
Hrn. Niederer selbst, so auch mehrern für die hiesigen
Verhältnisse sich interessirenden Personen bei verschiedenen Anlässen ausgesprochen haben, und mit Vergnü-
gen liefern wir den Beweis, daß Hr. Niederer auch
hierin die Schranken der Natur und Wahrheit erkannte,
daß er Hrn. Pestalozzi sich und seine Ansicht keineswegs aufdringen wollte, daß vielmehr dieser ihn gewaltsam an sich fesselte, indem er ihm immer wieder
eine Hoffnung bot, daß er ihm helfen könne, und darauf den Anspruch gründete, daß er ihm helfen solle.
Daß Hr. Niederer nach der vieljährigen Verbindung,
in der er mit Hrn. Pestalozzi gelebt, und nach der
Stellung, die er zu dessen Unternehmung eingenommen hatte, ihn nicht aufgeben durfte, so lange Herr
Pestalozzi nicht sich selbst völlig aufgab, ist eben so gewiß, als daß er zu Hrn. Pestalozzi's Rettung kein
anderes Mittel ergreifen durfte, als die Forderungen
der Natur und Wahrheit gegen dessen Persönlichkeit und
Irrthum immer wieder geltend zu machen. Daß er diese
schwere Verpflichtung über sich nahm, daß keine Mißhandlung noch Mißkennung, der er sich nothwendig
aussetzte, ihn davon zurückschreckte, ist in unsern Augen eine Aufopferung, die an moralischem Werthe alle
frühern von Hrn. Pestalozzi selbst anerkannten Aufopferungen Hrn. Niederers für ihn eben so sehr überwiegt,
als sie dem Erfolg nach von denselben unglücklich ver-

und unverkennbarer aussprechen, als auf diese Weise?
— Und was erfolgte darauf? Eine gewaltsame soge-

---

schieden ist. — Empörend aber ist es, daß Hr. Pestalozzi
seinen eigenen diesfälligen Zeugnissen, und der
Stimme seines Gewissens so entsetzlich widerspricht,
daß er Hrn. Niederers Stellung gegen ihn aus selbstsüchtigen Absichten erklärt. Man lese (S. 94 f. Schrift):
„So nothwendig die Maßregeln Schmids zu unserer
„Rettung waren, so waren sie doch auch geeignet,
„den letzten Schatten der Selbstsucht eines
„jeden Mitgliedes meines Hauses in seinem
„Innersten zu beleben, und Aergerniß und
„Mißmuth im Innern desselben zu nähren.

„Schmid versuchte, die Ansichten meines recht-
„lichen Verhältnisses in meinem Hause"
(kann dieses bestimmter anerkannt und edler berück-
sichtigt werden, als es in Hrn. Niederers Vorschlag
an ihn schon vor Schmids Zurückkunft geschehen ist?)
„gegen Mitglieder wieder geltend zu machen,
„die so viele Jahre lang durch meine dies-
„fällige Schwäche in den Irrthümern ihrer
„Ansprüche verhärtet waren. Das war natürlich
„einigen derselben in meinem Hause, in deren Wag-
„schalen mein Recht und mein Wille schon
„lange kein Gewicht mehr hatten, an's Herz
„gegriffen, und geeignet, dahin zu wirken, dem Zu-
„stand der Selbstüberwindung, mit der das Mißfallen
„über sein Benehmen einige Zeit getragen wurde,
„mit Beförderung ein Ende zu machen. Er wurde
„indessen seit seiner Zurückkunft in seinen, jetzt einen
„gesegneten Erfolg zu nehmen scheinenden Bestrebungen
„von meiner seligen Gattin mit großer, lebendiger

nannte Versöhnung aller seiner Kinder, wie Pestalozzi deren eine Menge veranstaltet hat. Aber dem
Grund des Uebels ward nicht geholfen; und Schmids
bald darauf erfolgte Zurückkunft war bei dessen Gesinnungen nicht eine Rettung aus der Noth, sondern eine
Erhöhung derselben. Die vor uns liegenden Briefe enthalten den Beweis, daß Hr. Niederer in den folgenden
Jahren noch mehr als einen Versuch machte, sich von
einer Anstalt loszusagen, die je länger, je weniger dem
wahren Geist ihres Stifters entsprach, und in der
dieser selbst immer würdeloser und widerspruchsvoller da
stand. Aber Hr. Pestalozzi bat und beschwor ihn immer
auf's Neue, ihn nicht zu verlassen; lud ihm immer
auf's Neue die Verantwortlichkeit für sein Werk auf
und machte es ihm auf der andern Seite immer un-
möglicher, demselben in Wahrheit zu dienen. Hr. Niederer ließ den Muth nicht sinken, und stand so zuletzt
von allen alten Gehülfen noch als der Einzige da, der
es versuchte, dem einreißenden Strome des Verderbens
sich entgegenzustellen. Schmids Zurückkunft und sein
immer mehr in seiner wahren Gestalt sich offenbaren-

„ Theilnahme unterstützt. Eines der ersten Worte,
„ das sie zu ihm bei'm Eintritt in mein Haus sagte,
„ war : Schmid, kommen Sie für meinen lieben
„ Mann oder für Herrn Niederer in unsere Mitte
„ zurück? Er antwortete ihr mit Bestimmtheit : Ich
„ bin für Niemand, als für meinen Freund Pestalozzi
„ zurückgekommen." — Unsere Leser mögen denn hier
auch nach die Kunst bewundern, mit der er für obige
allgemeine Anklagen seinen Lesern auf einmal
Hrn. Niederer als Schuldigen in den Kopf schiebt.

des Betragen hatte die meisten vertrieben, und die
Scheu, die man vor ihm hatte, erleichterte ihm das
Geschäft der Lehrerreduktion ausserordentlich. [81] Die
Kräfte zum Guten verminderten sich, die Macht des
Schlechten nahm überhand, und zuletzt mußte auch
Hr. Niederer der Ueberzeugung von der Unmöglichkeit
einer Abhülfe weichen und sich gänzlich von der Anstalt
trennen.

Das stufenweise Wachsthum dieser Verderbniß und
damit die Ursachen seines Rücktritts können wir nicht
besser darstellen, als mit Hrn. Niederers eigenen Worten, so wie er sich in einem Briefe an Hrn. Pestalozzi
vom 19. März 1818 nach einem Versuche des Letztern,
ihn auf's Neue wieder an seine Anstalt zu binden,
darüber ausspricht; wir geben daher hier zum Schlusse
des zweiten Abschnitts die dahin einschlagende Stelle:

„Ohne Bild zu reden. Das Verderben trat in Ihre
„Anstalt ein, als Sie durch einzelne glänzende Erfolge
„und Kräfte hingerissen und geblendet, das, was sei-
„ner Natur nach bloß im Stillen wirkt und wirken
„muß, ob es gleich höher als jenes steht, und das
„Hervortreten jenes erst möglich macht, keiner wesent-
„lichen Beachtung mehr würdigten; als Sie anfingen

---

[81]. Sie trafen diesfalls eben so schleunige Veranstaltungen,
als jener Appenzeller-Offizier, der, als in der Nähe
seines Trupps ein Sack mit Granaten Feuer fieng,
in größter Eile kommandirte: Rechts und links
schwenkt Euch — zehn Schritt vom Sack weg
— Marsch!

„so zu handeln, als seien Sie dem, womit Sie brilli-
„ren konnten, alles, dem was dazu nicht tauglich
„war, nichts schuldig.

„In diesem Grundirrthum, ich sage mehr, in die-
„ser Grundungerechtigkeit, wurde die mathematische
„Seite der Methode und Anstalt hervorgehoben, als
„wäre sie einzig und allein das Wesen der Methode
„und das Heil der Menschheit. Einseitige, niedrige
„Kräfte ehrte man auf Kosten der höhern. Die Kraft
„des Gemüths, die Treue, die Liebe, wenn sie nicht
„mit jenen äußern Kräften verbunden waren (wie sie
„denn im Bewußtsein ihrer selbst wirklich die Ansprüche
„auf letztere oft absichtlich und wissentlich verschmä-
„hen), wurden in den Personen, in denen sie wirkten,
„hintangesetzt und herabgewürdigt. Sie setzten in der
„Art des Lobes, das Sie den Handwerksfertigkeiten
„durchaus unerfahrner Jünglinge in einzelnen Fächern
„ertheilten, diese Fertigkeiten über Einsicht, Wissen-
„schaft und Erfahrung. Sie erweckten die Leidenschaft
„und erhitzten den Ehrgeiz dieser Unmündigen durch
„tausendfach wiederholte Erklärungen, sie seien die
„wahren Repräsentanten der Methode, und die we-
„sentlichen Stützen der Anstalt. [82]) Sie machten ihnen

---

[80]) War es etwas anderes, was er selbst in seinem Briefe
an Hrn. Niederer vom Jahr 1814 (s. Seite 88) sagt:
„die innere Schwäche unsers Hauses hat den Schwächsten
„unter uns das Maul aufgethan, daß sie uns Affen-
„räthe geben, und offene Versammlung über uns
„unter sich selbst haben" — und: „das Hauptübel
„unseres Hauses kommt von den bey mir Männer

„die Ruhe der ältern Gehülfen als Unthätigkeit, ihre
„ Forderungen als Anmaßung, und ihre Bestrebungen,
„ die Idee mit der That, die Erkenntniß mit der
„ Ausübung in Uebereinstimmung zu bringen, als eine
„ eitle Wortkrämerei in's Auge fallen.

„ Dadurch war das Verhältniß Ihrer ältern Ge-
„ hülfen zu den jüngern völlig zerrüttet. Aber zugleich
„ auch der Fortschritt der Methode, die Vervollkomm-
„ nung der Anstalt, vor Allem das vertrauensvolle,
„ alles mit einander verbindende, fröhliche Leben still-
„ gestellt oder vernichtet. [83])

„ spielenden Knaben, die an allen andern Orten nur
„ Lehrbuben wären, aber bey mir keinen Meister und
„ keinen Herren finden, und darum aus allem Tact
„ des Lebens gefallen" — und war dies unter solchen
Umständen zu verwundern?

[83]) Daher die traurigen Erscheinungen in seiner Anstalt,
daher seine eigene, eben so unglückliche als kraftlose
Stellung in der Anstalt, nach Hrn. Niederers Rücktritt
von derselben noch schlimmer, wie vorher. Daher die
pädagogische Revolution, die er in seiner Schrift S. 109
und 110 erzählt: „Meine in dieser Rücksicht schon tief
„ irre geführten, nunmehr als Unterlehrer angestellten
„ Zöglinge, uneingedenk des wesentlich Guten, das
„ ich an ihnen allen, und besonders an denen, die,
„ ehe ich mich ihrer annahm, in der höchsten Armuth
„ lebten, gethan, standen jetzt plötzlich in meinem
„ Hause wie insurgirende englische Fabrikarbeiter zusam-
„ men, hörten auf allgemein ihre Pflichten zu erfüllen
„ und erklärten sich collectiv und in Masse durchaus

„Sie wurden unglücklich, denn Sie konnten nicht
„anders als sich gehemmt fühlen, so wie das Leben
„in Ihrer Anstalt selbst gehemmt und gespannt war.
„Diese Hemmung wurde im Oekonomischen drückend,
„das ohnedem nie von Ihnen mit dem Wesen der
„Anstalt in Uebereinstimmung gebracht worden. Ich
„machte Sie auf die Ursachen aufmerksam, schlug
„Ihnen die zu nehmenden Maßregeln vor. Es war
„Ihnen weder gegeben, die erstern zu erkennen, noch

„keine Unterrichtsstunden mehr zu geben, sondern in
„vollem Insurrektionsmüßiggang zu bleiben, bis einem
„jeden von ihnen sein bisheriger Sold von Schmid
„in meinem Namen verdoppelt und die Versicherung
„davon schriftlich in die Hand gelegt seyn werde."
(Ein Beweis zugleich von dem Vertrauen, das man
im Hause selbst auf Schmids Wort setzte.) „Diese
„merkwürdige revolutionäre Zeiterscheinung in einer
„Schulstube fand am 24. Julius 1817 statt." „Sie
„brachten an eben diesem 24. Julius noch an, es sey
„nothwendig, daß sie als angestellte und anerkannte
„Lehrer der neuen Methode im Hause in dem Ansehen
„gehalten werden, das ihrer nunmehrigen Stellung
„gebühre, und zur Erreichung dieses Zwecks zu fordern
„berechtigt seien, den schwarzen Kaffee, den ich
„bisher nach dem Mittagessen mit einigen Gliedern
„meiner Haushaltung in meinem Besuchzimmer zu
„trinken gewohnt war, neben mir und diesen Personen
„mitgenießen zu dürfen." Schämt er sich denn nicht,
solche Dinge in die Welt zu schreiben? Und glaubt er,
irgend ein vernünftiger Mensch werde dies für möglich
halten, wenn in ihm selbst auch nur einige Würde
noch gewesen wäre?

„die letztern zu benützen. Die schrecklichen Scenen,
„die Sie mir statt dessen bei jedem Anlaß machten,
„sind mir nicht minder als Ihnen im Gedächtniß. 84)

„Meine Stellung wurde schwieriger, sie wurde

---

84) Als Probe, wie weit Hr. Pestalozzi in den Ausbrüchen
seiner Leidenschaft sich vergaß, stehe hier folgendes
Aktenstück:

„Nach einer entsetzlichen Nacht.

„Das Blut des Lamms im Löwen-Rachen macht
„ihm nichts, es ist ihm wie Muttermilch, die von
„der Zunge des Säuglings zu seinem Herzen herab-
„fließt — denn sein Rachen ist seine Natur — die Ge-
„walt seiner Klauen ist die Gewalt seines Rachens.

„Ich will von nun an keine Bitte mehr an dich
„thun, keine Klage gehe mehr über meine Lippen.

„Gott wird helfen, er wird dem Armen helfen,
„der auf dich hoffte, daß er nicht verzweifle in seinem
„Elend — daß er nicht an Dir verzweifle — daß er
„nicht an sich selber verzweifle.

„An Dich,
„am End des mir von Dir mit religiösen und kind-
„lichen Worten so erhaben gefeierten Jenners 1815.

„Pestalozzi."

Wie ganz würdelos und leidenschaftlich! Man vergleiche damit den ruhig würdigen, über alle Persönlichkeit erhabenen Ton des eben so ernsten als hingebungs-
vollen Vorschlags Hrn. Niederers an ihn vom 9. Februar (s. Seite 117—119).

„ innerlich schrecklich. Ich hatte mit Ihnen und mit
„ Ihren Umgebungen zugleich zu kämpfen. Mit Ihnen,
„ um die Fortdauer der Maßnahmen, welche Ihr Haus
„ zum Ruine führen konnten, zu verhüten; mit Ihren
„ Umgebungen, um sie im Sinn und der Empfänglich-
„ keit für Ihre Wahrheit und Güte zu erhalten, und
„ die Folgen des Mißtrauens, das Sie gegen die Ein-
„ sicht und das Studium der Grundsätze der Methode
„ ihnen eingeflößt hatten, zu überwinden. [85])

„ Ich konnte mich dabei nicht anders, als der Miß-
„ kennung und dem Tadel von beiden Seiten aussetzen.
„ Entschlossen aber, dem Besten Ihrer Person und
„ Unternehmung nicht nur jeden andern Menschen, der
„ sich ihrer nicht würdig zeigte, sondern mich selbst
„ Preis zu geben, um Ihre Würde in der Wahrheit
„ unbefleckt zu erhalten, fühlte ich mich über jeden
„ Kummer dieser Stellung erhaben, in der Hoffnung,
„ Sie kommen zu sich selber, im unzerstörbaren Glau-
„ ben an die Vortrefflichkeit Ihrer Natur.

„ Mein Glaube täuschte mich. Es geschah nichts.
„ Sie würdigten sich dazu herab, nicht nur vor mir
„ wild leidenschaftlich zu knieen, [86]) um mich zu einer

---

[85]) Diese Folgen waren eben die Anmaßungen seiner
Zöglinge und Unterlehrer. Hätten sie in den Geist
des Pestalozzischen Werks auch nur einen Blick gethan,
so wären sie nie dahin gekommen, sich als ausgelernte
Meister zu betrachten.

[86]) Und zwar im eigentlichen Sinne des Worts. Hr. Niederer war, wie wir sehen, „vollkommen bei sich selbst,“

»nach meiner Gewissensüberzeugung gegen Sie selbst
»gerichteten Handlungsweise zu bewegen; sondern sie
»knieten eben so vor durchaus unreifen, in bloßen For-
»meln der Methode auf's Einseitigste befangenen Jüng-
»lingen, um sie um Rettung Ihrer Anstalt und auch
»um Schutz gegen mich zu flehen.

»Jünglinge in Beziehung auf Ihre Anstalt und
»Methode, wenn Sie wollen, waren diese noch um so
»mehr Kinder für das Wesen Ihrer Unternehmung
»und im Blick auf die Verhältnisse derselben, als Ihr
»Widerspruch gegen die geistige Ausbildung sie vom
»Studium der Grundsätze und des Ziels des Ganzen
»entfernt hatte.

»Je treuer ich Ihnen, je anhänglicher ich Ihrem

---

und konnte eben deßwegen seiner Bitte nicht Gehör
geben, weil er, anstatt ihm würdig gegenüber zu stehen,
»im Staube vor ihm hinkroch" (S. 110 f. Schrift). —
Dieses Knieen und Kriechen war aber nicht das Wür-
deloseste, was er that; er sank zuletzt so tief, daß er
(S. 238) „seinem Liebling, nachdem er alles Mögliche
»versucht, sein Herz zu bewegen, eine Verschreibung
»von zweihundert Gulden anbot, wenn er länger
»bei ihm bleiben wollte." — Auch hier sah er nicht,
daß er dadurch nur seines Zöglings Herz von sich entfernen konnte, wenn anders in demselben das sittliche
Gefühl nicht erstickt war; denn welcher edle Mensch
wird seine Liebe mit Geld erkaufen lassen. „Verdam-
»met werdest du mit deinem Gelde," spricht Petrus
zu Simon, „daß du meinest, Gottes Gabe werde durch
»Geld erlangt."

„Werk war, desto entschiedener wurde ich nun gezwun-
„gen, gegen Ihre Persönlichkeits- und Augenblicks-
„maßregeln, am meisten gegen diese Herabwürdigung
„Ihrer Person zu kämpfen. Eben weil ich Ihre Sache
„zur meinigen gemacht hatte, appellirte ich von Ihrer
„Persönlichkeit an Ihren Geist, vom Zustand Ihrer
„Leidenschaft an Ihre Idee.

„Ich sah einen Ihrer Gehülfen um den andern
„dahingehn, die Anstalt in beschleunigtem Verfalle,
„und mich, der ich wie vielleicht kein einziger Andrer,
„und gewiß unpartheiischer als Sie selbst, die wirk-
„lichen psychologischen Ursachen davon kannte, und
„dessen Vorschläge, einer um den andern gerade in
„dem Verhältniß verworfen wurden, als sie auf das
„Wesen der Wiederherstellung der Anstalt gingen,
„als den Urheber Ihres Ruines angeklagt und all-
„gemein geglaubt.

„Auch da noch wich ich nicht. Gegen die Meinung
„aller Ihrer alten Gehülfen bot ich die Hand zur
„Rückkehr Schmids, als zur letzten Maßregel, zum
„endlichen Versuch, ob Ihnen durch die Anstalt, der
„Anstalt durch Sie, d. h. durch Ihre Wahrheit und
„Güte zu helfen sei.

„Noch konnte alles hergestellt werden. Geschah das
„Rechte, d. h. stellten Sie Schmid an den Platz,
„auf dem er unübertrefflich wirken konnte, verdarben
„sie ihn sich und Ihrem Werk nicht selbst dadurch,
„daß Sie ihm eine falsche Meinung und Richtung
„gaben, so konnte, mußte alles nicht nur neu, son-
„dern viel herrlicher aufblühen.

„Durchdrungen von der Wichtigkeit des Augen-
„blicks, erfüllt von Schmids' höher Bestimmung, be-
„geistert, entzückt von der Zukunft, die ich im Geiste
„für Sie vorher sah, wenn geschah, was geschehn
„sollte, machte ich Sie auf die Stellung, die Sie
„Schmid anwiesen, auf die Art, wie Sie ihn behan-
„deln, und ihm die Leitung Ihres Werks übergeben
„mußten, mit der größten Theilnahme, mit dem le-
„bendigsten Eifer aufmerksam. Ich bat, ich beschwor
„Sie, die Ueberzeugung bei ihm festzuhalten, daß
„auf das vorhandene, durch Sie geschaffene Wahre
„und Gute fortgebaut werden müsse, um ihn vor dem
„Wahn zu bewahren, daß Er der Schöpfer der Kräfte
„und Mittel sei, welche Sie ihm in die Hand gaben.
„Er konnte Ihnen entscheidend helfen, Sie retten,
„aber nur durch die Benützung und den Gebrauch der
„Mittel, welche Sie vor und unabhängig von ihm
„bereitet hatten.

„An diese Mittel, an die von Ihnen gebildeten
„Werkzeuge, an Sie mußte er sich anschließen.

„Diese naturgemäße, nothwendige Richtung hätte
„nicht nur alle Ihre alten Werkzeuge neu um Sie
„versammelt, sondern Sie wären, wie Sie es jetzt
„nur gristig sind, auch äußerlich und praktisch der
„Mittelpunkt der pädagogischen Kultur geworden.

„Was thaten Sie unglücklicher Weise, zum uner-
„setzlichen Verlust für Sie und Ihr Werk? Statt
„Schmid an Sie anzuschließen, schlossen Sie sich an
„ihn an. Statt ihn zum Leiter und Gehülfen Ihrer

„Gehülfen und Werkzeuge zu machen, wollten Sie
„ihm letztere unterwerfen. Statt ihm ihre Mittel zur
„Benützung und vortheilhaftesten Anwendung für Ihre
„Unternehmung an die Hand zu geben, erklärten Sie
„ihn zum Schöpfer derselben.

„Sie gingen weiter. Um ihn zu erheben, würdi-
„gen Sie alle Ihre Gehülfen, alles was bis auf
„diesen Tag geschehen ist, und nicht nur das, sondern
„sich selbst, Ihr Streben, Ihre Erfolge, was Gott
„an Ihnen, für Sie und durch Sie gethan hat, auf
„die allerschmählichste Weise herab. [87])

„Ich sagte Ihnen alle Folgen dieses Verfahrens
„Schritt für Schritt und Stufe für Stufe voraus.
„Ich bat, flehte, warnte, drohte, drückte Ihnen
„alles aus, was mir bei jedem neuen Ereigniß die
„erschütternde Gewißheit, Sie würden auf diesem
„Wege alle Ihre bereiteten Werkzeuge und Gehülfen
„verlieren, eingab.

„Und Sie, wie nahmen Sie das auf? Als eine
„Eifersucht gegen Schmid; als eine Gewaltthätigkeit
„gegen Sie. Sie waren schwach, ja ungerecht genug,
„zu erklären, wir seien Schmids Feinde, weil er in
„unsre Winkel zünde. Sie machen mir jetzt noch
„die Schritte und Briefe, die ich gegen Sie that,

---

[87]) Zum Beweise dessen hat er diese Selbstherabwürdi-
gung durch alle Verhältnisse durchgeführt und dann
öffentlich bekannt gemacht. Das nennt er seine Lebensschicksale!

„und an Sie schrieb, um Ihnen die Folgen dieser
„Ihrer Maßregel, so wie sie sich entwickelten, vor-
„zustellen, zum eigentlichen Verbrechen, zum Grund,
„mich, wenn nicht vor der Welt, [88]) doch Ihren
„Vertrauten, als einen Mann darzustellen, der mit
„unmenschlicher Härte gegen Sie gehandelt, und Sie
„mißhandelt habe, als die Ursache, die Sie in die
„äußerste Noth und Verzweiflung gestürzt, in welche
„Sie freilich ohne Widerrede gesunken waren.

„Lieber Herr Pestalozzi! Welches Licht wird auf
„unser Verhältniß und auf Ihr Schicksal fallen, wenn
„ich den Schlüssel zu jeder einzelnen Thatsache und
„zu jedem Brief gebe, den Sie bisher angesehn und
„benutzt haben, mich zum Verbrecher gegen Sie zu
„stempeln!

„Und Schmid, was that er dabei? Er, dem ich
„mich als Ihrem Liebling und Vertrauten so frei, so
„unbefangen, so ausführlich über alles, was geschehn
„und vermieden werden müßte, als Ihnen selbst aus-

---

[88]) Das hatte er ihm noch aufbehalten. So wie aber der
Mensch im Unrecht keinen Schritt nach außen weiter
thun kann, ohne zugleich das Unrecht im Innern zu
steigern, so hat auch Hr. Pestalozzi, als er seine Ungerechtigkeit, statt in seinem Hause, vor den Augen der
Welt begieng, sich nicht mehr begnügt, ihn der Härte
zu beschuldigen; er hat ihn des Eigennutzes und der
Selbstsucht bezüchtiget; er hat ihm nicht nur Irrthum
und falschen Eifer, sondern Schlechtigkeit und Verrath
Schuld gegeben.

„ sprach? Er, dem ich mich bei seinem Wiedereintritt
„ so unbedingt und vertrauensvoll als Ihnen hingab?
„ Er, den ich für fähig hielt, der herrliche Segler
„ und Steuermann nach Ihrem entdeckten Lande zu
„ werden? —

„ Er feiert den Triumph Ihrer Mißgriffe auf
„ Ihren Trümmern! Er läßt sich's trefflich gefallen,
„ daß Sie ihn (ich möchte fast sagen, die Vorsehung
„ und sich und Ihr Werk und die Menschheit, die
„ Ihnen die Hand bot, wo nicht lästernd, doch ver-
„ gessend) für Ihren Heiland und Retter erklären.
„ Es ist ihm ganz recht, daß Sie, statt Ihr Werk
„ zu fördern, Ihre beste Zeit und Kraft zu Apologieen
„ für ihn verwenden, und das Anschließen an ihn
„ zur Conditio sine qua non der Vereinigung mit
„ Ihnen machen.

„ Lieber Herr Pestalozzi! ich habe von tausenden
„ nur Eins und gewiß noch das Schwächste gesagt,
„ das sich dießfalls sagen ließ. Aber dieses Schwache
„ sollte genug sein, Sie zur Besinnung zu bringen:

„ An Schmid scheiden sich unsre Wege.

„ Er hat die Krone des Verdienstes Ihrer wahren
„ Rettung, das ich von ihm erwartete, die Krone,
„ die ich selbst mit Wonne auf sein Haupt gesetzt ha-
„ ben würde, unwiederbringlich verscherzt.

„ Er hat sich eben so bestimmt als das Organ
„ Ihres Irrthums in Betreff Ihrer Unternehmung

„constituirt, als ich redlich strebte, mich zum Organ „Ihrer Wahrheit zu bilden.

„Als solches Organ kann er seinen bisherigen „Weg so wenig aufgeben, seinen falschen Grundsätzen „so wenig entsagen, als nach Ihrem Brief zu hoffen „ist, Sie werden zu einer unbefangenen Ansicht über „das Verhältniß Ihrer alten Freunde zurückkehren."—

III. Geschichte der Rechnungsstreitigkeiten von ihrem Anfang an bis zu ihrer Entscheidung durch das Schiedsgericht, Sommer 1817 bis November 1824.

Unsere Leser haben in den beiden vorigen Abschnitten sich sattsam überzeugt, daß die ökonomischen Interessen mit dem pädagogischen Kampfe nicht in der mindesten Verbindung standen, daß die Uebergabe des Töchterinstituts ein durchaus klares und bestimmtes fortlaufendes Rechnungsverhältniß begründete, über das ohne Böswilligkeit sich nie Streit erheben konnte; sie haben sich ferner überzeugt, daß Hr. Pestalozzi, der mit Hrn. Niederer in der pädagogischen Stellung schon im Jahr 1815 zu grenzenlos wilden Ausbrüchen kam, doch noch vom Gedanken an einen ökonomischen Zwist so weit entfernt war, daß man einen solchen für unmöglich hätte halten sollen.

Wir hätten sonach unsern Beweis geliefert, und insofern wir es nicht mit Joseph Schmid,[89] sondern

---

[89] Er hat im Juli 1823 öffentlich erklärt, er wisse aus

mit Hrn. Pestalozzi selbst und seiner neuesten Schrift, die durch die Schreibart klar beweist, daß sie von ihm selbst ist, zu thun haben, — könnten wir damit schliessen. Unsere Leser hätten denn aber von dem Stand der Verhältnisse, so weit wir sie bis jetzt geschildert haben, bis zur unüberreichbaren Verleumdung des Jahrs 1826 einen psychologischen Sprung zu thun, den wir ihnen nicht zumuthen dürfen. Wir müssen unser Versprechen erfüllen, ihnen nicht nur die Thatsachen vor Augen zu legen, die zum juridischen Beweise gehören, sondern auch diejenigen, die zur psychologischen Erklärung des Bewiesenen dienen.

Um sie in den Stand zu setzen, diese Thatsachen in ihrem wahren Geiste zu erkennen und zu würdigen,

---

Erfahrung, daß Herr und Frau Niederer sich einer schiedsrichterlichen Untersuchung der Rechnungsverhältnisse in keinem Fall unterziehen werden; wenn sie es aber thun, und Frau Niederer die Erfüllung der auf ihr haftenden Verbindlichkeiten darthun, und ihrer eigenen Rechnung rechtsgültige Kraft geben könne, so sey er „als tief erniedrigter, schlechter Mann, „der mit Recht zum Abschaum des Volks ge„höre, eine ihn im höchsten Grad enteh„rende, öffentliche Abbitte schuldig!“ — Man könnte nun von ihm fordern, daß er diese Erklärung wirklich thue; es wäre aber höchst überflüssig, denn auch ohne seine ausdrückliche Versicherung wird davon Jedermann mehr als überzeugt seyn. — Deßwegen hätten wir lieber seiner gar nicht gedacht; allein er ist in der historischen Darstellung der Sache eben so unentbehrlich, als gewisse Gemächer in den Wohnhäusern.

müssen wir hier abermals, wie zu Anfang des zweiten Abschnitts, eine gedrängte Darstellung des Rechnungsverhältnisses geben, so wie es beim Anfang der Streitigkeiten, d. h. am Ende Juni 1817 stand.

Nach den oben (S. 54—61) gegebenen Erläuterungen bleibt uns hier nur der aus Artikel 8 des Vertrags hervorgehende Anspruch Hrn. Pestalozzi's zu erörtern, insofern wir nicht nur den juridischen sondern auch den moralischen Gesichtspunkt der Verhältnisse festhalten, denn von jenem aus hörte der Artikel 8 auf in Kraft zu seyn von dem Augenblicke an, da die Artikel 6 und 7 gebrochen waren (siehe Schiedspruch, Artikel 12). Wir legen dabei den schon vor Schiedsgericht vorgelegten Auszug der Bücher zu Grunde, in dem alle Zöglinge namentlich aufgeführt sind und nach allen Veränderungen durch Eintritt und Austritt, durch Erhöhung oder Verminderung des Pensionsbetrags auf den betreffenden Tag der Stand des Ganzen bilanzirt und der Durchschnittsbetrag der Pensionen berechnet ist. Da aber dieser Auszug nur bis Ende 1815 geht, so haben wir ihn bis Ende Juni 1817 aus den Büchern der Anstalt vervollständigt. Folgendes ist das Resultat:

Bis zum 31. März 1816 blieb die Zahl der Zöglinge unter 20, der Durchschnittsbetrag der Pensionen unter der stipulirten Summe von 25 Louisd'or oder 400 Schweizerfranken.

Vom 1. April 1816 stieg der letztere auf 401 1/15 Frk.; die Zahl der Zöglinge blieb aber unter 20 bis zum 25. Dezember 1816.

Am 26. Dezember 1816 stieg die Zahl der Zöglinge auf 20, und der Durchschnittsbetrag der Pensionen war 446⅔.

Dieser Stand veränderte sich nun auf folgende Weise bis Ende Juni 1817:

	Fr.
26. Dec. 1816: 20 Zöglinge, die jährlich bezahlen	8928
27. Jan. 1817: Zuwachs, eine Pension von .	512
	9440
28. Febr. 1817: ⸗ ⸗ ⸗ ⸗ .	544
	9984
31. März 1817: Ausfall ⸗ ⸗ ⸗ .	400
	9584
22. April 1817 ⸗ ⸗ ⸗ 512	
dagegen	
29. und 30. April 1817: Zuwachs, zwei	
Pensionen mit 1088	
also Zuwachs	576
	Fr. 10160

und so blieb es bis Ende Juni.

Herr Pestalozzi hätte zu beziehen gehabt den zwanzigsten Theil dieser Einnahme, also

	Fr.	Bz.	Rp.
vom 26. Dec. 1816 bis 26. Jan. 1817,			
für einen Monat . . . . $\frac{8928}{12 \times 20}$ =	37	2	—
vom 27. Jan. bis 27. Febr. 1817, für			
einen Monat . . . . . $\frac{9440}{12 \times 20}$ =	39	3	3
Uebertrag . . . Fr.	76	5	3

Fr. Bk. Rp.

$$\text{Vortrag} \ldots \quad 76 \quad 5 \quad 3$$

vom 28. Febr. bis 31. März 1817, für

einen Monat $\ldots \ldots \frac{9984}{12 \times 20} = 41 \quad 6 \quad -$

vom 31. März bis 29. April 1817, für

einen Monat $\ldots \ldots \frac{9584}{12 \times 20} = 39 \quad 9 \quad 3$

vom 30. April bis 30. Juni 1817, für

zwei Monate $\ldots \ldots \frac{10160}{6 \times 20} = 84 \quad 6 \quad 3$

$$\text{Summe} \ldots \text{Fr.} \quad 242 \quad 6 \quad 9$$

Wir stellen nun die gegenseitigen Ansprüche einander gegenüber, wobei wir rücksichtlich der Hrn. Pestalozzi zu entrichtenden Abgabe und der Betten [90]) von einer vierfachen Annahme ausgehen können:

1) Die Betten sind erkauftes Eigenthum der Frau Niederer; Hr. Pestalozzi erhält seine Abgabe laut Artikel 8 des Vertrags.

2) Die Betten sind Eigenthum Hrn. Pestalozzi's und von Frau Niederer nur gemiethet; Hr. Pestalozzi erhält seine Abgabe.

---

[90]) Wir haben rücksichtlich ihrer eine doppelte Annahme, weil zwar nach dem oben darüber Gesagten über ihren Ankauf moralisch kein Zweifel obwaltet, die Bezahlung des Miethzinses aber vom Schiedsgericht aus Mangel juridischen Beweises der Frau Niederer auferlegt wurde.

3) Die Betten sind erkauftes Eigenthum der Frau Niederer; Hr. Pestalozzi erhält seine Abgabe nicht, entweder aus Billigkeitsgründen, da er bei fortdauerndem gutem Vernehmen beider Häuser während der Zeit der Theurung die ohnedem schon unzulängliche Pensionseinnahme nicht hätte schmälern können, oder aus dem Rechtsgrunde, daß er schon seit mehr' als einem Jahre die ihm laut Artikel 6 und 7 obliegenden Verpflichtungen nicht mehr erfüllte.

4) Die Betten sind Hrn. Pestalozzi's Eigenthum, und Frau Niederer bezahlt davon den Miethzins; Hr. Pestalozzi bezieht aus den eben angegebenen Gründen seine Abgabe nicht.

Darnach erhalten wir für die Rechnungsverhältnisse in dem damaligen Zeitpunkt folgende Uebersicht:

Guthaben der Frau Niederer, für jeden der vier angenommenen Fälle.

	Fr.	Bß.	Rp.
Ihr rückständiger Gehalt (s. Schiedspruch, Art. 5)	1332	—	—
Verschiedene für Hrn. Pestalozzi gemachte Auslagen (s. Schiedspruch, Art. 10)	73	1	—
Die beiden Tratten von Hrn. N*** in Z. [91])	113	12	—
Uebertrag . . . Fr.	1518	13	—

---

[91]) Diese beiden Tratten hatte Hr. Pestalozzi für seinen Freund Hrn. N*** in Z. einzulösen übernommen, aber im Augenblick der Einlösung an Frau Niederer überwiesen; später weigerte er sich, die Sache auf sich

	Fr.	St.	Rp.
Vortrag . . . Fr. 1518	13	—	
Pensionsvergütung für R. R. von L.			
(f. Schiedspruch, Art. 11) 165	6	—	
Fr. 1683	19	—	

Guthaben des Herrn Pestalozzi.

A. Nach der ersten Annahme:

	Fr.	St.	Rp.
Seine Lehrerrechnung (f. Schiedspruch,			
Art. 6) 843	15	—	
Für die vier Tischtücher (f. Schiedspruch,			
Art. 9) 10	—	—	
Klaviermiethe [92]) (f. Schiedspruch, Art. 7) 97	10	—	
Taxationswerth der Betten [93]) 235	—	—	
Abgabe vom Töchterinstitut (f. oben) . . 242	12	9	
Fr. 1428	18	9	

zu nehmen, so daß Frau Niederer Gläubiger seines Freundes würde. Da aber Hrn. Pestalozzi's diesfällige Weigerung erst später fällt, so gehört dieser Posten von Rechtswegen auf diese Rechnung; beim Schiedspruch hingegen erklärte Frau Niederer, daß er von ihrer im J. 1817 eingegebnen Rechnung abgezogen werden müsse (f. Art. 10 des Schiedspruchs).

[92]) Wir haben, um Weitläufigkeit zu vermeiden, überall den Miethzins der beiden Klaviere angesetzt, obgleich eins derselben nicht gemiethet war (vergl. Note 73).

[93]) Das von Hrn. Cavezier Savanchy unterzeichnete En-

B. Nach der zweiten Annahme:

Fr. Bz. Rp.

	Fr.	Bz.	Rp.
Seine Lehrerrechnung	843	16	—
Für die vier Tischtücher	10	—	—
Uebertrag . . . Fr.	853	16	—

ventarium der Betten lautet in deutscher Uebersetzung
wie folgt:

„Verzeichniß der Hrn. Pestalozzi zugehörigen und
„ von Hrn. Lavanchy in Gegenwart der Jgfr. Kastbofer
„ und des Hrn. Pestalozzi gewertheten Betten:

Fr.

„ 17 Bettstellen zu 3 Fr. das Stück 51

„ 8 Matraken — 16 — 128

„ 7 wollene Decken zu 3 Fr. das Stück 21

„ 8 Kopfkissen zu 1 Fr. 5 Bz. das Stück . . . 12

„ 7 Pfühle zu 10 Fr. das Stück 70

„ Für alle Strohsäcke, die sämmtlich zersetzt sind . 4

Fr. 286

„Ich Endsunterzeichneter erkläre obige Gegenstände
„ in Gegenwart des Hrn. Pestalozzi und der Jgfr. Kast-
„ hofer nach ihrem Werth angeschlagen zu haben, ohne
„ von einem oder dem andern Theile eingenommen zu
„ seyn; den 6ten Decbr. 1813.
„ Lavanchy, Tapezier."

Auf der Rückseite dieses Aktenstücks steht von der
Hand der Frau Niederer folgende Bemerkung:

„Der Werth der Bettstellen, die in diesem Anschlag
„ steben, muß vom Betrag abgezogen werden, weil sie
„ unter denen begriffen sind, die im Inventarium der
„ von Pestalozzi am 28ten Febr. 1814 verkauften Mobi-
„ lien sich finden."ᵃ

Uebereinstimmend damit steben auch in diesem von

Fr. St. Rp.

Vortrag ... Fr. 853 16 —

Klaviermiethe . . . . 97 10 —

Miethzins der acht Betten eins in's andre
gerechnet zu 10 Fr. (s. Schiedspruch,
Art. 8) seit Mitte Nov. 1813 bis Ende
Juni 1817, für 3 Jahre 7 ½ Monat 290 — —

Abgabe vom Töchterinstitut 242 12 9

Fr. 1483 18 9

C. Nach der dritten Annahme:

Seine Lehrerrechnung . . . . 843 16 —

Für die vier Tischtücher . . . . . . 10 — —

Klaviermiethe . . . . 97 10 —

Taxationswerth der Betten . . . . . 235 — —

Fr. 1186 6 —

D. Nach der vierten Annahme:

Seine Lehrerrechnung . . . . 843 16 —

Für die vier Tischtücher . . . . . . 10 — —

Klaviermiethe . . . . 97 10 —

Miethzins der Betten . . . . 290 — —

Fr. 1241 6 —

Hrn. Kuster eigenhändig aufgesetzten und von Hrn. Pestalozzi unterzeichneten Inventarium (worauf sich der Posten von 273 Fr. 3 Bz. der Kurrentrechnung vom 22. Februar 1814, s. S. 54 und 55, gründet) 21 Bettstellen zu 3 Fr. das Stück aufgeschrieben.

Wir überlassen es unsern Lesern zu entscheiden, welche von diesen vier Annahmen ihnen die billigste und gerechteste scheint. Genug, daß nach jeder von ihnen Frau Niederer im Juni 1817 im Vorschuß war, und zwar nach der ersten um 255 Fr. — Ss. 1 Rp., nach der zweiten um 200 F. — Ss. 1 Rp., nach der dritten um 497 Fr. 13 Ss., und nach der vierten um 442 Fr. 13 Ss.

Hierbei ist dann noch zu bemerken, daß Hr. Pestalozzi seine Lehrerrechnung gegen das Aufhören von Hrn. Niederers Verköstigung im Schlosse, seine Forderung für die Betten gegen den Empfang der Fremden im Töchterinstitute aufzuheben versprochen hatte. Aus diesen Gründen hatte Frau Niederer allerdings eine Reduktion der Anforderungen Hrn. Pestalozzi's an sie, und somit eine Erhöhung ihres Guthabens zu erwarten; es müßte aber Hrn. Pestalozzi's Billigkeit überlassen werden, in welcher Art er ihr darüber Rechnung tragen wollte, und sie that daher auch beider Gegenstände nicht in ihrer Rechnung, sondern nur in dem Begleitschreiben derselben Erwähnung. Ueberdies hatte Hr. Niederer noch persönlich, vermöge seiner Stellung als Lehrer der Pestalozzischen Anstalt, rückständige Forderungen zu machen, die er damals gar nicht zur Sprache brachte, sondern erst beim Schiedspruch, wo von beiden Seiten jede Forderung geltend gemacht wurde. Dort werden wir auf dieselben zurückkommen; hier übergehen wir sie um so mehr, als der eigentliche Gegenstand des Rechnungsstreites von vorn herein das aus der Uebergabe der Töchteranstalt entsprungene Verhältniß war.

Wie wir im vorigen Abschnitte gesehen haben, wurde daſſelbe von Schmid gleich nach ſeiner Zurückkunft auf eine ſehr unfreundſchaftliche Weiſe behandelt; da aber einerſeits Hrn. Peſtalozzi's Geſinnungen in dieſer Hinſicht rein waren, und anderſeits ſeine ökonomiſche Lage ihn wirklich drückte, ſo trugen Herr und Frau Niederer mit Geduld auch das Unrecht, das ihnen durch das Zurückziehen der Lehrer aus ihrer Anſtalt geſchah. Als aber Hr. Niederer ſich von der Peſtalozziſchen Anſtalt getrennt hatte,[94]) betrachtete ihn Hr. Peſtalozzi

---

[94]) Die Darſtellung dieſer Trennung iſt eine der empörendſten Stellen der Peſtalozziſchen Schrift; er erzählt
(S. 105—107): „Die Annalen der Welt haben kein
„Beiſpiel, daß ein Geiſtlicher ein bürgerliches Ver-
„hältniß ſeinem alten Freunde auf dieſe Art aufge-
„kündigt. Es war Pfingſten (1817) und er ſollte nach
„vollendetem Confirmationsunterricht einige meiner
„Zöglinge zum erſten Genuß des heiligen Abendmahls
„einweihen und entweihte dieſe religiöſe Handlung
„auf folgende Weiſe. Es war auf meine Veranſtaltung
„in meinem Hausſaale feierlicher Gottesdienſt. Alles,
„was mit uns in einer nähern Bekanntſchaft ſtand,
„wohnte dieſer Handlung, zu deren Feierlichkeit ich
„mein Möglichſtes beitrug, bei, und Niederer benutzte
„dieſelbe, ohne mir vorher auch nur einen Wink von
„ſeinem dießfälligen Vorhaben gegeben zu haben, da-
„hin, ſich in offener kirchlicher Verſammlung mit be-
„leidigenden Ausdrücken aller weitern Verhältniſſe mit
„mir und meiner Erziehungsanſtalt gleichſam kirchlich
„und prieſterlich auf offener Kanzel loszuſagen. Das
„empörte mich natürlich und zwar um ſo mehr, da
„der ehemals ſo wohlthätig gegen mich handelnde

als seinen Feind, wie alle diejenigen, die, weil sie
seiner Sache und ihm nicht mehr zugleich dienen konnten,

„Mann mit seinen Lehrern auch zugegen und die öf-
„fentliche Lossagung Hrn. Niederers, wie ich nicht
„anders denken konnte, mit ihm gemeinsam und zu
„gleichen Zwecken verabredet war. Es geschah dabei
„noch in meinem Hause, ich fühlte mich als Haus-
„vater und als Herr in demselben, und Niederer
„stand auch in dieser Confirmationshandlung, in so
„weit als mein bezahlter Lehrer in meinem Hause
„auf der Kanzel. Unter diesen Umständen glaubte ich
„mich berechtiget, aufstehn zu dürfen. Ich unterbrach
„ihn in seiner Rede und sagte ihm, nebst mehrerem,
„daß er da sei, meine Zöglinge zu confirmiren, und
„uns mit dieser Handlung christlich zu erbauen und
„nicht bekannte feindselige Verhältnisse, die zwischen
„meinem und seinem Hause Statt finden, auf offener
„Kanzel zu berühren. Ich glaube auch in dem, was
„ich diesfalls that und sagte, in dem Grade recht
„gehabt und wohl gethan zu haben, als er, nach
„meinem Urtheil, in seinem diesfälligen Benehmen
„Unrecht gehabt und übel gethan.“ — Die ganze Erzählung dieses Auftritts ist eine verleumderische Entstellung, die um so mehr empört, als hier auch das
Heiligthum der Religion zum Dienste der Lüge mißbraucht wird. Man höre und erstaune: — Wenige
Tage vor Pfingsten hatte Hr. Niederer, im Laufe des
gleichen Jahres, zum drittenmal, aus Ursachen, die
in Hrn. Pestalozzi's religiösen Ansichten und in Schmids
diesfälliger Einwirkung auf die Zöglinge lagen, und
über deren Natur obige Stelle selbst schon hinlängliches
Licht verbreitet, die Erklärung gegeben, daß er sein
Amt als Religionslehrer mit der Confirmationshandlung

sich von ihm lossagten; Hrn. Niederer aber betrachtete er als seinen größten Feind, weil dieser ihm am längsten

---

niederlegen werde. Dies war so wenig eine unerwartete Trennung, daß Hr. Niederer schon am 16. Febr. 1817 darüber unter Anderm Hrn. Pestalozzi geschrieben hatte: „Die bürgerliche Pflicht der halbjährigen Aufkündigung „habe ich schon ein ganzes Jahr erfüllt“ — und Herr Pestalozzi selbst hat sich auf diese Stelle vor Schiedsgericht berufen! — Als anerkannter Geistlicher und Seelsorger der evangelischen Glieder der Pestalozzischen Anstalt, der dieser kleinen Gemeinde seit 14 Jahren vorgestanden und in und ausser derselben alle kirchlichen Verrichtungen verwaltet hatte, hatte er noch die letzte Amtspflicht zu erfüllen, von ihr seinen feierlichen Abschied zu nehmen und sie scheidend zu segnen. In welchem religiösen Geiste und mit welcher Achtung für die Würde von Hrn. Pestalozzi's Person und Anstalt dieses geschehen, beweist die Rede, von der Hr. Pestalozzi, um seine abscheuliche Verleumdung nicht zu entkräften, nicht für gut findet, auch nur eine einzige Stelle anzuführen, obgleich sie in Handschrift frei herumgegeben und davon Abschrift genommen wurde. Die Worte Jesu: Evangel. Joh. XIV, 6. „Ich bin der Weg, die Wahrheit und das Leben; „Niemand kommt zum Vater, denn durch mich“ wurden zum Grund gelegt. Der Hauptsatz, daß wir nur durch diesen Glauben an Jesum Christum aus Menschen zu Christen werden, erläuterte der Prediger durch das, was Christus uns giebt, wozu er uns bildet, was er von uns fordert, und wozu er uns erhöht. In der Anwendung auf die Confirmanden stellte er ihnen die Frucht dieses Glaubens im Leben als Demuth vor Gott, als Achtung gegen die menschliche Natur in

gedient, weil er am treuesten seiner Sache angehangen, weil er sich als der letzte seiner alten Gehülfen von

---

ihnen selbst und Andern, und als freie Erhebung und Herrschaft über die sinnliche Natur dar, wie sie Jesus auf seiner irdischen Laufbahn bewies; im Abschiedswort erinnerte er dann, wie diesen Glauben und diese Gesinnung zu erzeugen sein Streben als Religionslehrer der Anstalt gewesen sey, und wie er keinen beßern Wunsch und keinen höhern Segen für die kenne, von denen er jetzt scheide. — Es ist ganz falsch, daß Hr. Pestalozzi den Redner unterbrochen. Er stand am Schluß der Rede auf und lud in heftiger Gemüthsbewegung die Versammlung auf künftigen Sonntag ein, wo er sich über Hrn. Niederers Abschied erklären wolle. Diese Erklärung unterließ er jedoch, da sein Betragen bei diesem Anlaß allgemeines Aergerniß gegeben hatte. — Wie schildert nun aber er diesen Auftritt! Und wie muß es in einem Gemüthe aussehen, auf das eine solche Feier und ein solcher Abschied einen solchen Eindruck macht! Wenn aber seine Empfindung nicht erheuchelt war, warum verbot er Hrn. Niederer nicht auf immer sein Haus? Warum bat er ihn um Gotteswillen, doch ferner seine Confirmanden zu unterrichten, und schickte sie ihm noch mehrere Jahre zu diesem Zwecke zu? Warum lud er ihn mit Hrn. Kräß noch in seiner Stiftungsrede am 12. Januar 1818 (S. 139 f. Schr.) zur Theilnahme an seinem Werk ein, wenn sie beide sich desselben so unwürdig gezeigt hatten, als er sie in seinem Buche darstellt? — —

Doch Hr. Pestalozzi selbst erklärt uns alles mit den Worten: „Es geschah dabei noch in meinem Hause; „ich fühlte mich als Hausvater und als Herr in dem„selben, und Niederer stand auch in dieser

ihm losgesagt hatte; weil endlich nach der Trennung Hrn. Pestalozzi's von allen Gehülfen, die als die Stützen seines Werks vom Anfang an neben ihm gestanden hatten, der Rücktritt Hrn. Niederers, dessen tiefe Auffassung der Pestalozzischen Sache, dessen treue Hingebung für dasselbe allgemein anerkannt war, der letzte und auffallendste Thatbeweis von dem innern Verderben der Pestalozzischen Anstalt in den Augen aller derer seyn mußte, die mit der frühern Geschichte und dem damaligen Stand derselben nur einigermaßen bekannt waren.

Als Feind [95]) wurde von nun an Hr. Niederer be-

„Confirmationshandlung in so weit (!) als „mein bezahlter Lehrer in meinem Hause „auf der Kanzel."

Welche entsetzliche Stellung für Hrn. Niederer, der als Religionslehrer sich im Dienste des Evangeliums und der christlichen Kirche und nicht im Dienste des „Hausherrn" Pestalozzi betrachtete, und der auch als Erziehungsgehülfe sich an Hrn. Pestalozzi nur darum angeschlossen, weil derselbe sich mit gänzlicher Hingebung seiner Person zum Werkzeug Gottes für das Wahre und Unvergängliche der menschlichen Natur erklärt hatte. Was bedarf es weitern Zeugnisses über die Natur und die Ursachen des Kampfs, in den Hr. Niederer mit Hrn. Pestalozzi nur in um so höherm Maße gerathen mußte, je größer und aufrichtiger seine Verehrung für ihn als Werkzeug Gottes ward. —

[95]) Und zwar κατ᾽ ἐξοχήν: Bei allen Unannehmlichkeiten, in die sich Hr. Pestalozzi durch sein Betragen verwickelte, pflegte er zu sagen: „Das hat wieder der Feind gethan!"—

trachtet und behandelt, und Schmid, der schon vorher keinen Schritt, den er wagen zu dürfen glaubte, versäumt hatte, um die Trennung herbeizuführen, hatte jetzt nicht nur freien Spielraum, seinen Groll gegen Hrn. Niederer über den Widerstand, den er von ihm erfahren, und über die eben so offene als bestimmte Sprache, die derselbe gegen ihn geführt hatte, zu befriedigen, sondern er fand in Hrn. Pestalozzi's Leidenschaft eine mächtige Unterstützung, in dem Ruhme desselben eine Siegfrieds Tarnkappe, in der er sich für unverwundbar hielt, und Alles wagen zu können wähnte.

Der empfindlichste Streich, der dem Niederer'schen Hause versetzt werden konnte, war, den Charakter der Frau Niederer in ein nachtheiliges Licht zu stellen, und Schmid machte sich daher dies von nun an zur Hauptaufgabe seines Treibens. Auch hierin fand er bei Hrn. Pestalozzi die nöthige Unterstützung, da der Einfluß ihres würdevollen Charakters, auf den er einst so sehnlich gehofft hatte, bei seiner jetzigen, die Wahrheit und Liebe verläugnenden Stellung gegen Hrn. Niederer in eben dem Grade ein Gegenstand der Furcht oder wenigstens der Unbehaglichkeit für ihn seyn mußte.

So kettete die Sünde Pestalozzi und Schmid an einander; und es war von nun an eben so wahr als traurig, eben so nothwendig als fürchterlich, daß Pestalozzi in seinem ganzen Leben mit Niemanden ein so unauflösliches Band geschlossen hatte, als mit diesem bereitwilligen Werkzeug der Ungerechtigkeit und Lüge.

Von nun an war es planmäßiger Entschluß, nicht

nur Schmids, sondern auch Hrn. Pestalozzi's selbst,
Hrn. Niederers Haus zu Grunde zu richten, und kein
Mittel, das dahin führen konnte, wurde weder von
dem einen noch von dem andern verschmäht, wie unsere
Leser aus den folgenden Thatsachen und Aktenstücken
sich selbst überzeugen mögen.⁹⁶)

---

⁹⁶) Nicht nur hat Verf. dies durch Andere Kenntniß von
den damaligen Umtrieben; er hat ähnliche während
seines Aufenthaltes in Jferten selbst als Ohrenzeuge
erlebt. Noch ein paar Wochen vor dem Schiedsgericht
verbreiteten sich vom Schloß aus die lächerlichsten Gerüchte über die Verhältnisse der Töchteranstalt, die,
wie es hieß, eigentlich Herrn und Frau Niederer gar
nicht gehörte; ja Schmid gieng so weit, daß er die
Gläubiger auf die von Hrn. Niederer jetzt nächstens zu
erhaltenden Summen vertröstete, die er absteigend, so
wie das Schiedsgericht näher rückte, auf 30,000, —
20,000 — und 10,000 Franken angab. Manche Gläubiger,
die Hrn. Niederer gern an seiner Statt zum Schuldner
gehabt hätten, ließen sich auch wirklich an der Nase
herumführen, und ihre Sensation bei der Nachricht,
daß Hr. Pestalozzi als Saldo 244 Fr. erhalten habe,
war, wie man sich denken kann, nicht gering. — Doch
was wundern wir uns über diese Schmidische Unverschämtheit, da ja dieselbe auch als Pestalozzische ge-
druckt vor uns liegt (S. 124 f. Schr.): „Hr. Niederer,
„von dessen Frau Gemahlinn ich im Gefolge der Ver-
„pflichtungen, die ihr die Uebernahme meines ihr über-
„gebenen Töchterinstituts auflegten, beträchtliche
„Summen zu fordern habe" —

Quis jam flagitio sit pudor aut metus
Tam divi capitis?

Der erste Versuch war die Ausstreuung mancherlei nachtheiliger Gerüchte in der Stadt Jferten, daß Frau Niederer Hrn. Pestalozzi um das Töchterinstitut gebracht habe, daß sie ihm bedeutende Summen schuldig sey, daß die Zöglinge ihrer Anstalt auf gestohlenen Betten schlafen und dergleichen mehr. Einerseits war es unerläßliche Bedingung des Fortblühens der Anstalt, daß das Vertrauen in die Vorsteher derselben nicht erschüttert wurde, anderseits war es auch in den damaligen Zeiten höchst wichtig, daß durch falsche Gerüchte von der Verschuldung derselben, der ökonomische Kredit nicht litt, und Herr und Frau Niederer sahen sich also genöthiget, den diesfallsigen Gerüchten zu widersprechen, und um die Quelle derselben zu verstopfen, auf endliche Auseinandersetzung der Rechnungsverhältnisse zu dringen. Vergeblich wurde Hr. Pestalozzi darum mehreremal mündlich und schriftlich ersucht; endlich gab er am 8. Juli 1817 folgende Antwort:

„An Herrn Niederer

„für Frau Niederer

„Infandum Regina jubes —

„renovare dolorem — [97])

„Niederer, Liebe hilft und schweigt.

„Pestalozzi."

Herr Niederer antwortete am gleichen Tage:

„Lieber Herr Pestalozzi!

„Liebe thut und spricht, was recht ist, d. h. was

---

[97]) Wir wissen unsern Lesern hierüber nichts zu sagen, als: Ne dubita; nam vera vides!

„Pflicht und Gewissen fordert. Sie weiset durch keine
„poetische Sprüche und Sprünge von sich was einmal
„nach der Natur der Dinge geschehn muß. Ich habe
„Sie, lieber Herr Pestalozzi, für meine Frau, ihres
„Wunsches wegen, ihre Rechnung mit Ihnen in Rich-
„tigkeit zu bringen, um eine Zeitbestimmung gebeten,
„die sie von Ihnen erwartet.

„Ihr Niederer.“

Auch diese Bitte war umsonst; anstatt sich auf eine
bestimmte Weise über die Rechnungsverhältnisse einzulassen, und seine vorgeblichen Anforderungen auszusprechen, sandte Hr. Pestalozzi am 15. Juli folgende
Generalquittung:

„Ich Endsunterschriebener bescheine hiermit, daß
„ich Frau Niederer, geborne Kasthofer für alle und
„jede Anforderungen, die ich, unter welchem Titel
„dieses auch immer sein möchte, an Sie gehabt haben
„mag — hiermit bestens und rechtsförmig quittire —
„indem ich diese Anforderungen für mich, für meine
„Erben und allfälligen Fortseter meines Instituts in
„ihrem ganzen Umfang als zu meiner gänzlichen Zu-
„friedenheit bezahlt und getilgt erkläre.

„Gegeben, den 14ten Juli 1817.

(L. S.)   „Pestalozzi.“

Wir fragen nun unsere Leser, welcher von ihnen
bei einem solchen Stand der Rechnungsverhältnisse,
und bei den Verleumdungen, die darüber ausgestreut
wurden, sich auf solche Weise für seine Ansprüche

hätte quittiren lassen? Diese Quittung war aber von folgendem Schreiben begleitet:

„Da mein Urtheil von den vorzüglichen Talenten „der Frau Niederer, damaligen Jgfr. Kasthofer mich „bewogen, [98] mein ehemaliges Töchterinstitut aus „der Hand meiner l. Frau Tochter selig in die Hand „der Frau Niederer zu übertragen, und sich aber bei „der Uebergab [99] ergeben, daß ich durch die erste „Begründung [100] dieses Instituts in einen Rückstand „von mehreren tausend Gulden gekommen, [101] so hat „Herr Mieg bei dieser Uebergab eine Convention „zwischen Frau Niederer und mir geschlossen, vermög „welcher die Meublen dieses Instituts mit nach einem „mäßigen Anschlag verzinset und zurückbezahlt [102]

---

[98] Daß er dazu durch das Drückende seiner ökonomischen Lage, und namentlich durch die Last, die die Töchteranstalt selbst für ihn war, bewogen wurde, hat er bereits vergessen.

[99] Dies ergab sich nicht bei, sondern vor der Uebergabe, und war eben der Grund derselben.

[100] Daß dies eine Unwahrheit sey, haben wir gleich zu Anfang des zweiten Abschnitts (S. 39 u. fg.) durch ein Aktenstück bewiesen

[101] Da kommen nun auf einmal die Kapitalien zum Vorschein, nach denen wir oben umsonst gesucht haben! — Er übergab aber doch das Institut schuldenfrei, laut Art. 2 des Vertrags.

[102] Verzinset und zurückbezahlt! Das hat er vergessen,

„ werden sollten, — und ich bei dem gehofften erneu-
„ erten Blühen desselben allmälig auch einen Ersatz
„ wegen meines dießfälligen Zurückstehns[103]) — so wie
„ auch eine billige Retribution des Werths jeder Stunde,
„ die meine Lehrer im Töchterinstitut geben würden,
„ zu erwarten gehabt habe; dieses Instrument, [104])
„ das mir, wie alle darauf Bezug habende Papiere,[105])

---

daß die Verwandten der Jgfr. Kasthofer in den Vertrag nur insofern willigten, als diese Gegenstände ihr
verkauft wurden, und daß diesfalls in Hinsicht der
Möbeln eine Abrechnung statt gehabt und hinsichtlich
der Betten er sein Versprechen gegeben hatte! Sein
Gedächtniß ist so vortrefflich, daß es mehr weiß, als
es sollte, und vergißt, was es nicht sollte! Es ist das
Gedächtniß der Selbstsucht!

[103]) Wo steht davon ein Wort im Vertrag? Oder ist der
Art. 2 so zu verstehen, daß Hr. Pestalozzi die Bezahlung der Schulden übernimmt, unter der Bedingung,
daß er dafür das Geld von der Anstalt erhalte? — Artikel 8 ist offenbar, nach dem Geiste des Vertrags und
seines Circulars, ein ökonomischer Antheil an der Anstalt,
entsprechend dem pädagogischen Antheil, den er an ihr
zu nehmen versprach.

[104]) Was das Abhandenkommen des Vertrags betrifft, so
haben wir darüber schon oben, Note 32, die Grundlosigkeit der Pestalozzischen Insinuation nachgewiesen.

[105]) Was für Papiere sind denn das? Nicht nur kennen
wir keines, sondern wir finden auch in dem ganzen
Geschäft keine Spur eines fehlenden Papiers. — Die
Rechnungen, die Frau Niederer zugestellt wurden, sollen
sich auf seinen Büchern finden, wenn sie in der Ord-

„auf eine mir unbekannte Weise abhanden gekommen,
„mußte nothwendig bei meinem Leben und bei meinem
„Sterben von jeder Verwaltung meines Rechnungs-
„wesens, als das Fundament meiner bürgerlich recht-
„lichen Stellung und Ansprache an Frau Niederer
„angesehen * — und um so ernster dafür erkannt
„werden,[106]) da der l. Herr Custer noch von Neuem
„einen Ersatz von Gl. 1000 — sage Gulden Eintausend
„für die von ihm und seiner Frauen selig im Töchter-
„institut geleisteten Dienste von mir fordert.† [107])

„Ich wußte den Verlust meiner dießfälligen Papiere
„schon längst — und zwar zu einer Zeit, in der ich
„selbst sehr anhaltend und stark in meinen eigenen

---

nung geführt sind. Das ist aber eben nicht der Fall,
und für die Folge ein sehr wichtiger Umstand.

[106]) Wo ist auch nur eine Spur davon, daß Frau Niederer
es nicht erkennen wollte? — Hat sie nicht vielmehr alles
gethan, um die diesfallsigen Verhältnisse zu bereinigen?
Hat nicht eben sie zum zweitenmale noch für Herbeischaffung des verlorenen Vertrags gesorgt? Und was
hat damit die Schuld an Hrn. Kuster zu schaffen?
Hrn. Kusters Freundschaft mit dem Niedererschen Hause
(vergl. Note 25) beweist mehr als zur Genüge, daß
seine Benachtheiligung nicht die Schuld von Frau
Niederer war.

[107]) Schmid hat bei dem Abdruck dieser Correspondenz in
Wahrheit und Irrthum eine Menge Stellen unterdrückt.
Damit unsere Leser den Geist seiner Auslassungen beurtheilen mögen, werden wir alle diese Stellen zwischen
* — † setzen.

„Verhältnissen bedrängt war — da aber Frau Niederer
„die ganze Zeit seit der Uebergab der Anstalt bis vor
„ein Paar Wochen, auch mit keiner Sylbe mehr[108]
„dieses Verhältnisses gegen mich gedachte, und ich
„wohl fühlte, daß auch Ihre ökonomisch gehemmte
„Lage die Ursache ihres dießfälligen Stillschweigens
„war,[109] so habe ich, da ich ihre Ruh, ihre Ge-
„sundheit, und den blühenden Zustand ihres Instituts
„so gut als des meinigen nicht nur wünschte, sondern,
„Gott weiß es, auch mit allen in meiner Hand liegenden
„Kräften und Mitteln zu befördern suchte,[110] gegen

---

[108] Doch sagt Schmid, sie habe ihre Bereitwilligkeit, ihr
ökonomisches Interesse von dem Pestalozzi's zu scheiden,
einigermaßen an den Tag gelegt (s. S. 59).
Wie machte sie denn das, wenn sie des Verhältnisses
mit keiner Sylbe gegen ihn gedachte?

[109] Ist es möglich!. Frau Niederer hatte Forderungen an
ihn zu machen. Nicht nur drückte es sie an und für sich,
die Verhältnisse nie bereinigen zu können, sondern sie
hätte auch ihr Guthaben in dieser Zeit gar wohl gebrauchen können; und sie ließ sich hinhalten und ver-
trösten, sie geduldete sich und wollte nicht zudringlich
seyn, und nun kehrt er es so gegen sie, daß er ihr zu
verstehen giebt, als sey sie an dem Abhandenkommen
der Papiere Schuld, und habe er nur aus Mitleid
weder nach diesen gefragt, noch seine Geldansprüche
geltend gemacht! — Wohin sollte es kommen mit Vertrauen und Edelmuth unter den Menschen, wenn ein
großer Name zu solchen moralischen Mißhandlungen
berechtigte!

[110] Er ruft Gott zum Zeugen an, daß er Alles gethan

„Sie über dieses ganze Verhältniß während diesem
„ganzen Zeitpunkt meinen Mund nicht aufgethan —
„und obgleich mein eigenes Haus Jahr für Jahr in
„tiefere Verschuldung versank, und seinem gänzlichen
„Ruin entgegeneilte, dennoch unter keinen, wenn
„auch noch so gereizten Umständen und Ver-
„hältnissen weder mit Herrn Niederer noch mit
„Frau Niederer hierüber ein Wort verloren[111]) —
„und wenn ich auch gänzlich zu Grund gegangen
„wäre, — so hätte ich dennoch dießfalls ewig nie
„von Frau Niederer rechtlich[112]) einen Heller zurück-

---

habe, was ihm möglich gewesen, — und er hat nicht
einmal dasjenige gethan, was er von Rechtswegen
schuldig und verpflichtet war. Freilich, er kann es,
wie er zu sagen pflegt, heiter machen. Er konnte
nicht mehr durch seine Lehrer Stunden geben lassen,
denn er hatte ja die Lehrer abgeschafft; um aber eben
die Lehrer abschaffen zu können, hat er keine Stunden
mehr durch sie geben lassen. Ist unsern Lesern das auch
heiter!?

[111]) Es ist ein großes Verdienst, daß er nichts forderte,
wo er nichts zu fordern hatte! Daß er sich über die
Rechnung nie einlassen wollte, so oft er auch darum
ersucht wurde, war zwar, wir sind dessen überzeugt,
keine bösliche Vorausberechnung, daß er aber jetzt diesen
Gebrauch davon macht! — —

[112]) Daß er rechtlich nichts von Frau Niederer zurück-
begehren konnte, ist klar; unrechtlich aber hat er sich
gestellt, als habe er etwas zurück zu begehren; und nach
diesem, welch ein Hohn gegen jedes heilige Verhältniß
in den Warten: „Sie zweifeln doch nicht hieran,

„begehrt — oder begehren laſſen — Sie zweifeln doch
„nicht hieran, l. Frau Niederer! Mein tiefes Still-
„ſchweigen über dieſen Gegenſtand beweist [113]) die
„Wahrheit dieſer Aeußerung auch dem, dem mein
„Leben nicht genug thut, daran zu glauben —* aber
„ſie iſt wahr, ſie iſt vor Gott wahr, [114]) was ich
„einmal mit Liebe und Vertrauen gegeben, das konnte
„ich auch in der größten Noth und im größten Elend
„nicht rechtlich von dem zurückfordern, dem ich es
„alſo gegeben [115]) † — ich that auch dieſe ganze Zeit
„nicht einmal den entferntesten Schritt, die dießfällige
„Rechnung in Ordnung zu bringen [116]) — ich habe ſie

---

l. Frau Niederer!" — Uns ſchaudert, wenn wir
dieſes Alles mit den frühern Briefen vergleichen.

[113]) Welch ein Beweis! alſo weil ich gegen einen Menſchen von Rechnungsverhältniſſen ſchweige, ſo beweiſe
ich dadurch, daß ich etwas von ihm hätte zurückfordern
können, wenn ich gewollt hätte; denn das heißt es in
dieſem Zuſammenhange!

[114]) Abermals den Namen Gottes zu einer Lüge!

[115]) Was hat er denn Frau Niederer gegeben, das er hätte
rechtlich oder aus Billigkeitsgründen von ihr zurückfordern können?

[116]) Das iſt es ja eben, was ihm zum Vorwurf gereicht,
daß er nie einen Schritt thun wollte, die Rechnung
in Ordnung zu bringen. Hier rühmt er ſich als einer
Handlung der Großmuth, das nicht gethan zu haben,
was unter allen Umſtänden und in jedem Verhältniſſe
ſeine Schuldigkeit als eines rechtſchaffenen Mannes
geweſen wäre.

„wahrlich nur nie angesehn [117]) — weit entfernt —
„sie in ihrer Wahrheit auf die Bücher zu tragen[118]) —
„ließ ich das, was davon aufgeschrieben ist — und
„von dem ich nicht einmal weiß, von wem, auf wessen
„Anordnung und zu welchem Zweck[119]) es also einge-
„tragen worden, stehen — wie es da stand, und zwar
„nur darum, weil ich glaubte, auch in dieser kleinen
„Spur meines väterlichen Verhältnisses [120]) gegen

---

[117]) Er hat die Rechnung nie angesehen, und doch weiß
er, daß Frau Niederer ihm schuldig ist, weiß es so
bestimmt, daß er über seine diesfallsigen Aeusserungen
Gott zum Zeugen anruft. — Wie geht denn das zu?

[118]) Also die Rechnung steht nicht in ihrer Wahrheit auf
seinen Büchern! — Ein rechtschaffener Mann trägt vor
Allem aus Alles in Wahrheit auf seine Bücher, damit
er in jedem Fall wisse, was er zu leisten und zu fordern
habe, und damit er Niemand Unrecht thue. — Ein un-
gerechter Mann aber ist froh, seine Sachen in Unordnung zu haben, damit er, wenn es ihn gelüstet, in der
Finsterniß dieser Unordnung jeder unedeln Leidenschaft
ungescheut fröhnen könne.

[119]) Wo die Bücher ordentlich geführt werden, und wo
redliche Gesinnung ist, da hat man bei'm Eintragen
keinen andern Zweck, als zu wissen, wie die Verhältnisse stehen, und keinen andern Grund, als daß sie so
stehen. Es hüte sich Jeder vor dem, der bei dem Eintragen seiner Rechnungsverhältnisse auf seine Bücher
besondere Zwecke im Auge hat!

[120]) Von dem väterlichen Verhältnisse ist freilich in diesem
Stehenlassen dessen, was er nicht weiß warum und von
wem es eingeschrieben ist, von dem er weiß, daß es

„ Fran Niederer einige Beweggründe zur Liebe, Scho-
„ nung und Barmherzigkeit gegen mich zu finden," die
„ ich Jahre lang und besonders seit dem Tode meiner
„ lieben Frauen selig so dringend bedurfte — und auch
„ vielfach verdient zu haben glaubte — aber wenn ich
„ auch diese lang gesuchte Barmherzigkeit bis an mein
„ Grab nicht gefunden hätte, — so wäre diese Rech-
„ nung [121]) dennoch in keinem Fall als eine bürgerlich
„ rechtliche Anforderung an Frau Niederer gebraucht
„ worden — sie wäre ewig nur als ein Beleg unseres
„ ehemaligen sittlichen [122]) Verhältnisses gegeneinander
„ dagestanden — aber sie soll jetzt auch dafür nicht

---

nicht in der Wahrheit ist, obgleich er es nie angesehen
hat — nur eine kleine oder vielmehr gar keine Spur;
aber eine große Spur ist darin von früherer großer
Unordnung und jetziger noch größerer Bosheit.

[121]) Von welcher Rechnung ist denn die Rede? Während der ganzen Streitsache ist nur eine Rechnung
vorgekommen, in der die frühern Verhältnisse der
Frau Niederer berührt wären. Und diese konnte nie
eine Forderung begründen, denn sie war eine heillose
Compensation ihres Gehalts; sie wird weiter unten
vorkommen, und unsere Leser werden mit uns finden,
Hr. Pestalozzi habe ganz Recht, wenn er sagt, „sie sey
„ nicht in der Wahrheit, sondern zu einem besondern
„ Zweck auf die Bücher getragen worden;" und er thue
wohl daran, wenn er sie „nie angesehen zu haben und
nicht darum zu wissen" behauptet.

[122]) Der sittliche Mensch kann nie in ein unsittli-
ches Verhältniß kommen. Auch seinem Feinde gegenüber steht er in einem Verhältniß der Sittlichkeit,
und wahrlich oft der höchsten.

„einmal mehr? seyn[123]) — sie soll auch nicht einmal
„mehr hiefür in meinen Büchern stehn — sie soll darin
„gänzlich ausgelöscht werden [124]) und auch selber in
„meinem Angedenken. †—

„Gottlob! ich kann jetzt dießfalls mit Freud und
„Ruh thun, was Ich immer auch in Noth und Trauer
„doch gethan hätte — meine eigene Noth ist von
„Seiten meines wirthschaftlichen Zustandes Gottlob
„jetzt gänzlich vorüber; ich bestelle mein Haus mit
„Dank gegen Gott — und mit einem freien Sinn
„der Liebe gegen alle, die je meinem Herzen nahe
„standen [125]) — Gottlob, meine Liebe ist jetzt allen

---

[123]) Wahrscheinlich, aus dem gleichen Grunde, warum er
sein sittliches Verhältniß zu Frau Niederer ein ehemaliges nennt. Wenn er es nicht mehr sittlich fühlte
und erkannte, weß war die Schuld?

[124]) So erlaubt er sich mit den Rechnungsbüchern umzu-
gehen! Es sey nun geschehen oder nicht, so charakterisirt doch diese Stelle in hohem Grade die Willkühr
seiner Gesinnung, da er sich selbst zum Richter über
seine und Anderer gegenseitige Schuldigkeit aufwirft,
und in seinen Büchern eintragen und auslöschen läßt,
was und wie es ihm beliebt, und wie es ihm die Leidenschaft eingiebt.

[125]) Wenn er hier vom Dank gegen Gott und von einem
freien Sinn der Liebe spricht, so ist doch wohl der
Heuchler am Tage. Man weiß nicht, soll man es für
Heuchelei oder für Ironie nehmen, noch was schlimmer
ist, mit diesen Gefühlen zu heucheln oder seinen Spott
damit zu treiben.

„ wirthschaftlichen Gefahren entronnen — ich darf
„ jetzt auch der meinigen halber — mein Haus frey
„ und froh bestellen, — und muß mich meines Sohns-
„ sohns halber nicht mehr bloß als sein unglücklicher,
„ ihn hinter Fremden zurücksetzender [126]) Großvater
„ ansehen — und nicht mehr im bekümmerten Vater-
„ herzen sorgen — ihn durch die Verirrungen meines
„ Lebens dahin gebracht zu haben — an mich nur
„ mit dem herzzerreißenden Gefühl zu denken — daß
„ unter meinen Sorglosigkeiten — meine Sorglosig-
„ keit gegen ihn die größte und die ungerechteste war.

„ Gott hat mir von dieser Seite mehr Hülfe berei-
„ tet, als ich selber verdiente — ich kann und will
„ jetzt an ihm mehr als je als sein treuer Großvater
„ handeln — aber ich kann auch, indem ich dieses
„ thue, in allen meinen Verhältnissen mit der
„ Liebe und Sorgfalt [127]) handeln — zu der mich
„ mein zerrissenes Herz jetzt mehr hinführt — als es
„ in den Tagen, in denen es sich durch meine Täu-
„ schungen [128]) befriedigt glaubte, je hingelenkt wor-

---

[126]) Alle die Verwirrung aller Verhältnisse, die wir jetzt
in seinem Buche finden, macht er schon damals in seinen
Briefen, um hinter edeln Gesinnungen den schwärzesten
Undank und die liebloseste Mißhandlung zu verstecken.

[127]) Auch der Uebermuth, daß er durch Schmid reich geworden, tritt hier hervor, und kleidet sich in eine pha-
risäische Demuth. Wäre es ihm mit seiner Liebe und
seinem Dank gegen Gott Ernst, so würde sein Brief
wohlich in keinem Falle so lauten.

[128]) Auch das erscheint hier schon, daß er sein früheres

„den [129] — so weit hat Gott geholfen — möge
„in dieser Veränderung meiner Lage Gottes Hand
„nicht erkennen, wer da will, ich erkenne Gottes
„Hand in dieser Veränderung meiner Lage [130]) —
„und seine Liebe in den Mitteln, die er mir gab —
„frey und froh [131]) meinem Herzen gemäß zu han-

Leben, eine Täuschung nennt — Was aber in aller Welt
hat er mehr gewirkt oder ausgesprochen, seitdem er
aus dieser Täuschung heraus ist? Sein Haus hat er zu
Grunde gerichtet, um das seines Gegners zu Grunde
zu richten; seine eigenen Werke hat er geschmäht,
Schande über Schande, und Fluch über Fluch auf sich
geladen. — Daß sein Werk in der Zeit seiner sogenannten
Täuschung nicht vollendet ward, glauben wir gern,
er mußte gegen sich selbst wild ankämpfen, um seines
Werkes würdig da zu stehn; jetzt, da er aus der
Täuschung erwacht zu seyn wonach überließ er sich
frei und froh allen Gelüsten und argen Gedanken, die
aus seinem Herzen hervorgiengen. Welche traurige Freiheit und Freude

[129]) Wenn die Liebe und Sorgfalt, die er früher bewiesen
hat, nicht einmal so groß war als die, die er jetzt beweist; so wissen wir in der That nicht, wie er den
Menschen mitgespielt haben mag!

[130]) Es bezieht sich dies auf den von Schmid abgeschlossenen Vertrag über die Herausgabe seiner Werke. Kann
man sich aber eine frechere Lästerung der göttlichen
Vorsicht und Liebe denken, als wenn man bei'm gräß-
lichsten Mißbrauch ihrer Gaben ihr dankt, daß man
jetzt so handeln könne!? —

[131]) Wenn man bedenkt, in welchem Verhältnisse er einst

„ deln, wo; ich bisher nicht, frei und froh demselben
„ gemäß handeln konnte,

„ Ich erkenne Gottes Hand darin, daß ich jetzt frey
„ und froh das thun kann, was ich freilich auch in
„ Noth und Elend, aber mit zerrissenem Herzen gethan
„ hätte, — frey und froh beeile ich mich jetzt, Frau
„ Niederer beyliegende Generalquittung zuzusenden —
„ durch welche alle Anforderungen, welche je in Gefolg
„ unsers alten, hiermit aber als beendigt erklärten
„ Verhältnisses an Sie könnten gemacht werden, von
„ mir und für mich, für meine Erben und allfälligen
„ Fortsetzer meines Instituts als gänzlich getilgt —
„ und in keiner Rücksicht mehr einige Rechtskraft be-
„ sitzend erklärt werden. Ich füge dieser Entsagungs-
„ akte noch bei, daß nichts desto weniger jede Anfor-
„ derung, die Frau Niederer an mich haben möchte,
„ von mir als gültig erklärt — angenommen — und
„ bezahlt werden soll. — Hiermit aber halte ich auch
„ alle Rücksprach über diesen Gegenstand für über-
„ flüssig und verbitte mir dieselbe. †¹³²)

---

mit Herrn und Frau Niederer gestanden, und wie er
jetzt ihnen gegenüber stand, — so kann man nicht begreifen, wie er dabei froh seyn konnte! Wäre auch das
Recht auf seiner Seite gewesen, er hätte tief trauern
müssen über eine solche Lösung solcher Verhältnisse.

¹³²) Welche fürchterliche Großmuth! Jemanden anschuldi-
gen, er habe sich Unrechtlichkeiten zu Schulden kommen
lassen, um seine Verpflichtungen nicht erfüllen zu müssen, ihm dann diese Verpflichtungen erlassen und ihn
auffordern, seinerseits Ansprüche zu machen, unter

„Liebe Frau Niederer, ich bitte Gott, daß Er das
„Töchterinstitut, das ich Ihnen übergeben, in Ihrer
„und in Herrn Niederers Hand mit seinem besten
„Segen kröne [133]) und daßelbe vor allen den Gefah-
„ren bewahre, die fremde Einmischung, anmaßliche
„Zudringlichkeit, Heterogenität der wesentlichsten Be-
„standtheile — und harte Gewaltthätigkeit in den
„Mitteln selber zu den besten Zwecken über mein
„Institut verhängt haben.

„Hiermit, liebe Frau Niederer, scheide auch ich
„— und zwar ohne Geräusch und öffentliches Aufsehn
„in dem stillen Incognito dieser gut gemeinten (!!)
„Zeilen von einem Etablissement, — das einst aus
„meinem Herzen hervorging — das ich so lang innig
„liebte — und das auch, seitdem es nicht mehr das
„meinige ist, — noch lange, lange, selber im tiefen
„Schmerz großer Leiden meinem Vaterherzen noch
„wohl machte. † [134])

„Iverdun, den 15ten Juli 1817.

„Pestalozzi.“

---

der Bedingung, daß er von nun an schweige. Gegen
einen Dieb, den man auf der That ertappt und in seiner Gewalt hätte, wäre eine solche Großmuth ein
unerträglicher Hohn.

[133]) Dessen bedurfte es wahrlich, um unter seinen Feindseligkeiten nicht zu Grund zu gehen. Und eines hohen,
sittlichen Charakters bedurfte es, um solchen Mißhandlungen an zehn Jahre mit Würde gegenüber zu stehen.

[134]) Das einzige Wahre in dem ganzen Briefe ist dieses
Geständniß, daß alle bisherigen Kämpfe und Mißver-

Wir gestehen aufrichtig, daß uns bei diesem Schreiben mehr als einmal das Gefühl der innersten sittlichen Empörung übernommen hat; wir sind aber auch überzeugt, daß unsere Leser dieses Gefühl mit uns theilen. Sollte sich einer unter ihnen finden, der es mit kaltem Blute durchlesen konnte, so bitten wir ihn, hier das Buch zu schließen — für ihn decken wir die Wahrheit nicht auf!

Solche Erscheinungen rein satanischer Bosheit sind mehr als alle Verirrungen, Laster und Verbrechen der verthierten Menschennatur geeignet, den Menschen an Gott, an seinem Geschlechte und an sich selbst irre zu machen; sie sind Hochflüge der Sünde, denen das Auge mit Entsetzen folgt, ängstlich erwartend den fürchterlichen Fall, mit dem sie sich unvermeidlich enden müssen. Alle Gefühle des Herzens ziehen sich krampfhaft zusammen vor dem unnennbaren Schmerz des Gedankens, daß die unendliche Liebe, in der die Seele mit Wonne gegen das Große und Heilige in der Menschheit sich aufschließt, eine solche Mißhandlung erfahren kann! Doch, wir schweigen für jetzt noch; am Schlusse unsers Werks werden wir versuchen, das traurige Gewebe zu entwirren, dessen Fäden wir jetzt noch im Einzelnen folgen müssen.

———————

hältnisse mit Hrn. Niederer ungeachtet, die Töchteranstalt seinem Vaterherzen noch wohl gethan habe. Sie mußte also ihm kindliche Liebe beweisen; und daß sie dies gethan, müssen auch alle die wissen, die die Anstalt damals kannten. Nun aber wurde ihm diese Liebe zur Last, und um sich ihrer zu entledigen, nimmt er diesen Abschied von ihr!

Herr Niederer antwortete auf diesen Brief und die ihm beigeschlossene Quittung folgendermaßen:

»Iferten, den 15ten Juli 1817.

»Lieber Herr Pestalozzi!

» Da Sie in dem Begleitschreiben Ihrer sogenannten
»Generalquittung an meine Frau, statt einer väter-
»lichen, eine eben so unsittliche als widerrechtliche
»Ansicht aufstellen, indem Sie, nach dem beweisbaren
»Inhalt Ihrer Worte, eine Handlung der Großmuth
»durch genannte Quittung ausüben, die gegen Recht
»und Pflicht, und auf eine solche Art geleistet wird,
»daß wenn meine Frau sie annähme, nicht nur wir
»beide in den Augen jedes tugendhaften Menschen
»verächtlich wären, sondern auch in unsern eigenen
»Augen als nichtswürdig erscheinen müßten, so werden
»wir beide Aktenstücke, nämlich die Quittung und das
»Begleitschreiben beim Friedensrichter hinterlegen.
»War unser Verhältniß bisher verwirrt,[135] weil es
»auf gegenseitiges Vertrauen gegründet war; kann es
»von Ihrer Seite mehr väterlich, von der unsern

---

[135] Verwirrt war es wenigstens in so fern, als über den
rückständigen Gehalt der Frau Niederer und die davon
abzurechnenden Gegenstände, als Betten, Klaviermiethe,
nie eine Auseinandersetzung Statt gehabt hatte, und
die Lehrerrechnung immer durch Hrn. Pestalozzi's Erklärung mit Hrn. Niederers Ansprüchen bilanzirt blieb,
ohne daß darüber je etwas ausgemacht wurde, das
man hätte in gehöriger Art auf die Bücher tragen
können.

„nicht mehr kindlich fortgesetzt werden, so soll es
„wenigstens Ihrer und unserer würdig, d. h.
„klar und wahr, sittlich und rechtlich enden.
„Herr Pestalozzi, seien Sie sicher, keine Furcht und
„keine Hoffnung, keine Schuldigkeit gegen Ihre Erben,
„und kein Einfluß der allfälligen Fortsetzer
„Ihres Instituts wird uns dazu bringen, uns,
„und wäre es auch von Ihnen, durch eine solche
„Großmuth sittlich morden zu lassen, am wenigsten
„durch Annahme derselben einen sittlichen Selbstmord
„an uns zu begehn. Machen Sie Ihre Rechnung an
„meine Frau, so strenge dieselbe in Ihren Büchern
„enthalten ist. Ist sie unvollständig oder verfälscht, so
„ist das nicht unsere Schuld;* meine Frau wird die
„ihrige machen†. — Glauben Sie nicht Großmuth
„ausüben zu können, ehe das Recht und die Pflicht
„ausgeübt ist, die hier wahrlich nicht papieren, sondern
„lebendig in Geist und Herz geschrieben sind. Sind
„wir Ihnen wirklich schuldig, so mag unsere Schuld
„sich noch so hoch belaufen, wir werden Sie gegen
„Sie, Ihre Erben, und die allfälligen Fort-
„setzer Ihres Instituts erkennen und denselben
„abbezahlen, so wie es unsere Mittel gestatten. Sie
„verpflichten uns um so mehr zu diesem Ernste, da Sie
„sogar zu verstehn zu geben scheinen, als könnte der
„Umstand, daß Ihnen der Vertrag der Uebernahme des
„Instituts entwendet worden, in unserm Interesse
„liegen, da doch meine Frau, gleich nachdem Sie
„diesen Diebstahl wahrnahmen, Ihnen auf Ihr Ver-
„langen, Ihr eigenes Original zur Abschrift zugestellt
„hat, ohne es zurückzuerhalten. Hierbei will ich Sie
„im Vorbeigehn nur erinnern, daß Sie wirklich

„Menschen in Ihrem Hause haben, die Briefe, wo
„nicht stehlen, doch mir selbst bekannten, daß sie ge-
„stohlene, ihnen zugeworfene Papiere, welche mir
„gehörten, zurückbehalten. [136])

„Meine Frau glaubt aus letzterer Ursache, daß
„Sie aus Mangel an Gedächtniß sich dessen, was
„zwischen Ihnen und ihr vorgefallen ist, nicht mehr
„erinnern, daß Ihre gestrige Darstellung aus dieser
„Nichterinnerung geflossen ist, und daß Sie vielleicht
„eine persönliche Unterredung mit ihr, aus diesem
„Grunde, einer rechtlich bürgerlichen Entscheidung
„dieses Verhältnisses durch den Friedensrichter vor-
„ziehn. Darum theile ich Ihnen dieses Auskunfts-
„mittel mit, und erwarte binnen hier und ein Paar
„Tagen, ehe ich Ihre obigen Aufsätze dem Friedens-
„richter hinterlege, hierüber Antwort. Meine Gegen-
„wart soll Ihre Unterredung mit meiner Frau, falls
„Sie dieselbe genehmigen, nicht stören. — Meiner
„Frau Gesundheit ist zwar wirklich durch Ihre Hand-
„lungsweise angegriffen, weil die Zerstörung des Bildes
„eines Mannes von erhabener Sittlichkeit und Würde,
„das sie von Ihnen in sich trug, sie desto mehr
„erschüttern muß, je mehr sie an Sie glaubte, und in

---

[136]) Unsere Leser werden auch ohne Nachhülfe errathen,
daß damit Joseph Schmid gemeint ist. — Er hatte einen Pack Hrn. Niederer zugehöriger Papiere in Handen, rühmte sich dessen ungescheut, und weigerte sich,
sie herauszugeben; denn, sagte er, sie seyen ihm,
er wisse nicht von wem, in sein Zimmer geworfen worden! —

„ Ihnen lebte. Doch will und kann sie ihr physisches
„ Leben nicht gegen ihre Gewissensruhe schonen, noch
„ auf Kosten ihrer unsterblichen Seele bewahren:

„Dr. Joh. Niederer.“

Herrn Pestalozzi's Gegenerklärung hierauf, die
Schmid in Wahrheit und Irrthum ganz beseitiget hat,
ist folgende:

„ Ich bescheine hiermit zu Handen Herr und Frau
„ Niederer, daß ich bey meiner gestern Ihnen zuge-
„ sandten Quittung nicht im Geringsten einige Groß-
„ muth Anspruch machte, [137]) sondern sie als eine
„ rechtlich und bürgerlich berechtigte [138]) endliche Bey-
„ legung eines verwirrten Rechnungsverhältnisses ansehe,
„ das beim Mangel fast aller nöthigen Belege [139]) auf
„ keine andere Weise kann in Ordnung gebracht werden.

---

[137]) Großmuth war auch darin wahrlich keine; aber durch
diese Erklärung hob er alle die schweren Beschuldigungen und Kränkungen nicht auf, die er in dem Begleitschreiben auf Herrn und Frau Niederer häufte; und
zu denen sie, besonders unter den damaligen Umständen, unmöglich still schweigen konnten.

[138]) Wo in aller Welt geben die Gesetze das Recht, auf
eine solche Weise seine Rechnungsverhältnisse beizu-
legen, und auf seine eigene Unordnung hin an dem
guten Namen und der Ehre Anderer sich zu versündigen?

[139]) Die Belege zu dieser Rechnung waren, so weit sie in
Handen der Frau Niederer seyn konnten, alle vorhanden. Da sie sämmtlich von ihm unterzeichnete Doku-

„Es ist mir leid, daß ich, was sonst auffallen sollte,
„noch sagen muß, ich kann und konnte in dieser Rech-
„nungssache nicht mehr thun und nichts anders thun,
„als ich wirklich gethan habe.[140] Auch der Friedens-
„richter kann nicht mehr thun. Er kann nicht Tag
„machen, wo es Nacht ist.[141] Seine Dazwischenkunft
„kann zu nichts dienen, als das zu erzielen, was
„schon erzielt ist, nämlich die Beendigung aller weitern
„Nachforschungen und Ansichten über diesen Gegen-

---

mente sind, so konnten sie auch ihm, wenn seine Bücher diesfalls mangelhaft waren, dienen. Unsere Leser
werden sich aus den Rechnungen selbst überzeugen, daß,
hätte Hr. Pestalozzi als ehrlicher Mann ordentlich
rechnen und nicht boshafter Weise Herrn und Frau
Niederer verdächtigen wollen, es sehr leicht und damals
leichter gewesen wäre, als späterhin.

[140] Was nach sieben Jahren Männer thun konnten, die
diese Rechnungsverhältnisse nie selbst gekannt, konnte
das nicht damals von den Betheiligten geschehen, wenn
darüber eine freundschaftliche Zusammenkunft Statt
gefunden hätte; damit wäre alles daraus entstandene
Unglück verhütet worden; das wollte er aber nicht; es
war ihm um Unglück zu thun, wie der Haß und die
Leidenschaft beweisen, die überall in seinen Briefen
theils durch den höhnischen Ton, theils durch die Anschuldigungen, die sie enthalten, durchleuchten.

[141] Daß Tag gemacht werden könnte, davon wird, hoffen
wir, unsere Schrift der Beweis seyn; unsere Leser
werden daraus aber zugleich sehen, warum Hr. Pestalozzi diesen Tag scheute, und sich in seiner selbstge-
schaffenen Nacht so standhaft verschanzt hielt.

„ſtand. [142]) Er kann nicht Rechnungen machen, wo
„faſt alle Fundamente und Belege zur Rechnung
„mangeln. Er kann mich zu nichts zwingen, als daß
„ich das, was ich dieſer Rechnung halber nicht mehr
„habe, auch als nicht mehr habend, folglich als
„ungültig erkläre. [143]) Und das habe ich ja ſchon und von
„ſelbſt gethan. Ich will ja nichts anders, als das
„End der Urſachen und Folgen von Empfindlichkeit,
„die niemand ſo weh thun können als mir. [144]) Woher

---

[142]) Das wäre, wenn Herr und Frau Niederer ſich darauf
eingelaſſen hätten, eine vortreffliche Grundlage geweſen
für alle die Verleumdungen, die damals und nachher über ſie verbreitet wurden, und wovon die Peſtalozziſche Schrift nur eine mit etlichen neuen Schändlichkeiten vermehrte, und gehörig redigirte Sammlung iſt.

[143]) Das wäre ein ſonderbares Recht, die Dokumente, die
man nicht mehr hat für ungültig zu erklären. Das
findet nur mit Schuldſcheinen Statt, wenn ſie in unrechte Hände fallen; daß aber ein Vertrag darum ungültig ſey, weil einer der kontrahirenden Theile ihn verloren hat, iſt gewiß den Rechtskundigen etwas Neues.

[144]) Sein ganzes vorhergehendes Schreiben voll der empörendſten Beleidigungen iſt für dieſe Behauptung, daß
er nichts mehr wünſche, als das Ende der Urſachen und Folgen der Empfindlichkeit, ein
trefflicher Beweis! Freilich, als er jenes ſchrieb, war
er froh und frei!! — Wo lag denn vor ſeinem Briefe
eine Spur von Empfindlichkeit? Daß Herr und Frau
Niederer rechnen wollten, war nach den eingetretenen

„denn um Gotteswillen Ihr ungemäßigter Eifer in
„dieser Sache? Wahrlich es ist unmöglich, über das
„Unmaaß dieses Eifers nicht zu erstaunen.[145]) Wer
„kann insonderheit den Anfang Ihres Briefes lesen,
„ohne zu fühlen, daß er exaltirt ist, wie und wo er es
„nicht sein sollte.[146]) Ich bitte Sie, wenigstens auch
„nur dieses zu bedenken, daß jedermann weiß, so
„große Wörter wie Mord, sittlicher Mord, sittlicher
„Selbstmord und Mordbrenner,[147]) wenn sie gegen

Umständen eben so natürlich als nothwendig; warum
wies aber er zuerst die Aufforderung zur Rechnung von
sich; warum machte er nachher durch eine muthwillig
boshafte Behandlung der Verhältnisse die Sache zu
einer Ehrensache, was sie vorher nicht war, und auch
durch die Verleumdungen vom Schlosse aus noch nicht
geworden wäre; denn diese hätten aufhören müssen,
sobald er ordentlich gerechnet hätte — Warum, fragen
wir, that er jenes, und warum dieses nicht?

[145]) Er wundert sich noch, daß man die gröbsten Anschuldigungen der Unrechtlichkeit nicht ohne alle Widerrede
hinnehme! Dazu gehört eine moralische Schwielenhaut,
wahres Sch....midleder!

[146]) Gesetzt auch, Hrn. Niederers Brief wäre exaltirt,
(wir finden es nicht; im Gegentheil scheint er uns als
Antwort auf eine so empörende Zuschrift, wie die Pestalozzische, äusserst gemäßigt) so würden wir doch eine
Exaltation der Sittlichkeit der Exaltation der Unsitt-
lichkeit, die in Pestalozzi's Briefen aus dieser Zeit
herrscht, weit vorziehen.

[147]) Dieses Ausdrucks hat sich ja Hr. Niederer nicht be-
dient.

„Leute ausgesprochen werden, mit denen man in
„Zwiespalt ist, immer unendlich weniger bedeuten,
„als im Mund einer ruhigen Unpartheilichkeit. [148])

„In Rücksicht auf meine Vergeßlichkeit weiß ich
„wohl, daß ich viel vergesse; aber der Ruf meiner
„Vergeßlichkeit ist doch auch schon oft, gar oft miß-
„braucht worden. [149]) So viel kann ich an Gott bezeu-
„gen, und nehme es auf mein Todbett, daß ich mich
„an keinen Contrakt oder mir jemals zugestellten Ori-
„ginaltraktat zu erinnern weiß. [150])

---

[148]) Es scheint uns, die Zumuthung der Annahme einer
solchen uns so angebotenen Quittung sey allerdings
ein sittlicher Mordversuch, d. h. ein Versuch, einen
Menschen dahin zu bringen, daß er auf seinen sittlichen
Werth verzichte. Und sonderbar wäre es denn in der
That, wenn der, dem solches Unrecht geschieht, es
eben darum, weil es ihm geschieht, nicht mit dem
rechten Namen nennen dürfte.

[149]) Niemand hat diesen Ruf mehr mißbraucht, als er
selbst; er hat alles vergessen, was ihm in seinen schlechten Kram nicht taugt, und das ist ja dem alten, schwachen Mann nicht zuzurechnen! Schade nur, daß er im
Bösen noch so rüstig ist, als stände er in frischer Kraft
der Jugend.

[150]) Da er schon zu mehr als einer Lüge Gottes Zeugniß
angerufen hat, und mehr als eine Verleumdung auf
sein Todbett zu nehmen entschlossen ist, so hat diese
Betheurung in seinem Munde keine Bedeutung mehr;
auch seine Lästerungen sind abgenutzt.

„Auch Dir muß ich sagen: Ich achte es jetzt
„für Pflicht, jede Unterredung mit Ihrer Frau Ge-
„mahlinn auszuweichen, [151]) da, wie Sie sagen, die
„Zerstörung des Bilds der sittlichen Erhabenheit, das
„sie von mir in sich trug, sie so erschüttert, daß sie
„davon krank wird, und aber im gegenwärtigen Ver-
„hältniß selber ihr physisches Leben [um] ihrer Gewis-
„sensruhe willen nicht schonen und selbiges auf Kosten
„ihrer unsterblichen Seele nicht bewahren darf. Wahr-
„lich solche Uebertreibungen führen zu nichts, als am
„End zu einem parturiunt montes, — ich darf,
„wenn auch eingeladen, einer Frauen nicht wohl vor
„Augen kommen, die bloß durch den Gedanken, ihr
„physisches Leben auf Kosten ihrer unsterb-
„lichen Seele nicht bewahren zu dürfen, sich
„der Erschütterung aussetzen darf, den der Anblick
„des armen, alten, ganz verdorbenen Pestalozzi jetzt
„auf sie machen soll. [152]) Wahrlich, Herr Niederer,
„solche Ultra-Ansichten und Gefühle müssen empören,
„wenn sie wie Hörner gegen einen Mann anstoßen,
„der noch seiner selbst bewußt ist. [153])

---

[151]) Warum nahm er dieses Anerbieten nicht an, wenn
es ihm um Frieden und Liebe zu thun war; die Gründe,
hinter die er sich ironisch versteckt, halten nicht Stich
in einer solchen Angelegenheit.

[152]) Einen größern Beweis innerer Abstumpfung gegen
jede sittliche Regung kann der Mensch nicht geben, als
daß er mit der Hochachtung, mit der Bewunderung,
die man ihm zollte, und mit dem Schmerz, den seine
Herabwürdigung verursacht, seinen Spott treibt.

[153]) Desto schlimmer, daß er seiner selbst bewußt ist bei

„Die Nachwelt wird nach meinem Tod entscheiden,
„ob ich wirklich der verächtliche, unwürdige und ganz
„verlorene Mensch bin, [154] den Sie aus mir machen. [155]
„Sie sind jetzt nicht mein Richter; [156] niemand wird
„Sie dafür erkennen, und Sie hätten wahrlich einige
„Beweggründe, an den Weisheitssatz zu denken,
„wer zu viel sagt, der sagt nichts. [157] Herr Nie-

---

allen diesen Schändlichkeiten. Wenn er es aber auch
nicht selbst versicherte, so würde daran niemand zweifeln; seine Worte sind nicht die eines Träumers, noch
die eines Altersschwachen, es sind die Worte eines
Mannes, der alle Kraft seiner Natur aufgerafft hat
zur Bosheit.

[154] Diese Entscheidung hat er noch bei seinen Lebzeiten
herbeigeführt. Die Nachwelt wird den Mann Pestalozzi ehren, und den Menschen Pestalozzi mit
aller seiner Schande in ewige Vergessenheit begraben.

[155] Herr Niederer hat im Gegentheil alles Mögliche gethan, ihn zu bewahren, daß er sich nicht zu dem „ver-
„dächtlichen, unwürdigen und ganz verlorenen " Menschen machte, zu dem er sich nun leider wirklich gemacht hat. Und wahrlich, Hr. Niederer hat durch ein
Jahre langes Stillschweigen, während er solche
Dokumente in Handen hatte, mehr als bewiesen,
daß es sein größter Schmerz war, ihn so sinken zu
sehen, und daß er ihm alle Zeit lassen wollte, zu sich
selbst zu kommen, wenn es möglich wäre.

[156] Nein! Das wollte er auch nicht seyn. Herr Pestalozzi
ist sein eigener fürchterlicher Richter.

[157] Somit hätte Hr. Pestalozzi in seiner Schrift keine
Lüge gesagt, denn er hat deren wahrlich zu viel ge-

„derer! Ich bin krank; [158]) find Sie es nicht etwan
„auch? [159]) Ich denke, wenn wir gesund wären, unsre
„Rechnungsfache, die aber mehr eine Rechnungs-
„empfindlichkeit als eine Rechnungsfache ist, könnte
„bei einer Schale Kaffee beygelegt werden. [160]) Doch
„diese Rechnung ist nur ein Dünklein in der Suppe, [161])

---

sagt. In gewiffer Art ist es auch wahr; für den schär-
fer Blickenden hat er nicht eine einzige gefagt; denn
die Lüge zerstört fich felbst.

[158]) An einer fehr bösartigen Krankheit noch dazu, die
zum chronifchen Uebel geworden ist; an einer Herz-
und Gewiffens-Fistel.

[159]) Das werden die Lefer nach feinem Briefe kaum
glauben.

[160]) Vortrefflich! wenn Frau Niederer diefes Rechnungsverhältniß mit der Unrechtlichkeit und dem Undank behandelt hat, wie er ihr in feinem vorigen Schreiben
Schuld giebt, fo ist dies keine Sache, die ein fittlicher
Mann bei einer Schale Kaffe beilegen kann, ohne fich
herabzuwürdigen; — wenn aber das Verhältniß nicht
wichtiger ist, als daß es fich fo beilegen liefe, wie
kommt er denn dazu es fo fchändlich zu verwirren und
zu entstellen, wie darf er es wagen, Frau Niederer fo
zu mißhandeln und ihr dann zuzumuthen, daß fie fich
bei einer Taffe Kaffe darüber zufrieden gebe, ohne
alle weitere Rechtfertigung gegen feine fchweren Anklagen? — In der That war es, wie unfere Lefer gefehen
haben, ein fehr einfaches, leicht beizulegendes Verhältniß, dem aber Hr. Peftalozzi eine große Wichtigkeit
gegeben hat, durch die Art, wie er es behandelte.

[161]) Ja wohl ist fie nur ein Dünklein, und zwar ein ver-

„die wir uns täglich bitter machen; indem wir über
„ihre Bitterkeit lärmen. ¹⁶²) Wo soll das enden?
„Soll [sie] etwa, wie einst der Fehler * * eine Cause
„célèbre für die Welt werden, und wollen Sie die-
„selbe, ungeachtet sie nicht dazu geeignet ist, doch ab-
„solut dazu machen, ¹⁶³) so geschehe Ihr Wille, der
„freilich in Ihnen oft so stark ist, als bei schwachen
„Menschen eingewurzelte Gelüste; aber wenn das der
„Fall ist, so können Sie darauf zählen, ich werde
„mit Ihnen auf keiner Klopffechterbühne auftreten,¹⁶⁴)
„sondern beim ersten dießfälligen Auftritt mich hinter
„den Vorhang zurückziehn und jemand prociren,
„der das Zanken besser erleiden mag als ich. ¹⁶⁵)
  „Yverdun, den 16ten Juli 1817.

                                    „Pestalozzi.“

giftetes Dünklein, das er selbst in die Suppe geworfen hat, und dessen Folgen ihm jetzt Grimmen
machen; daher sein treffliches Buch.

¹⁶²) Damit er sie nicht noch bitterer machte, sollte wohl
Hr. Niederer das Begleitschreiben der Generalquittung
süß finden.

¹⁶³) Wer hat sie denn dazu gemacht, Hr. Niederer, der
bis jetzt nicht einmal den Schiedsspruch bekannt machte,
oder Schmid durch seine frühere, und Hr. Pestalozzi
durch seine jetzige Verleumdungsschrift? Haben nicht
diese beiden die Celebrität, vor der ganzen Welt am
Pranger zu stehen, dem stillen Ruhme vorgezogen, in
ihren vier Mauern redliche Männer zu seyn?

¹⁶⁴) Das wäre ihm wohl schwer gefallen, denn Hr. Niederer hätte sich kaum zum Klopffechter herabgewürdigt!
Hrn. Pestalozzi's neueste Schrift ist aber allerdings
mehr als bloße Klopffechterei!

¹⁶⁵) Er weicht hier sein Verhältniß zu Schmid auf eine

Dieses Schreiben, das seinem wesentlichen Inhalte nach nichts war, als Regis Rupili pus atque venenum, auch auf gar nichts hinausführte, am wenigsten auf eine bestimmte und klare Auseinandersetzung, ließ Herr Niederer unbeantwortet. Indessen suchte Frau von G***, die beiden Häusern befreundet war, der Sache eine andere Wendung zu geben, und besprach sich deßhalb mit beiden Theilen. Frau Niederer äusserte ihr, und wie wir oben gesehen haben, mit vollem Recht, sie glaube eher, daß Hr. Pestalozzi ihr, als daß sie ihm schuldig sey. So wie diese Aeusserung ihm mitgetheilt wurde, schrieb er an Frau Niederer folgende Zeilen:

„ Da ich höre — daß Frau Niederer glaubt, daß ich „ Ihr Schuldner sei — so bitte ich Frau Niederer — „ die Rechnung vermöge deren ich Ihr schuldig bin,

merkwürdige Art selbst aus, indem er ihn als den bezeichnet, den er voranstellen will. Und er hat es überall gethan, wie sich aus den Protokollen aller Behörden der Stadt und des Kantons, auch unabhängig von diesem Streit, ergiebt. Uebrigens scheint es, als möge Hr. Pestalozzi das Zanken gar wohl erleiden, aber das Schlichten des Zanks nicht; deßwegen ist auch in seinem Buch nur vom Streit und nicht von dessen Entscheidung die Rede. Wir können ihm darüber nichts Besseres sagen, als Herr X*** in Y*** seinem zanksüchtigen Gegner, Herrn N***. Als dieser, nachdem er einen schlechten Prozeß verloren, im Wirthshause vor allen Leuten sein Recht darzuthun bemüht war, und über das Urtheil schimpfte, sagte ihm X***: Ihr seyd halt nicht gewohnt, Herr Nachbar, mit einer ungerechten Sache dahinten zu stehen.

„ mir von Ihr unterschrieben zu senden — damit ich
„ diese Schuld — mit der Einfachheit und Bereit-
„ willigkeit berichtigen könne, wie ich bisher noch
„ meine Schuldigkeit berichtiget.

    „ Yverdun, den 19ten Juli 1817.

                    „ Pestalozzi.“

    Frau Niederer setzte hierauf die Rechnung auf, so
weit sie von ihrer Seite es thun konnte, und schrieb
an ihre Verwandten, um eine Abschrift des Vertrags
zu erhalten, da Hr. Pestalozzi es läugnete, daß sie
ihm ihr Original übergeben hatte, und somit das Fundament ihres Verhältnisses mit ihm verloren war. Ehe
sie aber dieses in Ordnung gebracht hatte, kam Hr. Pestalozzi auf den Gedanken, den Soccus, in dem er bisher
sehr unziemliche Sprünge gemacht hatte, mit dem Kothurn
zu vertauschen und sich wahnsinnig melden zu lassen.
Daß Hr. Niederer ihn dahin gebracht, verstand sich
nebenbei von selbst. Es war offenbar auf Sensation
berechnet, denn anstatt es geheim zu halten, wie gewiß geschehen wäre und hätte geschehen müssen, wenn
es wahr gewesen wäre, wurde es in der ganzen Stadt
verbreitet. Daher fand es auch nicht überall Glauben,
und wir würden deßwegen die Sache ganz übergehen,
wenn nicht dieses Zwischenspiel für den aufmerksamen
Beobachter psychologisches Interesse hätte. Wir lassen
ihn seinen damaligen Zustand selbst schildern (S. 125—
127 s. Schr.):

    „ Diese Verzweiflung “ (jemals auch nur das Ge-
ringste von dem zu erhalten, was ihm unzweideutig

und unwidersprechlich gebührte [166]); s. die oben S. 2 und 3 zitirte Stelle, an die sich diese unmittelbar an=schließt) „war jetzt noch durch den Insurrektionskrieg" (die schwarze Kaffe-Revolution vom 24. Juli; s. unsere Note 83) „in welchem sich das Haus befand, auf den „höchsten Gipfel und so weit gebracht, daß ich bei der „schnöden Rücksendung meiner Quittung [167]) und dem „sie begleitenden Briefe des Hrn. Niederer plötzlich [168])

---

[166] Das Uebel kam also nicht, wie bei den meisten Wahn=sinnigen, von der Leber, sondern aus dem Geldbeutel, der atrabilarische Affektionen hatte.

[167] Herr Niederer hat ihm die Quittung nicht zurückge=sandt, und sie auch, da Frau von G*** Ausgleichungs=versuche machte, nicht gerichtlich hinterlegt; sie liegt vor uns. Das Datum der angeblichen Rücksendung der Quittung stimmt übrigens mit dem der Revolution und des Wahnsinns nicht überein. Doch das sind Kleinigkeiten; wie will aber Hr. Pestalozzi das recht=fertigen, daß er Auszüge aus einem Brief vom 10. März 1818, in dem es sich um Versuche zu einer pädagogischen Wiedervereinigung handelte, und der also von einem ganz andern Standpunkt aus geschrie=ben ist, (S. 112 — 123 s. Sch.) vor die Uebersendung der Generalquittung, also neun Monate früher, und damit als einem nachfolgenden Ereigniß in Zusammen=hang setzt, so daß er das Urtheil des Lesers über den Anfang der Rechnungsstreitigkeiten durch diese Ver=fälschung gänzlich irre führt? Doch es ist nicht der einzige Betrug der Art, den er sich erlaubt, und ganz dem Geiste seiner Schrift gemäß.

[168] Der Ausbruch des Wahnsinns wäre also eine Folge

„ in eine innere Wuth gerieth, die mit einem Aus-
„ bruch von eigentlicher Raserei [169]) begleitet war, und

---

von Hrn. Niederers Brief; doch antwortet er ihm
darauf, er sey sich seiner selbst vollkommen
bewußt.

[169]) Ausbrüche von uneigentlicher Raserei hat er öfter
gehabt, und dadurch zuweilen seine Zöglinge zu wahrhaft pädagogischen Auftritten um sich her versammelt.
Da wir selbst einige solche Anfälle an ihm zu beobachten Gelegenheit hatten, so theilen wir zur Bereiche-
rung der Diagnostik den Pathologen hier die wesentlichen Symptome dieser eben so merkwürdigen als
seltenen Krankheit mit: Thierisches Brüllen, von hef-
tigem Aussprützen des Speichels begleitet, weßhalb
sich der Anfall am Sichersten hinter einem Tisch beobachten läßt; wenn der Kranke auf ist, Hin- und Her-
rennen, Stampfen mit den Füßen, Laufen nach der
Thüre, als ob er sich entfernen wollte, dann aber
schnelles Besinnen und plötzliches Zurückkommen mit
erneuerter Wuth; im Bette hingegen öfteres in die
Höhe Fahren mit dem ganzen Leib; in beiden Fällen
beständiges Umsichschlagen der Arme, mit geballten
Fäusten, die dann zuweilen mit großer Gewalt auf
den Tisch, auf die Bettdecke, auf die Thürschnalle u. s. f.
fallen; dabei heftige Verzerrungen der Gesichtsmuskeln,
besonders an den Kinnladen, bis zum Grinzen; Hin-
aufziehen der Nasenflügel, wildes Rollen der Augen,
und dann wieder stieres Hinblicken auf eine Person,
wobei der Augapfel sich zurück zu ziehen und gleichsam
seinen Ausdruck verstecken zu wollen scheint. — Das
Brüllen wird nach kurzer Zeit von vernehmbaren Sprach-
lauten unterbrochen; die Stimme bleibt immer tobend,

„ wodurch ich Gefahr lief, meinen Verstand vollends (!)
„ zu verlieren und in vollkommene Sinnlosigkeit zu ver-
„ fallen. Schmid rettete mich auch in diesem Unglück
„ mit der nämlichen Ruhe, Kraft und Liebe, die er
„ in allen meinen Angelegenheiten zeigte. Sogleich am
„ Morgen, nachdem am Abend vorher mein zerrütteter
„ Seelenzustand sich in schrecklichen Aeußerungen zeigte,
„ brachte er mich auf den Jura, dessen kühlende Höhen
„ auf meinen gefährdeten Nervenzustand unbegreiflich
„ schnell so weit eine heilsame Wirkung auf mich hat-
„ ten, daß die Gefahr einer gänzlichen Geisteszerrüt-
„ tung und Sinnlosigkeit so viel als plötzlich verschwand,
„ hingegen aber der Zustand der Geistesschwäche oder
„ vielmehr Geistesabwesenheit, verbunden mit einem
„ sehr hohen Grad von Aengstlichkeit und Muthlosigkeit,
„ diesen gewohnten Nachwehen eines sich zu mindern
„ anfangenden Verzweiflungszustandes, anhaltend fort-
„ dauerte . . . . Ich fühlte mich auf dem Berge wie

---

so daß der Kranke von drei zu drei Worten wieder
Athem schöpfen muß. Der Inhalt der Rede sind meist
mit wilder Begeisterung ausgestoßene Schimpfwörter,
mit Drohungen untermischt. — Ganz eigenthümlich
aber ist der Zustand scheinbarer Ruhe, unmittelbar vor
und nach den heftigsten Symptomen; der Kranke reicht
dann liebreich die Hand hin, blickt einem mit fast gutmüthiger Freundlichkeit in's Gesicht, klagt über große
Schwäche, und spricht viel davon, daß es bald mit
ihm aus seyn werde. — Man darf sich aber auf diese
Ruhe nie verlassen, denn die Zufälle kehren unerwartet und schnell nach einander wieder, und nur mit
gänzlicher Erschöpfung endigen sie sich völlig.

„erlöst, und in meiner Erlösung unaussprechlich glück-
„lich. Aber ich wollte nicht mehr in mein Haus zurück;
„ich wollte sogar Wochen lang nichts mehr von ihm
„wissen und nichts mehr von ihm reden hören. Es war
„in meinen gespannten Gefühlen eine Hölle, aus der
„ich glücklich entronnen.“

Um diesen Gemüthszustand, der gewiß weder Wahn-
sinn, noch ein Anfang davon, sondern nur eine fürchterliche Zerrissenheit seines Innern war, beurtheilen
zu können, müssen wir Hrn. Pestalozzi's damalige Lage
in ihrem Zusammenhange mit der Vergangenheit und
der Zukunft in's Auge fassen.

Weit hinter ihm lag ein langes, meist durch seine
Schuld unglückliches Leben, reich an äussern und noch
reicher an innern Stürmen; ein Leben voll Erinnerungen, die sein Herz durchschneiden mußten [170]). Zunächst

_____

[170]) Es ist eine höchst merkwürdige Thatsache, daß in dem
Leben dieses ausserordentlichen Mannes die innern Zerwürfnisse seiner Natur mit ihren traurigen Folgen sich
von 20 zu 20 Jahren wiederholten, und zwar in immer
gesteigertem Maße, vom wunden Schmerz seiner Seele
zur stumpfen Gleichgültigkeit und von ihr zum höhnen-
den Trotze. In sich zerrüttet war er in den Achtziger-
Jahren, und er schrieb darüber an Battier in Basel
(Vorrede zum vierten Bande von Lienhard und Gertrud):
„Du fandest mich, wie eine zertretene Pflanze
„am Weg, — und rettetest mich unter dem Fußtritt
„der Menschen. — Davon rede ich nicht.“ — So war
er wieder zu Anfang dieses Jahrhunderts, vor der Vereinigung mit Krüsi und seinen andern Gehülfen in

aber lag eine Reihe von Jahren, während denen er
die höchste Wonne in vollen Zügen genossen hatte, die

Burgdorf, und in der Schrift : „Wie Gertrud ihre
Kinder lehrt“, spricht er sich darüber so aus : „Ich
„vernachläſſigte mich ſelber, und verlor mich im
„Wirbel des gewaltſamen Dranges nach äuſ-
„ſern Wirkungen, deren innere Fundamente ich
„nicht tief genug in mir ſelbſt bearbeitete. — Hätte ich
„dieſes Letztere gethan, zu welcher innern Höhe hätte
„ich mich für meinen Zweck emporheben können, und
„wie ſchnell wäre ich meinem Ziele entgegen gekom-
„men, das ich nie fand, weil ich ſeiner nicht
„werth war, indem ich es nur äuſſerlich
„ſuchte, und Liebe zur Wahrheit und zum
„Recht in mir ſelbſt zur Leidenſchaft werden
„ließ, die mich, wie ein losgeriſſenes Schilfrohr, auf
„den Wellen des Lebens umhertrieb, und die ausge-
„ſpülten Wurzeln meiner ſelbſt Tag für Tag hinderte,
„in ſicherem Boden wieder anzukeimen, und die Nah-
„rung zu finden, die ſie für mein Ziel ſo weſentlich
„bedurften. — Die Hoffnung war ſo eitel, daß
„ein Anderer dieſen losgeriſſenen Schilf
„den Wellen entreiſſen, und ihn in den Bo-
„den hineinſetzen würde, in den ich ihn ſel-
„ber hineinzuſetzen verſäumte. — Theurer
„Freund! wer nur einen Tropfen von meinem Blute
„hat, der weiß jetzt, wohin ich ſinken mußte. Und du,
„mein Geßner, ehe du weiter lieſeſt, weiheſt du mei-
„nem Gange eine Thräne. — Tiefe Mißſtimmung
„verſchlang mich jetzo; was ewige Wahrheit
„und ewiges Recht iſt, bildete ſich in meiner
„Leidenſchaft in Luftſchlöſſer um; ich hing
„mit ſinnlicher Verhärtung an Worten und

Wonne, als segnender Genius da zu stehen unter seinem
Geschlechte, und durch den göttlichen Beruf, der sich

„Tönen, die in mir selbst den Fuß von inne-
„rer Wahrheit verloren, und sank so mit jedem
„Tage mehr zur Verehrung von Gemeinsprü-
„chen, und zum Trommelschlag der Charla-
„tanrezepte hinab, mit welchen die neuere Zeit
„dem Menschengeschlechte helfen wollte;" — und weiterhin: „das war mein Schicksal, mißkannt zu sein und
„Unrecht zu leiden; ich hätte es benutzen sollen, aber
„ich benutzte es nicht; ich setzte meinem Unglück
„nur innern Hohn und Menschenverachtung
„entgegen; dennoch wich ich nie von meinem Ziele;
„aber es war jetzt in mir sinnlich verhärtet,
„und lebte in einer zerrütteten Einbil-
„dungskraft und in einem mißstimmten Her-
„zen; ich versank immer tiefer dahin, die heilige
„Pflanze des Menschenwohls auf entweih-
„tem Boden nähren zu wollen." — So war er
zweimal in sich selbst dahingesunken, und zweimal erhob
er sich unter dem schwersten Drucke des äußern Lebens,
kraftlos gegen sich selbst in den Tagen des Glücks und
in den Tagen des Unglücks groß und stark gegen sich
selbst und sein Schicksal. Die Liebe zum Heiligen,
zum Göttlichen in der Menschennatur entkeimte in dem
Boden, auf dem das Verhängniß die irrenden Gelüste
seiner Leidenschaft niedergesengt hatte; „es wallte",
„sprach er, „in meinem Busen die Wuth über den
„Menschen, der es noch aussprechen könnte: die
„Veredlung des Volkes ist nur ein Traum. —
„Nein! sie ist kein Traum, ich will ihre Kunst in die
„Hand der Mutter werfen, in die Hand des Kindes
„und in die Hand der Unschuld, und der Bösewicht

in ihm kund gab, nicht nur die Liebe und Verehrung seines Zeitalters zu besitzen, sondern auch reine und edle Menschen, Menschen von hoher Kraft und tiefer Einsicht um sich her versammelt zu sehen. Die innigsten Bande knüpften ihn an diese Menschen; er war ihnen allen Vater geworden, Vater ihres Geistes und Herzens; und es wurde ihm von ihnen eine kindliche Liebe und Verehrung, eine Anerkennung und Hingebung zu Theil, wie selten einem Vater. Zwei von diesen um ihn her versammelten Edeln standen ihm aber besonders nahe, Niederer seinem Geiste, Jgfr. Kasthofer seinem Herzen. Die Wahrheiten, die aus seiner hohen Genialität als blendende Strahlen hervorblitzten, die er selbst nicht fest halten konnte, faßte Niederer auf und entwickelte sie ihm zu einem Umfang von Klarheit und zu einer Tiefe, die ihn selbst in Erstaunen setzten. Seine hohe Aufgabe, die er für sich nicht sowohl gedacht, als gefühlt hatte, kam ihm durch Niederer zu klarer Einsicht, und diese Einsicht regte in seinem tiefen Gefühle die Keime an des Glaubens und der Liebe, nach denen sein Wesen so lange ein dringendes Bedürfniß gefühlt hatte, ohne je von ihnen durchdrungen zu werden,

---

„wird schweigen, und es nicht mehr aussprechen: sie „ist ein Traum. — Gott! wie dank ich Dir „meine Noth! ohne sie spräche ich diese Worte „nicht aus, und brächte ihn nicht zum Schweigen." — So hat er, zweimal gesunken, zweimal sich wieder erhoben: — O, vermöchte er auch diesmal sich wieder zu erheben am Rande seines Grabes, und groß und göttlich da zu stehen vor der Menschheit, die in ihm den Genius ihrer Natur verehrt! —

weil sie ihm nie in ihrer wahren Natur aufgegangen waren. Aber Niederer, der seinem Geiste Alles war, konnte seinem Herzen nichts seyn. Denn Niederers Blick konnte nicht an dem Einzelnen haften, auf dem Pestalozzi in der Seligkeit der Beschauung ruhen wollte; denn Niederers Wesen war Entwickelung und rastlos strebender Fortschritt nach allen Richtungen; sein Auge ruhte nur in der Anschauung des Unendlichen, in dem Pestalozzi's Blick sich verlor. Was ihm Niederer von dieser Seite nicht gab und nicht geben konnte, und was doch seinem Wesen höchstes Bedürfniß war, dessen volle Befriedigung fand er in Jgfr. Kasthofer; sie folgte ihm durch alle Seligkeiten seines vielbewegten Herzens, sie schlug in den bebenden Saiten seiner Seele die erhabensten Akkorde an, und theilte mit ihm das Entzücken ihres unmerkbaren Verklingens. Sie gab seinem Gemüth Sprache, wie Niederer seiner Vernunft.

So lebten beide in ihm, und er in ihnen. Beide fanden sich zuletzt in ihm; sie fanden sich in der höchsten Liebe, in der Liebe, Keines von dem Andern zu fordern, was es ihm nicht seyn und nicht geben konnte, Jedes aber dem Andern das, was es ihm seyn konnte, in vollem Maße zu seyn. In dieser Liebe sollte auch er sich mit ihnen zusammenfinden; aber er fand sich nicht in ihr; denn der Grund seines Wesens war Anspruch, der mit der wahren Liebe nicht besteht. Jgfr. Kasthofer hörte nicht auf, ihm zu seyn, was sie ihm immer gewesen war, aber von Niederer forderte und erwartete er, daß er durch seine Vereinigung mit Jgfr. Kasthofer das werden sollte, was er bisher nicht gewesen war,

was er auch niemals werden konnte. So wurde, je
inniger seine Vereinigung mit ihm in der Vernunft,
desto größer seine gemüthliche Entfernung von ihm. Er
wollte erzwingen, was nicht in der Natur der Menschen
und der Verhältnisse lag; er forderte ungestümm, was
ihm nicht gewährt werden konnte, und der Unmuth
über die Nichterfüllung seiner Forderungen führte ihn
endlich zu der Ungerechtigkeit, auch das von sich zu
stoßen, was ihm mit einer Liebe, deren hohen Sinn
er nicht faßte, geboten wurde. Er verschloß sein Ohr
der Stimme der Vernunft, die aus Niederer zu ihm
sprach, und wollte diesen dadurch nöthigen, in der
Sprache des Gemüths sich an ihn zu wenden. Durch
diese Ungerechtigkeit verlor sein Gemüth die Unschuld
und Reinheit; an die Stelle der Hingebung trat
Gewaltthätigkeit, an die Stelle der Anerkennung
Mißkennung, an die Stelle des Glaubens Starrsinn.
Er litt unendlich in sich selbst, und er mußte leiden;
aber in der gleichen Ungerechtigkeit fortfahrend schob
er die Schuld seines Leidens auf Niederer; er fand
darin einen Grund, seine ungerechten Ansprüche an
diesen zu erneuern und zu steigern, das, was er ihm
seyn konnte und wollte, hingegen immer heftiger von
sich zu stoßen, und indem er dieses that, vermehrte er
nur die Ursache seines Leidens, gegen das er nur in
sich selbst Rettung finden konnte, diese Rettung aber
überall, nur nicht in sich selbst suchte, und mit Ungestümm forderte.

In dem Maße nun, als er auf diese Weise die
Keime des höhern und reinern Lebens zertrat, in das
er sich aus den Verirrungen und Stürmen seiner frühern

Jahre glücklich gerettet, wucherte der Same des alten
Unkrauts, das lange Zeit in der vollen Ernte nur
spärlich hervorgesproßt hatte, auf's Neue mit überhand
nehmender Kraft. Da spielten die Begriffe von Regierung, Ehre und Besitz die Hauptrolle in seinem Denken,
und der Wunsch darnach verdrängte aus seinem Herzen
die edlern Gefühle. Da hörte er auf, als ein Werkzeug Gottes auf das Göttliche in der Menschennatur
zu wirken; ihre Schlechtigkeit machte er zum Gegenstand
seiner Regierungskunst und Schmid zu seinem allmäch-
tigen Minister. Da wurde ihm sein Vatername ein
Titel zur willkührlichen Herrschaft, sein Haus eine
Landvogtei, seine Kinder Unterthanen, das Wesen
seiner Stellung unter ihnen Behauptung seines Willens;
der Grundfehler seines Hauses schien ihm der Mangel
ökonomischer Mittel, die Hauptstütze seines Gedeihens
Ehre und Anerkennung von den Menschen; da fürchtete
er nichts mehr, als daß den seinigen widersprechende
Ansichten aufgestellt würden, die ihm als Rebellion
erschienen; — daß er von Geldmitteln gänzlich möchte
entblößt werden, und daß Verschreiungen sein Haus
um den alten Kredit brächten; da wurde er nach und
nach der Mann, als den er sich immer mehr ausbildete,
als den er sich selbst jetzt der Welt vollendet darstellt.
Mitten in der Entwickelung dieses innern Verderbens
trieb ihn seine böse Ahnung, von einem Menschen
Hülfe zu suchen, der als unerzogener Knabe in sein
Haus ein- und als unerzogener Jüngling von demselben
ausgegangen war; Niederer kannte die Gefahr, aber
der Jüngling versicherte, die Erfahrungen des Lebens
haben ihn zum Manne gereift, und von den Schlacken
der Jugend gereiniget. Er wurde zurückberufen,

und Pestalozzi machte ihn zum Eckstein seines neuen Gebäudes.

In diesem fanden die übermächtigen Gelüste des Greisen die Thatkraft der Jugend zu ihrem Dienste; und sich selbst dem Tode seines edlern Wesens weihend, setzte er diesen Liebling gleich einer giftigen Schlange an seine Brust. Jetzt war er verloren!

Er erbitterte sich gegen alle seine alten Gehülfen, deren Kraft und Einsicht er schätzte, aber nur als ein Werkzeug seiner Willkühr dulden und brauchen wollte; ganz besonders erbitterte er sich gegen Hrn. Niederer, der ihm nicht nur durch den Widerstand, den er ihm zu leisten genöthiget war, lästig, sondern auch durch den Contrast ihrer Individualitäten verhaßt wurde; — er erkaltete gegen Frau Niederer, die ihm in seinen jetzigen Gefühlen und Stimmungen nicht mehr folgen, die nur in wenigen schönern Augenblicken noch einen einzelnen Ton der verlorenen Harmonie in seiner verstimmten Seele anschlagen konnte. Aber in jeder, auch der leisesten Erinnerung der alten Verhältnisse, sah der neue Liebling eine drohende Gefahr für seine nichtswürdige Stellung, und er glaubte sich nicht sicher, bis er auch das letzte Band zerrissen hatte.

Endlich nach mehr als zweijähriger Anstrengung war es gelungen. Krüsi, der erste, der sich in Burgdorf an ihn angeschlossen, und Niederer, der zuletzt noch bei ihm aushielt, hatten sich von Pestalozzi trennen müssen. Mit ihnen verlor er die Hauptstützen seines Werks und seiner Anstalt. — Das Gefühl der Verödung konnte den Greifen zurückführen in die Arme der treuen Freunde seiner schönsten Tage. Es mußte eine Scheidewand zwischen sie gestellt werden, durch die keine Rückkehr möglich wäre. Auch dies gelang; die höchste sittliche Kränkung setzte Herr und Frau Niederer in die traurige Nothwendigkeit, sich selbst gegen Pestalozzi zu vertheidigen; und Pestalozzi hatte den entscheidenden Schritt gethan, ihnen ein wissentliches Unrecht zuzufügen, und den Gedanken an sie dadurch zum Gedanken seiner tiefsten innern Schande zu machen.

Doch nicht ungestraft kann der Mensch dem Heiligen in sich selbst den tödtlichen Streich versetzen. So wie den Mörder die vollbrachte That aus der rohen Betäubung seines Gewissens aufrüttelt, den leichtsinnigen Entschluß von seinem ersten unmerklichen Keime an bis zur Riesengröße seines Vollbringens als ein Gespenst des Schreckens vor seine Seele führt, und ihn mit der Höllenqual der schuldbelasteten Zukunft foltert, so irrt die Seele, wenn sie die große Sünde der Verleugnung des Heiligen an sich begangen, in scheuer Furcht vor sich selbst bald auf die Höhen, von denen sie einst mit seliger Wonne Gottes unendliche Schöpfung überschaute, bald an den Rand der Abgründe, in deren jähen Schlund sie schwindelnd stürzen muß.

In einem solchen Augenblicke der Entscheidung über sich selbst war damals Pestalozzi. Als er das Unwiederrufliche gethan hatte, da mußten alle die seligsten und erhabensten Momente, die ihm durch seine jetzt schnöd mißhandelten Freunde geworden waren, vor seine Seele kommen; da mußte er, tief an sein Leben

greifend, den Stich der Schlange fühlen, deren gierigem
Biß er mit schmerzhaftem Lächeln zugesehen hätte; da
mußten die ganze Herrlichkeit seines verflossenen Lebens,
und die ganze Verwüstung seiner Zukunft in ihrem
fürchterlichen Gegensatze sich ihm darstellen!

Da mußte Hölle seyn in seinem Gefühl und in
allen seinen Umgebungen; da mußte er sich erlöst fühlen an der Brust der Natur, und scheu dem Blick der
Menschen entrinnen; da mußte sinnlose Verzweiflung
und wilde Wuth ihn ergreifen! Es war der Todeskampf
seiner sittlichen Natur, die sich noch einmal mit ganzer
Kraft gegen die Sünde aufraffte. Aber die Schlange
erließ ihre Beute nicht, sie kroch ihr nach durch die
Wege des Lebens, und die Sünde gewann den Sieg.
Als ein sinnlos Sündigender bestieg er den Jura, und als
ein besonnener Sünder kehrte er in sein Haus zurück.—
Jetzt war seine Vergangenheit für ihn nichts mehr als
ein Traum!

Und so wie ihm sein vergangenes Leben ein Traum
war, so sprach er auch von demselben als von einem
Traum. Keine Wahrheit der vergangenen Zeiten erkannte er mehr an; er nahm keine Rücksicht mehr, weder
auf das, was geschehen war, noch auf das, was hätte
geschehen sollen; seine Phantasie malte sich den Traum
aus, eben wie sie jeden Traum ausmalt, weil ihr
nirgends eine Schranke der Wirklichkeit entgegentritt;
er hielt sich für befugt, Thatsachen und Verhältnisse
so darzustellen, wie es die böse Stimmung seines für
die Sünde erwachten Wesens ihm eingab, so wie es
die Fortsetzung des begonnenen Trugs von ihm forderte.

Das Werk, das ihm Zeichen und Ausdruck des Innigsten und Heiligsten seines Lebens gewesen war, wurde ihm ein Spielzeug, das er mit frevelnder Hand zur Befriedigung seiner frechsten Gelüste mißbrauchte.

So nur war es möglich, daß jede Lüge, deren er bedurfte, um seinen bösen Sinn durchzusetzen, auch im Augenblick bereit stand, daß er sie nicht nur ungescheut aussprach, sondern auch mit den heiligsten Betheurungen begleitete; so nur war es möglich, daß er mit den Versicherungen der Liebe, des Vertrauens, der väterlichen Gesinnung einen fürchterlichen Hohn trieb. So wie sein Inneres, so war der Ausdruck seines Innern entweiht, und die Lüge, die das natürliche, üppig hervortretende Erzeugniß seines jetzigen Lebens war, wurde ihm unendlich leichter, als die Wahrheit, vor deren leisestem Laut sein Inneres zurückbeben mußte! ——

Frau Niederer hatte ihre Rechnung gleich am 20. Juli entworfen, und ein Begleitschreiben dazu bis am 29. Juli vorbereitet; doch Hrn. Pestalozzi's Entfernung nach Bulet auf dem Jura machte Hrn. Niederer mit der Absendung derselben noch zögern.

Die von Frau Niederer entworfene Rechnung war folgende:

— 197 —

Jferten, den 20ten Juli 1817.

Herr Pestalozzi beliebe an Frau Niederer.

1813.		Fr.	S	Fr.	S
Nov. 14	Ihr Gehalt als Lehrerin der Töchteranstalt des Hrn. Pestalozzi, vom 1. April 1809, 4 Jahre, 10½ Mon. zu 24 Ld'or. jährlich			1776	—
1811.	Herr Pestalozzi soll haben:				
April —	hat Frau Niederer von Hrn. Pestalozzi baar erhalten . . .	32	—		
Juni —	eben so v. H. Pestalozzi erhalten	32	—		
Spt. —	eben so bei ihrer Reise nach Vivis	96	—		
• —	eben so in Vivis selbst . . .	32	—		
1812.					
Jän. —	von Hrn. Pestalozzi erhalten .	16	—		
Mrz. —	eben so . . .	32	—		
Juli —	eben so . . .	16	—		
Ende Spt. —	eben so zu ihrer Reise nach Montreux. . .	96	—		
Dec. —	eben so . .	16	—		
1813.					
Feb. —	von Hrn. Pestalozzi erhalten .	16	—		
Mrz. —	eben so . . .	16	—		
Aug. —	eben so zu ihrer Reise nach Aarau mit den Kindern H. u. N.	32	—		
Nov. —	eben so . . .	12	—		
				444	
	Kommen Frau Niederer für ihre persönliche Rechnung zu gut .			1332	—

			Fr.	S	Fr.	S
		Vortrag . . .			1332	—
1815.		**Folgendes ist seine seit-**				
		herige Rechnung. [171]				
Jän.	19	hat Hr. Pestalozzi von Frau Nie-				
		derer entlehnt	18	—		
April	1	hat Frau Niederer für seine Rech-				
		nung bezahlt 6¾ Pfund Zucker				
		à 59 fr.	10	—		
		3 Pfund Kaffee à 46 fr. . . .	3	9		
.	18	hat Fr. Niederer in seine Schreib-				
		stube geliefert 100 Schieferta-				
		feln für	13	4		
.	20	für Rechnung des Hrn. Pestalozzi				
		an Hrn. Moser von Freiburg,				
		Klavierreparation bezahlt . .	19	—		
Mai	27	die Tratte vom 16. Mai, ordre				
		Tobler, von Hrn. N*** in Z.				
		auf Hrn. Pestalozzi, die Frau				
		Niederer für ihn und auf sein				
		Ansuchen eingelöst hat . . .	80	—		
.	—	eine andere Tratte von Hrn. N***				
		auf Hrn. Pestalozzi v. 24. Mai,				
		ordre Agassiz, eingelöst für				
		Hrn. Pestalozzi	33	12		
		Uebertrag . . Fr.	177	5	1332	—

[171] Daß zwischen 1813 und 1815 keine Rechnungsartikel vorkommen, rührt daher, daß am 1. Januar 1815, eben wie am 22. Febr. 1814, eine Currentrechnung abge-schlossen worden war, auf die wir unten zurückkommen.

			Fr.	S	Fr.	S
1815.		Vortrag . . .	177	5	1332	—
Aug.	15	18 Exemplare der Predigt: Ruf				
		Gottes u. s. w.	9	—		
	30	6 Schiefertafeln zu 4 Btz. und				
		100 Griffel um 13 Btz.	3	14		
Okt.	24	200 Griffel, 100 an Hrn. Stein-				
		mann und 100 an Hrn. Landry	2	12		
Nov.	8	100 Griffel und 6 Schiefertafeln	2	10		
	20	200 Griffel an Hrn. Steinmann	2	12		
1816.						
April	1	für seine Rechnung 2 Billets auf				
		die Lotterie des Hrn. M*** be-				
		zahlt	1	—		
	—	für Jgfr. N. K*** soll Hr. Pesta-				
		lozzi laut Uebereinkunft jährlich				
		6 Louisd'or als Zusatz auf ihre				
		Pension seit dem 10. Juli 1824				
		bis 1. April 1816, 20⅔ Monate	165	6		
			363	19		
1815.		Haben:				
Juli	18	für Rechnung des Hrn. Pestalozzi				
		v. Hrn. B*** Miethe von einem				
		Klavier 3 Monate lang bezo-				
		gen [172]	12	—		
		Summe des Guthabens der Frau				351	19
		Niederer bei Hrn. Pestalozzi			1683	19

N. S. Wenn die 2 Louisd'or, die Hr. Pestalozzi Herrn

---

[172] Von dem einen brauchbaren Klavier, das Frau Niederer nicht gemiethet hatte. Hätte sie es für sich gemiethet gehabt, so hätte sie auch den Miethzins für
sich bezogen (vgl. Note 18).

Niederer am 30ten Octbr. 1816 gegeben hat, auf dessen vom Schloß erhaltener [173] Rechnung nicht aufgeschrieben sind, so müssen sie von gegenwärtiger Rechnung abgezogen werden. Hr. Pestalozzi ist also gebeten, auf seinem Bürean nachsehn zu lassen.

Die Bettstücke, die Fr. Niederer von Hrn. Pestalozzi hat, stehn in dem beiliegenden Inventar der Frau Küster sel., das von dem eigenhändig von ihr geschriebenen Original wörtlich kopirt ist [174]. Frau Krüsi [175] kennt die Taxe, nach der ich sie behalten will, und deren Betrag von gegenwärtiger Rechnung abzuziehn ist [176].

---

[173] Diese Rechnung fand sich später unter Hrn. Niederers Papieren, und liegt gegenwärtig vor uns. Die erwähnten 2 Louisd'or sind darin angerechnet.

[174] Es ist der Taxe von Hrn. Lavater, die Frau Niederer damals nicht bei der Hand hatte, sondern ganz erst vorfand völlig gleichförmig; nur ist es ohne Preisbestimmung.

[175] Nicht die Gattin des Hrn. Krüsi, sondern Hrn. Pestalozzi's Haushälterin, die in den Briefen oben unter dem Namen Lisbeth vorkam.

[176] Diese Nachschrift hat Schmid beim Abdruck dieser Rechnung in Wahrheit und Irrthum weggelassen; sie konnte ihm nicht taugen, denn sie war ein Beweis mehr, daß Frau Niederer die Betten immer als käuflich übernommenes Eigenthum betrachtete, und daß sie dieselben eben so bei jeder frühern Abrechnung, wenn sie eine solche hätte erlangen können, auf Rechnung gebracht haben würde.

Um diese Rechnung vor jedem Mißverständnisse der frühern Verhältnisse zu bewahren, und Hrn. Pestalozzi auf den Standpunkt zurück zu führen, von dem aus sie beurtheilt werden mußte, und den er in seinen beiden vorhergehenden Briefen, besonders aber in dem Begleitschreiben der Generalquittung gänzlich aus den Augen gesetzt hatte, legte Frau Niederer dieser ihrer Rechnung folgendes Schreiben bei:

„Lieber Herr Pestalozzi!

„Da Sie eine mündliche Unterredung mit mir zum
„endlichen Abschluß unserer Rechnungsangelegenheit
„nicht wollen, so will ich denn schriftlich Ihnen in
„Erinnerung bringen, was seit dem Anfang unseres
„dießfälligen Verhältnisses zwischen Ihnen und mir
„mit Vorwissen meiner Verwandten ausgemacht worden,
„was Sie aber jetzt vergessen zu haben, oder als
„beseitiget anzusehn scheinen, und worüber die Ihrigen,
„ohngeachtet meiner dringenden Bitten, [177] daß Sie

---

[177] Nicht nur setzte Hr. Pestalozzi seine Rechnungssache mit Frau Niederer nicht in's Reine, er gab auch seinen Verwandten darüber keine genügende Auskunft, und ließ so Frau Niederer unter den Folgen augenblicklicher und dauerhafter Mißstimmung derselben leiden; und jetzt mißbraucht er selbst diese Mißstimmung, der zu begegnen seine Pflicht gewesen wäre. Zur Rechtfertigung von Frau Niederer genügt aber das fortdauernd freundschaftliche Verhältniß mit Hrn. Kuster, dem einzigen der Pestalozzischen Verwandten, der den ganzen Hergang der Sache genau kannte, und sehr wohl wußte, welche Acquisition sie an der Töchteranstalt gemacht, und welche Vortheile sie vorher in derselben genossen

„ſelbige über unſer damaliges Verhältniß ins Klare
„ ſetzen, immer in Unwiſſenheit blieben, was ich wenig-
„ ſtens aus ihrer Verfahrungsweiſe gegen mich ſeit der
„ Uebernahme des Inſtituts ſchließen muß. Da es
„ aber mir und den Meinigen nun am Herzen liegt,
„ daß das, was mir in unſerm ökonomiſchen Verhältniß
„ zu jeder Zeit klar war, nun von Ihrer Seite und
„ von den Ihrigen [178]) auch nicht mehr verworren
„ betrachtet und behandelt werde, ſo will ich denn
„ ſuchen, durch die nothwendigen Erläuterungen vom
„ Augenblick an meiner Ankunft in Grandson und
„ nachher in Yverdon Ihr Gedächtniß zu erfriſchen.

*„ Ich kam im Jahre 1808 Ende September aus
„ Frankreich“ (wohin ſie eine Reiſe gemacht hatte) „in
„ Grandson an, mit dem Entſchluß, unabhängig für
„ mich meiner weitern Ausbildung in Yverdon unter

---

hatte. — Auch hatte ihr Hr. Peſtalozzi ſelbſt, da ſie ihm
ihre Unruhe über die Mißſtimmung der Seinigen zu
erkennen gab, zu ihrer Beruhigung auch auf ſeinen
Todesfall ein Zeugniß gegeben, das ſie gegen jeden
Vorwurf gerechtfertiget hätte. Dieſes wichtige Akten-
ſtück iſt ihr um dieſelbe Zeit abhanden gekommen, wo
ſich ein auf gute Empfehlungen hin in ihrer Anſtalt
angeſtellter, aber nachher in ſeiner wahren Natur er-
kannter und aus ihr entfernter Abentheurer von Herrn
Peſtalozzi zum Pamphletſchreiber gegen ſie dingen ließ
(vergl. S. 185 f. Schrift).

[178]) Man denke an das, was Hr. Peſtalozzi ſeines Sohns-
ſohns halber in dem Begleitſchreiben der Generalquittung ſagt, und was er damit weiter zu verſtehen giebt.

„Ihrer Leitung zu leben. Sie wollten mir gleich die
„Töchteranstalt übergeben, und machten mir in Gegen-
„wart und mit Vorwissen meiner Freunde hierüber
„Vorschläge, die ich für die Gegenwart ablehnte,
„weil ich meinem Plan getreu erst zur Erzieherinn und
„Vorsteherinn einer Anstalt reifen wollte. Es blieb
„indessen, da ich Ihre weitern Verhältnisse dießfalls
„weder kannte, noch kennen konnte, unter uns aus-
„gemacht, daß diese Uebergabe Ihr entschiedener
„Wunsch und Wille sei. Die Uebernahme sollte nach
„Ihrer ausdrücklichen Aufforderung und Bestimmung
„von mir und dem Gefühl meiner Reifung dafür allein
„abhangen. [179] Den 9ten November desselben Jahrs
„kam ich nach Ifferten. Nach den Neujahrs- und
„Geburtsfesten fing ich an meinen Unterricht zu ordnen
„und Stunden zu nehmen. †

„Drei Monate nach meinem Hiersein verließ Mlle. H...“

---

[179] Diesen besondern Umstand in dem Verhältniß der
Ygfr. Kaßhofer zur Töchteranstalt haben wir, da er
auf mündlicher Unterredung beruht, und also nicht
unmittelbar aus den Akten hervorgieng, oben nicht berührt. — Wir bitten übrigens unsere Leser, diese von
Frau Niederer aus dem Gedächtniß entworfene Darstellung mit unserer den Akten enthobenen zu vergleichen, und dagegen dann die Pestalozzische in seinen
neuesten Briefen und in seiner Schrift zu halten. —
Warum Schmid obige Stelle unterdrückte, fällt Jedem
in die Augen. Daß er den Brief, wie er selbst sagt,
nur auszugsweise giebt, verwahrt ihn gegen den Vorwurf der Fälschung zwar juridisch — aber auch moralisch — ??

„damalige Lehrerin der Töchteranstalt Yverdon,
„und Sie drangen in mich meine Unabhängigkeit auf-
„zugeben und an ihre Stelle zu treten. Ich that es
„und Sie bestimmten mir den jährlichen Gehalt von
„24 Louisd'or, mit Begehren, es meinen Brüdern
„mitzutheilen, auf welchen Fuß ich bei Ihnen eintrette;
„Sie schrieben auch dießfalls an meinen Bruder in
„Aarau. * Zwei volle Jahre lebte ich nun als Lehrerinn
„Ihrer Töchteranstalt, den Pflichten meiner Stellung
„gemäß, von früh bis spät. Meine Zeit und Kräfte
„gehörten Ihnen; ich konnte nur noch lehrend mehr
„lernen, und dem Unterricht nur beiwohnen, insoweit
„es die Bedürfnisse der Anstalt zuließen. Ich wohnte
„für mich, nährte mich auf meine Kosten, und erhielt
„diese zwei Jahre nichts von Ihnen auf Rechnung. †
„Gegen das Ende des Jahres 1810 fing ich an,
„meine Nahrung in Ihrem Hause zu genießen, und
„nach meiner Krankheit, die bald darauf erfolgt
„war, übernahmen Sie die Bezahlung des Arztes und
„der Apothekerrechnung. Ich habe dieselben nie in
„Händen gehabt, und überlasse es Ihnen, ob selbige
„mir zur Entschädigung meines zweijährigen Nah-
„rungsunterhalts zugerechnet, oder von meinem jähr-
„lichen Gehalt abgezogen werden sollen. Alles, was
„ich sonst von Ihnen bezogen, werden Sie pünktlich
„in beiliegender Rechnung eingetragen finden; nur
„müssen Sie sich erinnern, daß ich aus Ihrer eigenen
„Hand alles erhalten, und mehrtheils zur Ergänzung
„einer Summe von ein, oder mehreren Louisd'or eine
„oder mehrere Wochen erforderlich waren, so daß ich
„nicht den Tag, sondern nur den Monat der Einnahme
„bestimmen konnte.

„Daß ich 4½ Jahre als Lehrerinn Ihrer Anstalt
„Sie an Ihr Versprechen, die Uebergabe derselben
„betreffend, aus Liebe zu Frau Kuster und aus Ach-
„tung zu ihrem Verhältniß zu Ihnen, nie erinnert
„habe, wissen Sie, Hr. Pestalozzi; daß aber die Mei-
„nigen und ich selbst nach Verlauf dieser Zeit gefun-
„den haben, es sei Pflicht für mich, an eine Bestim-
„mung für die Zukunft zu denken, ist um so natürlicher,
„da Sie selbst nicht weiter daran zu denken schienen.
„Ich mußte also eine Stelle suchen und wollte mich
„deßwegen anderswohin wenden. Sie antworteten mir
„über meine ersten Aeußerungen hierüber, daß Sie
„entschlossen seien, mir nächstens die Anstalt zu über-
„geben, um so mehr entschlossen, weil es eine Last
„für Sie sei, die Sie niederdrücke. Sie baten mich
„hier, so wie in jeder Uebereinkunft dieser Art, ein
„gänzliches Stillschweigen gegen die Ihrigen zu beo-
„bachten. Ich ehrte Ihre mir unbekannten Gründe;
„ich schwieg und ward in der Folge sehr mißverstanden.
„Ich bat Sie dringend, offen mit Ihrer Familie über
„unser Verhältniß zu sprechen, ich sagte Ihnen, daß
„ich lieber mit dieser Uebernahme noch Jahre lang
„warten wolle, als Jemand von den Ihrigen zu krän-
„ken. Sie entgegneten mir, daß es eine wünschens-
„werthe Erleichterung für Sie sei, * daß diese Haus-
„haltung Sie ruinire, daß Sie fühlen, welche Last
„Sie mir auferlegen †, daß Sie Ihr ganzes Leben
„hindurch es mir danken werden, daß ich diese Last
„auf mich nehme, daß Sie alles thun werden, um mich
„dabei zu erleichtern, * und daß Sie so entschlossen
„seien, sie abzuwälzen, daß, wenn ich sie nicht auf
„mich nähme, sie selbige an fremde Menschen über-

„gäben. Auf die Aeußerung meiner Besorgnisse wegen
„Hrn. und Frau Kuster entgegneten Sie, daß es
„Ihnen nicht unwillkommen sein könne, indem Hr. Ku-
„ster sich ohnehin um seiner schlechten Gesundheit wil-
„len entschlossen, in den stillen häuslichen Privatstand
„zurückzutreten † 180). Und so übernahm ich, wenn
„nicht sorgenfrei doch wenigstens vorwurfsfrei und im
„Gefühl meiner innigen Liebe und meines Vertrauens
„zu Ihnen ein Haus, dessen ökonomische Lage so be-
„schaffen war, daß es sich ohne die größten Opfer
„nicht halten konnte.

„Daß diese Uebernahme nicht allein in rechtlicher
„Gesinnung, sondern auch nach allen rechtlichen For-
„men geschehen, davon können Sie und Herr Mieg der
„selbst thätig und leitend dabei einwirkte, davon kön-
„nen meine an Sie bezahlten und von Ihnen unter-
„zeichneten Rechnungen, wie auch der unter uns ge-
„schlossene Vertrag zeugen.

„Bei Verfertigung dieses Vertrags haben Sie mich
„gebeten, mich wie eine Fremde darin behandeln zu

---

180) Wie gefällt unsern Lesern eine solche auszugsweise
Mittheilung der Dokumente? Wenn man Auszüge aus
denselben macht, so muß man wenigstens die Sätze nicht
so verstümmeln, daß man mitten heraus oder am Ende
die wichtigsten Stellen ausläßt. Das liesse sich nicht
einmal juridisch rechtfertigen. Wir machen unsere Leser
darauf aufmerksam, weil es auch ein Beitrag ist zur
Beurtheilung des Geistes, in dem dieses Geschäft behandelt wurde.

„ lassen, damit die Ihrigen einsehen lernen, wie vor-
„ theilhaft die Uebergabe des Instituts an mich für
„ Sie sei. Dabei deuteten Sie mir, wohlverstanden,
„ daß dieser Vertrag zwischen uns als null und nichtig
„ anzusehn sei, insofern er mir nur irgend zur Last
„ fallen könnte. Sie wollten mir, so drückten Sie sich
„ aus, persönlich alles ersetzen. Ich könnte mich auf
„ Sie verlassen, ganz an Sie halten, und Ihnen,
„ selbst gegen alles Geschriebene und Besprochene, ver-
„ trauen 181). Wohl mir, daß ich davon nicht nur nie
„ Gebrauch gemacht, mich auch auf keine Weise darauf
„ gestützt, sondern darin blos der Achtung und Unter-
„ würfigkeit gegen Sie nachgegeben habe, welchen Sie
„ immer als den Beweis der Anerkennung, der Liebe
„ und des kindlichen Vertrauens gegen Sie unbedingt
„ forderten. Ich that daher, was Sie wünschten. Un-
„ fähig, auch nur den geringsten Vortheil auf Unko-
„ sten Ihrer oder der Ihrigen zu begehren, nahm ich
„ mir auch vor, alles heilig zu achten, und genau zu
„ erfüllen, was man mir darin gleich einer Fremden
„ auferlegte. Da es niemals zur Unterschrift desselben
„ kam, so bat ich Sie vor ungefähr einem Jahre, mit
„ mir sowohl die Unterschrift, als unsre gegenseitige

---

181) Es scheint ein alter Fehler Hrn. Pestalozzi's zu seyn,
daß er Worte mit Thaten und Wirklichkeit verwechselt.
Alle Versprechungen und Zusagen, die er Frau Niederer damals und später machte, erhalten in seiner
Ansicht der Sache vom Sommer 1817 einen unbegreiflich hohen Realwerth, und er stellt sich an, als hätte
er das Alles gethan, was er versprochen. Es ist wohl
eine Folge seiner damaligen Krankheit!

„Rechnung zu berichtigen. Es fand sich, daß Ihr
„Exemplar verloren; ich gab Ihnen auf Ihr Ansuchen
„das Meinige, und nun ist, wie es scheint, auch
„dieses verloren. — Doch dieß thut nichts zur Sache;
„da ich mehrere Abschriften in den Händen meiner
„Verwandten wußte, konnte ich mit leichter Mühe
„eines derselben, das ich hier beifüge, erhalten.

„Ihre Gegenrechnung bitte ich Sie, nicht nur so
„genau als möglich zu machen, sondern auch Alles
„in Anschlag zu bringen, was gegen meine Ansprüche
„mit Recht geltend gemacht werden kann. Ich ver-
„lange nichts, was mir nicht mit Recht zukommt.

„Um Weitläufigkeiten dabei zu vermeiden, muß
„ich Sie noch erinnern, daß Sie mit mir überein-
„kamen, den Unterricht, den Ihre Lehrer geben
„sollten, als Entschädigung für Kost und Unterhalt,
„den mein Mann nicht mehr bei Ihnen genossen,
„anzusehn; ferner, daß er es sich gefallen ließ, seinen
„Gehalt von 50 Louisd'or auf 25 herabzusetzen [182]. —

---

[182] Und zwar aus Rücksicht auf Hrn. Pestalozzi's ökonomisch bedrängte Lage; später, wenn das Institut in
bessere Umstände käme, — und in diesen war es jetzt
durch die veranstaltete Herausgabe der Pestalozzischen
Werke und die zahlreichen Subscriptionen — sollte Re-
stitution Statt finden, wie aus folgendem Zeugniß
hervorgeht:

„Ich Endsunterschriebener bezeuge hiermit nach
„Wissen und Gewissen, daß Herr Joseph Schmid im
„Jahr 1815 in einer Lehrerversammlung erklärt hat:

„ endlich, daß der Unterricht dieser Lehrer beschränkt,
„ den Bedürfnissen der Anstalt nicht, wie es im Accord
„ lag, genügend war" (vgl. Note 72) „und schon vor
„ längerer Zeit ganz aufhörte. Was seit Ende des
„ Jahrs 1815 geschah, geschah erklärtermaßen größten-
„ theils aus Privatwohlwollen gegen mich und meinen
„ Mann, anderes auf Bezahlung an die Lehrer selbst,
„ welche in meinem Hause Unterricht ertheilten.

* „ Was die drei Klaviere anbetrifft, die ich von
„ Ihnen hatte, so bleibt zu bemerken, daß dasjenige,

„ Herr Pestalozzi wünsche, daß sämmtliche Lehrer einst-
„ weilen auf die Hälfte ihrer Besoldung Verzicht lei-
„ sten, um dem Institut aus der ökonomischen Verle-
„ genheit zu helfen, in der es sich nach der Darstellung
„ des Herrn Schmid damals befunden haben soll; —
„ mit dem ausdrücklichen Zusatz jedoch, Herr Pestalozzi
„ verlange diese einstweilige Verzichtleistung auf die
„ Hälfte der Besoldung nur als Anlehen, das er, so-
„ bald die ökonomischen Umstände des Instituts sich ver-
„ bessert haben werden, nachbezahlen wolle. Herr Pfar-
„ rer Niederer war einer der ersten, der auf diese Er-
„ klärung hin in das Verlangen Herrn Pestalozzi's ein-
„ willigte.
    „ Trogen, den 25ten Oktober 1823
                    „ Hermann Krüsi.
    „ Die Aechtheit obiger Unterschrift bescheiniget hier-
„ mit amtlich die Kanzlei des Kantons Appenzell der
„ äussern Rhoden.
    „ Trogen, den 25ten Oktober 1823.
                    „ Für dieselbe
(L. S.)   „ Grunholzer, Landschreiber."

„ welches Sie von Herrn H*** gekauft, mir die ganze
„ Zeit, so ich es im Hause hatte, gedient, und daß
„ ich Ihnen den Zins desselben schuldig bin. Das zweite
„ derselben baten Sie mich, an sichrem Ort zu halten,
„ bis Sie es mir abfordern werden, welches dem also
„ geschehen. Das dritte davon habe ich auf Ansuchen
„ von Ihnen und von der damaligen Jgfr. U***, jetzt
„ Frau R***, mitten Winterszeit aus einem kalten
„ Zimmer, in dem es mit Steinen und Hölzern bela-
„ den war, in Sicherheit gezogen — keine Taste hatte
„ mehr Ton, und tannerne Latten waren mit großen
„ Nägeln darauf geschlagen. Ich ließ es für Sie und
„ zwar mit Ihrem Gutheißen von dem jungen Moser
„ aus Freiburg in Stand setzen, wofür in meiner
„ Rechnung Meldung geschieht. Gebraucht habe ich es
„ nie. Von Mobilien habe ich keine, die Ihnen gehö-
„ ren, indem ich selbige bei ihrer Uebernahme bezahlt,
„ und was die Betten betrifft, habe ich Ihnen schon
„ längst erklärt, daß ich sie behalten und bei Abrech-
„ nung bezahlen werde. Ich habe das Verzeichniß der-
„ selben von Frau Kuster selig eigener Hand geschrie-
„ ben, in Händen, und Frau Krüsi besitzt, wenn ich
„ nicht irre, ein Exemplar mit Schätzung derselben,
„ nach welcher man mir sie auf Rechnung tragen kann.

„ Ein Ihnen angehöriges Faß von 1224 Maß “ (vergl.
„ Note 78) „ liegt in unserm Keller. Ich habe es, wie
„ die meinigen, jährlich viermal untersuchen und die
„ nöthigen Besorgungen daran treffen lassen. Ich habe
„ 1815 bis im März 1816 um seiner Erhaltung willen
„ neuen Wein hineingelegt. Miethzins davon kann frei-
„ lich keiner von mir gefordert werden, weil ich es

„nicht gemiethet und deßwegen keinen Gebrauch davon
„gemacht habe. Wünschen Sie es zu verkaufen, ohne es
„aus einander machen zu lassen, so biete ich Ihnen
„so viel darauf, als es von Sachverständigen geschätzt
„werden kann [183]).

„Noch muß ich Sie erinnern, daß, als ich das
„Institut übernommen, und der Pensionspreis auf
„32 Louisd'or festgesetzt war, Sie mit Hrn. R***,
„dem Vater der R*** übereingekommen, dieselbe
„für 14 Louisd'or zu behalten, und mir eine jährliche
„Zulage von 6 Louisd'or zu machen, indeß ich mir
„den Abzug von 12 derselben gefallen ließ. Diesen
„Zusatz von 6 Louisd'or jährlich für Jgfr. R***
„habe ich Ihnen auf die heutige Rechnung bringen
„lassen. Auch ein anderes Kind *** darf ich nicht
„vergessen, bei dessen Aufnahme in Ihr Haus die so
„nothwendige Vorsicht der erforderlichen Papiere, als
„Tauf-, Heimath-schein u. s. f. zu fordern, versäumt
„wurde. — Diese Versäumniß zog uns viele Verdrieß-
„lichkeiten zu, und erschwert die Lage der armen
„Waise, die nun, von Niemand anerkannt, von denen,
„die sich ihrer annehmen sollten, verläugnet, keinen

---

[183]) Unsere Leser mögen entscheiden, ob diese Auslassungen
Schmids ausserwesentlich sind in einer Schrift, die den
Beweis liefern sollte, daß Frau Niederer den Vertrag
nicht habe anerkennen, noch die daraus entsprungenen
Verbindlichkeiten erfüllen wollen? — Wir würden ihn
einen Schurken nennen, wenn wir nicht fürchteten,
das Wort noch unehrlicher zu machen, als es bereits
ist! —

„Menschen hat, der sich ihrer annimmt, als wir,
„die wir die Verpflichtung fühlen, an ihr zu thun nach
„unseren Kräften; es sind bereits fünf Jahre, daß sie
„in Ihre Anstalt aufgenommen wurde. †

„Lieber Herr Pestalozzi! Sie waren arm und
„gedrückt von ökonomischen Sorgen in der Zeit, wo
„ich bei Ihnen war; mit treuem Herzen hing ich an
„Ihnen, und jede Entbehrung war mir leicht. Mit
„Erhebung und Dank werde ich durch mein ganzes
„Leben an das denken, was Sie im höhern Sinne
„mir waren; Ihre Liebe und was aus ihr in Ihrem
„Thun hervorging, entschädigte mich für Manches.
„Ich wollte Sie nur lieben und ehren, ich wollte
„nicht rechnen mit Ihnen, selbst da nicht, wo die
„Ihrigen sprachen und thaten gegen mich, als hätt'
„ich eigenen Vortheil suchend gehandelt, wie es tief,
„tief unter mir wäre es zu thun. Aber Sie sind reich
„geworden, während ich an der übernommenen Last
„schwer getragen *durch zwei kriegsunruhige Jahre
„und die letzten Hungerzeiten, ohne die gehoffte und
„versprochene Erleichterung in Ihnen zu finden. Die
„Umstände sind so, daß die vielen väterlichen Ver-
„sprechungen, die Sie mir einst machten, nicht väter-
„lich anerkannt noch erfüllt werden können. † — Die
„Reise nach Italien auf die Sie mich so oft und so
„lange vertrösteten, gleicht heute dem Mann im Monde;
„darum lassen Sie uns ganz einfach rechtlich beschließen,
„was ich selbst beim höchsten Vertrauen zu Ihnen
„nicht blind behandelte, weil frühe Erfahrungen mir
„sagten, daß Zeiten und Menschen sich ändern. Ich
„habe alle nöthigen Papiere, um da Licht zu geben,

„wo Sie Dunkel vermuthen; darum begehren Sie
„nur Erläuterungen, wo Sie solche noch über bei-
„liegende Rechnung bedürfen, und endigen Sie gütigst
„eine Sache, die nur als beendigt wohl thun kann.

„Ihre ergebene

„R. Niederer, geb. Kasthofer."

Dieses Schreiben bedarf keines Commentars. Einfacher konnten die Sachen nicht dargestellt, würdiger
konnte auf die unwürdigsten Ausfälle nicht geantwortet
werden. Dieser ruhige Ton der Unschuld und des
gefaßten Schmerzens spricht für sich selbst eben so stark
und deutlich, als alle Betheurungen und alle Klagen
Pestalozzi's wider sich sprechen; und dem Menschen-
kenner genügt der Contrast dieser beiden Dokumente,
um sich zu überzeugen, auf welcher Seite Recht und
Wahrheit sind. —

Gerne würden wir das Schreiben, das Hr. Niederer bei der Absendung des Briefes und der Rechnung
seiner Gattin am 12. August noch beilegte, ebenfalls
ganz mittheilen; allein zu unserm Bedauern hat er
davon keine Abschrift, und wir müssen uns also mit
demjenigen begnügen, was Joseph Schmid davon
bekannt zu machen für gut gefunden hat. Es sind die
wenigen Worte:

„Ich freue mich des erhöhten Gefühls Ihrer
„Gesundheit und Rüstigkeit, das Sie S*** gestern
„ausdrückten. Darum hoffe Ihnen nun auch ohne
„dießfälligen Nachtheil und Schaden die Rechnung

„ meiner Frau, nebſt der erläuternden Beilage darüber
„ von ihr, überſenden zu dürfen. Ich bitte Sie, dem
„ Inhalt Ihre ſtrengſte Prüfung zu widmen, und mir
„ die Anzeige zu machen, ob Sie die Rechnung als
„ rechtsgültig annehmen, und als ſolche aner-
„ kennen.

„ Im letztern Falle bitte ich Sie noch überdieß, mir
„ anzuzeigen, ob ich auf Sie ziehn kann.“

Darauf erhielt Hr. Niederer von Bulet unterm
15. Auguſt folgende Antwort:

*„ Ohne gegenſeitige Darlegung der Bücher und
„ ohne das Daſein Herrn Miegs kann bei meinem
„ beſtändigen Benehmen in Rückſicht auf dieſe Rech-
„ nung keine genugthuende Auskunft darüber gegeben
„ werden — aber ich ſuche auch keine und zwar gewiß
„ aus gutem Herzen. — Ich glaube in meinem
„ Verhältniß gegen Frau Niederer immer väterlich
„ gehandelt zu haben, und will heute noch gern väter-
„ lich darin handeln, ſo wie ich herzlich gern bis an
„ mein Grab fortfahren werde, in unſern Verhältniſſen
„ väterlich zu handeln, wenn man es mir nur möglich
„ machen und erlauben würde — Ziehen Sie inzwiſchen
„ vorläufig auf mich, wenn Frau Niederer findet, daß
„ ich ihr ſchuldig ſei. Herr Schmid hat den Auftrag,
„ alles insgeſammt zu honoriren — wills Gott werden
„ wir endlich einmal dahin kommen, über dieſe Ange-
„ legenheit gegenſeitig ſchweigen zu können.

„ Peſtalozzi.“†

Auf den erſten Anblick glaubt gewiß Jeder, der dieſen Brief liest, Hr. Peſtalozzi habe aus der Rechnung und dem ſie begleitenden Briefe der Frau Niederer eingeſehen, daß er ihr doch zu nahe getreten ſeyn möchte, und er wolle daher, ohne ſich gerade mit einem Male ganz widerſprechen zu wollen, auf den Weg des Friedens einlenken. Hr. Niederer glaubte das auch, und ſchrieb ſo Tags darauf an Hrn. Peſtalozzi:

* „Ich erkläre als Antwort auf Herrn Peſtalozzi's
„Zeilen unterm geſtrigen Datum, den 15ten Auguſt
„1817, daß ich unter dem Vorbehalt der Rechnungs-
„richtigkeit ferner dieſe Rechnungsangelegenheit förm-
„lich als bürgerliche Rechts- und Pflichtſache anſehn
„und behandeln, und die 80 Louisd'or, [184] bis Ende
„dieſes Monats zahlbar, nach dem von Herrn Peſta-

---

[184] Frau Niederer hatte von ihrem Guthaben in Abzug zu bringen:

	Fr.	St.
die Betten mit	235	—
die Miethe eines Klaviers	48	15
Fr.	283	15

Daß Hr. Peſtalozzi die Lehrerrechnung gegen Koſt und Lagis des Hrn. Niederer und deſſen Gehaltsherabſetzung, die eine Reklamation von 750 Fr. begründete, aufhob, ſchien nach ſeinem Schreiben ſich von ſelbſt zu verſtehen. An die vier Tiſchtücher dachte Frau Niederer nicht. — Wenn alſo Hr. Niederer 80 Louisd'or oder 1280 Fr. beziehen wollte, ſo blieb er noch im Vorſchuß. Genauer ließ es ſich von ſeiner Seite nicht beſtimmen, da Frau Niederer den Betrag der Koſttage nicht genau wußte.

„lozzi gemachten Anerbieten von ihm beziehen werde.
„Zur gegenseitigen Darlegung der Bücher, insofern
„sie diese Angelegenheit betreffen, und zur Anerken-
„nung von Hrn. Miegs Dazwischenkunft verpflichte ich
„mich Namens meiner Frau. Ihre väterliche Hand-
„lungsweise betrachten wir von dieser Rechtssache so
„unabhängig, als unsere kindliche gegen Sie. Wir
„werden uns unaussprechlich freuen, den Einfluß der
„erstern fortdauernd zu erfahren, und bitten Sie um
„dieselbe, so wie uns nichts erfreulicher sein wird,
„als Ihnen unsre kindliche Anhänglichkeit und Treue
„bis an Ihr Grab beweisen zu können.

„Joh. Niederer.“

„N. S. Herrn Schmids Billet schicke hiermit zurück,
„da ich so wenig in Geld-, als pädagogischen Sachen
„etwas von ihm will. Ich durfte hoffen und erwarten
„von Ihrer väterlichen Gesinnung, Sie wür-
„den auch das ohne diesen dritten mit mir abmachen.“†

„Ich bin doch auch froh,“ so denkt jetzt der ge-
neigte Leser, und ist ihm leichter um's Herz, „daß die
„Leute soweit wieder auf gutem Wege mit einander
„sind. Es scheint der alte Mann habe es wirklich so
„bös nicht gemeint, er habe sich eben etwas vergessen
„im Eifer.“ Weiß er oder erfährt er dann, daß der
Handel noch sieben Jahre gedauert, je nun, so denkt
er, Hr. Mieg habe weit von Iferten weg, in einem
fernen Lande gewohnt, und die sieben Jahre auf der
Reise zugebracht. Item es hilft, denn es ist auch eine
Meinung, aber nicht die rechte.

Der liebe Leser nehme nur erst ein Paar Prisen, oder stecke sich eine Pfeife an, zur Beförderung des Nachdenkens, und dann geben wir ihm zu rathen, was doch auch den Handel noch so schlimm machen konnte, daß er so lange noch gedauert, und daß der liebe Leser jetzt noch hat Geld dafür ausgeben müssen. — Wer es dann erräth, ohne daß er's vorher gewußt hat, der hat so viel Verstand, daß er gar nicht weiter zu lesen braucht; wer's aber nicht erräth, und das wird vielen gescheidten Leuten begegnen, der lese immerhin weiter. Nun schmollt der liebe Leser, und meint wir treiben eitel Scherz und Muthwillen; wir sind aber ganz ernsthaft, und er wird's auf einmal auch werden, wenn er liest :

* „Lieber, lieber Niederer.

„Lieber Ehmann meiner ehmals innig geliebten Jgfr. Kasthofer. †

„Ich fürchte auch heute umsonst an Dein Herz zu „reden, Du wirst mich heute so wenig hören, als Du „jemahl das Zittern und Beben meiner Verzweiflung „geachtet — In Deiner Täuschung unglücklich ver- „härteter Mann! was willt Du? jede Handlung der „Liebe, die mir möglich ist, steht Dir zu Diensten, „ob ich gleich nicht sagen kann, daß Du seit andert- „halb Jahren eine Handlung der Liebe von mir „verdient — die 80 NLdor. stehen als * in vä- „terlichem Vertrauen gegeben † [185]) alle Au-

---

[185]) ein väterliches Vertrauen, liest Schmid; wie können 80 ~~Louisdor~~ ~~ein väterliches Vertrauen~~ seyn? Rechen-

„genblick zu Deinen Diensten, und kannst Du, was
„unmöglich ist, beweisen, daß ich sie Deiner Frauen
„schuldig — so erkenne ich sie auch als meine Schuld
„an — und schäme mich [186]) — und erkläre selbst,
„ich gehöre ins Narrenhaus — denn ein Schelm bin
„ich nicht — ich habe noch niemand betrogen, und
„will am allerwenigsten Dich oder Deine Frau betrie-
„gen [187]) — Gott ist mein Zeuge, ich habe väterlich
„an ihr gehandelt † — ich habe ihr mehr gegeben,
„als ich ihr schuldig bin; [188]) ich habe nicht mit ihr

exempel: wie viel Louisd'or gehen auf eine väterliche
Liebe?

[186]) Zu schämen hat er sich allerdings! Hätte er nur in
einem Punkt, wegen der Lehrerrechnung oder wegen
des herabgesetzten Gehalts sein väterliches Wort gehalten, so wäre er die 80 Louisd'or schuldig gewesen. —
Wenn Hr. Niederer in irgend einer Täuschung verhärtet war, so war es die, noch einen Augenblick an
Hrn. Pestalozzi's Redlichkeit zu glauben.

[187]) Um Gelds willen nicht — aber aus Leidenschaft um
Glauben und Liebe. Oder warum hat er Hrn. Niederer
die 80 Louisd'or vorläufig angeboten, und schreibt ihm
jetzt, da dieser es gutmeinend und unverfänglich angenommen, einen solchen Mord- und Brandbrief?

[188]) Den Geist, in dem Hr. Pestalozzi in dieser Sache handelte, können wir nicht besser karakterisiren, als abermals mit einer Fabel seines Abc-Buchs, S. 142,
Nro. 157:

„Noch einmal der Geist der menschlichen Entschuldigungen.

„Dein Gewicht und deine Wage sind falsch, du

„ gerechnet — aber abgerechnet ist mit ihr worden
„ — und das, was ihr bei der Abrechnung als Rest
„ ihrer Forderung zu gut kam, ist ihr gut geschrie-

„ mußt sie uns ändern. — Also sprachen erbitterte Käufer
„ zu einem Krämer, der ihnen sonst lieb war.

„ Dieser antwortete ihnen: ich weiß wohl, daß
„ meine Wage eben nicht die richtigste ist, und daß mein
„ Gewicht sich etwas abgeschliffen hat; aber ich bin ein-
„ mal derselben gewohnt, mein Vater und mein Groß-
„ vater brauchten sie auch, und dann kennen wir ja
„ einander. Ihr wißt, ich bin ein guter Mensch,
„ und es kömmt mir nicht darauf an, einem
„ guten Freunde noch eine Handvoll hinzu-
„ zuthun, wenn er meint, es sei ihm Unrecht
„ geschehn.

„ Die Käufer antworteten ihm: es ist wahr, du
„ thust das hier und dort einem guten Freund, der sich
„ ordentlich beklagt. Aber dieses sich ordentlich beklagen
„ steht in dergleichen Sachen nicht jedermann an, und
„ dann wiegst du ja selten selbst aus, und der Knecht,
„ der es gewöhnlich für dich thut, gibt nicht nur nie-
„ mand nichts nach, er fährt im Gegentheile einen
„ jeden, der sich beklagt, an, wie wenn er das größte
„ Unrecht hätte. Indessen steht dieser Mensch bei dir
„ auf einem Fuße, daß du, wenn du auch wolltest, ihn
„ nicht in der Ordnung halten kannst. Es ist also in
„ Gottes Namen das Beste, du lässest deine Wage und
„ dein Gewicht ändern, wie recht ist.

„ Das kann jetzt nicht sein! Das kann jetzt
„ nicht sein! antwortete der Mann: ich gehe nicht
„ aus meiner Ordnung heraus, ich bin dabei
„ noch immer wohl gefahren und Niemand so gar
„ übel."

„ben und verrechnet worden;†[189]) das beweisen
„meine Bücher mit einer Klarheit—die unmöglich größer
„sein könnte [190]) und die in den Tagen unserer höch-

---

[189]) und nicht gerechnet, aber als Vater gegeben, mehr
als ich schuldig war. Ich habe nicht mit ihr gerechnet,
aber gerechnet ist mit ihr worden, und das, was ihr
noch als Rest ihrer Forderung zu gut kam, das ist ihr
gut geschrieben und verrechnet worden —liest Schmid! —
Was das Gutschreiben und Verrechnen dessen, was ihr
als Rest ihrer Forderung zu gut kam, betrifft, so mögen
unsere Leser dies in der ihr später endlich zugeschickten
Rechnung selbst nachsehen (s. S. 229 u. fg.).

[190]) Wie kommt es denn, daß er oben sagt: Die Rechnung sey nicht in ihrer Wahrheit auf die
Bücher getragen, — sie könne bei dem Mangel
fast aller nöthigen Belege auf keine andere
Weise (als durch die Generalquittung) in Ordnung
gebracht werden, — auch der Friedensrichter
könne nicht Tag machen, wo es Nacht sey. Da
haben wir einmal eine Nacht, in der eine Klarheit
ist, die unmöglich größer seyn könnte. Ja wahrhaftig
es ist so!

Wenn Hr. Pestalozzi eine Rechnung auf seinen
Büchern hatte, die mit so großer Klarheit bewies, daß
mit Frau Niederer gehörig abgerechnet worden sey, so
war es eine boshafte Verfänglichkeit, sich zu stellen,
als könne er keine Rechnung machen, und Frau Niederer um die ihrige zu bitten. — Und wenn das, was er
oben von seinen Büchern und Rechnungen sagte, sich
so verhielt — wie es sich denn auch wirklich verhält — so
ist es gewissenlos, daß er jetzt das auf seinen Büchern
Eingetragene gegen die nach der Wahrheit der Verhält-

„sten Liebe — und innigsten vertrauensvollsten Ver-
„einigung — lange ehe Schmid wieder in's Haus ein-
„getreten, geschrieben worden sind, und bei jeder
„kaufmännischen oder gerichtlichen Untersuchung nach
„allen Gesezen als * rechtsgültig erkannt werden müs-
„sen † [191]) — Bey dieser Lage der Sachen kann ich
„diese 80 NLdor., wenn sie von Dir als eine
„bürgerliche Rechts- und Pflichtsache von mir
„gefordert werden, wie dieses in Deinem gestern von
„mir empfangenen Brief * vom 16ten dieß † [192]) ge-

---

nisse, wie er selbst wohl wissen mußte, von Frau Niederer eingegebene Rechnung geltend machen will.

[191]) *vollgültig erkannt werden* — liest Schmid. Seine
Bücher sind aber in dieser Sache vor Schiedsgericht
nicht als rechtsgültig erkannt worden, und
zwar mit gutem Grund (f. Art. 5 des Schiedspruchs).
Freilich wollte Hr. Pestalozzi auch nachher noch auf
seinem Kopfe beharren, und für den Saldo von 15 Louis-
d'or, den er doch angenommen hatte, einen ganzen
Monat lang keine rechtsgültige Quittung ausstellen,
unter dem Vorwande, er gebe nichts Schriftliches
von sich, was der Ehre und Reputation seiner Bücher nachtheilig sey. Erst durch Andro-
hung gerichtlicher Einmischung konnte endlich die
Quittung von ihm erhalten werden. So weit treibt er
die Chikane!

[192]) Dies Datum hat Schmid ausgelassen, denn bei ihm
erscheint dieser Brief als unmittelbare Antwort auf die
Rechnungseingabe der Frau Niederer und die Anfrage
Hrn. Niederers, ob Hr. Pestalozzi die Rechnung
anerkenne, und ob er also auf ihn ziehen könne. Nimmt

„schlecht,[193]) Dir nicht auszahlen lassen. — Der Ab-
„schlag thut mir weh, aber ich kann mich rechtlich
„nicht als Schuldner erkennen, dagegen sprechen nicht
„nur meine Bücher, sondern auch mein Gewissen.[194])
„— Lieber, lieber Niederer; Du weißt nicht, was
„Du thust, Du weißt die Thränen nicht, die Deine
„Handlungsweise hervorbringen muß, ahndest die
„Augen nicht, die diese Thränen weinen werden —
„Lieber, lieber Niederer, ist es Dir denn nicht mehr
„möglich, meine Liebe anzunehmen [195]) — willt Nu-

---

man nun hiezu noch die Auslassungen im Briefe der
Frau Niederer, und die Verstümmelung von Hrn. Nie-
derers Schreiben, so ist es natürlich, daß Schmid nach
der Darstellung in seinem Buche einen Schein des
Rechts für sich bekam, wenn auch noch über Vieles
Zweifel bleiben mußten. —

[193]) Es ist aber nicht wahr, daß dies von Hrn. Niederer
in seinem Briefe geschehen ist. Er sagt, unter dem
Vorbehalt der Rechnungsrichtigkeit werde er
diese Rechnungsangelegenheit ferner als bürgerliche Rechts - und Pflichtsache ansehen und behandeln, und nach Hrn. Pestalozzi's Anerbieten
werde er auf ihn ziehen. — Ist es erlaubt, die deut-
lichsten Worte so zu verdrehen?

[194]) Man weiß nicht, ob seine Bücher oder sein Gewissen
eine schlechtere Sprache führen!

[195]) Worin besteht denn die Liebe, die Hr. Niederer annehmen soll? Er wird doch alle die Beschuldigungen,
womit er ihn und seine Gattin überhäuft, nicht für
Beweise seiner Liebe geltend machen wollen; und doch

„glück über Unglück, Jammer über Jammer verbrei-
„ten! ich möchte das verhüten, und zwar nicht um
„meinetwillen; denn ich gefahre in diesem Handel
„weniger als ein Kind, das in der Wiege liegt [196]
„ — Nein, Niederer, nicht um meinetwillen, sondern
„um Deiner und um Deiner Gemahlinn willen bitte
„ich Dich um Gottes und aller Erbärmde [197] willen,
„überlege was Du thust — Du kennst Deine Lage
„in diesem Geschäft nicht [198] — glaubst Du aber,

---

scheint es, denn das ist das Einzige, was er Hrn. Niederer anbietet, daß er die 80 Louisd'or als ein Geschenk
nehme, und damit schweige.

[196] Er hat Recht; er hat nichts mehr zu gefahren; denn
die größte Gefahr, die er dabei lief, war bereits über-
standen. Auf den kühlenden Höhen des Jura hatte er
sich abgehärtet gegen alle die schrecklichen Folgen, die
seine Handlungsweise haben mußte, und die immer
schwerer über ihn hereinbrachen, doch ohne daß er dadurch zur Besinnung gekommen wäre.

[197] Der gutmüthige, heilige Mann! Wie besorgt er ist,
daß sich Andere nicht in's Unglück stürzen! Wenn wir
nicht irren, ist es doch eben derselbe, der seit neun Jahren
Alles gethan hat, um sie zu Grunde zu richten; derselbe, der auf der Ostermesse in Leipzig sich selbst in
die Luft sprengte, in der Hoffnung, Herr und Frau Niederer müssen die Reise mitmachen. Er hat sich aber verrechnet!

[198] Ueberrechnen es jetzt unsere Leser ein wenig. Er ist
mit Hrn. Niederer zerfallen, weil dieser sich dem Verderben in ihm und seiner Anstalt entgegengestellt hätte;
er greift dafür Frau Niederer an, gegen die er bis

„Du kennest [sie], ich sei ein Narr [199]) — und Du
„könnest und dürfest * Deine Forderung an mich doch
„also thun, wie Du sie jetzt thust und hinstellst, † [200])
„— und willt Du es wagen, Deiner Forderung hal-
„ber * in juristischer Rechtsform † [201]) fortzutrotzen
„— und aller meiner angebotenen Liebe unmensch-
„lich (!) zu widerstehn, so wasche ich meine Hände,
„und spreche Dein Wort, das Du neulich zu mir
„sagtest, Dir nach „Jeder bekommt für seine Fehler
„nicht mehr zum Lohn, als er damit verdient“ [202]) —

---

dahin keine Klage gehabt hatte; er lockt dann Hrn. Niederer dahin, daß er die Sache als abgethan betrachte;
jetzt warnt er Hrn. Niederer, daß er seine Gattin nicht
in's Unglück bringe — er will ihn an ihr irre machen.
Ist es zu verwundern, daß Hölle in seinem Gefühl
war!

[199]) Für wahnsinnig hätte man ihn seiner groben Widersprüche und seiner maßlosen Leidenschaft wegen damals
wohl halten können; seine Schrift giebt aber so durchaus den Schlüssel zu allem Vergangenen, daß man
wohl sieht, er war nicht wahnsinnig.

[200]) Deiner Forderung halber doch also thun, wie Du jetzt
thust und sie hinstellst — (Schmid).

[201]) im Rechtston — (Schmid).

[202]) Henoch und andere fromme Männer sind vor der Zeit
in den Himmel abgerufen worden, um dort ihren Lohn
zu empfangen — andere scheinen auf der Erde sich selbst
überleben zu müssen, um da den Lohn zu ernten,
den sie sich bereitet haben. Ein bejammernswürdiges
Schicksal!

„ * Doch Nein, ich bitte Dich noch einmal um Gottes
„ Erbärmde willen, Dich nicht zu übereilen; sondern
„ da Deine Frau krank ist, diesen Brief Deinen bei-
„ den Schwägern Kasthofer zu zeigen 203) — um Dich
„ mit ihnen zu berathen was etwan bei den offenen
„ Aeusserungen, die ich jetzt über dieses Geschäft ge-
„ than — Deiner Ehre und Deinem Interesse gemäß
„ zu thun sei 204) — Willt. Du auch das nicht, so
„ lege die Sache in die Hand eines Drittmanns —
„ und da Du mit Schmid auch in diesem Geschäft in
„ ganz keine Berührung kommen willt, so will ich,
„ weil es nach Deiner gegebenen Ansicht reine

---

203) Glaubte er vielleicht diese an ihrer Schwester irre
machen zu können, wenn es ihm bei Hrn. Niederer
nicht gelungen? Wozu sollten sonst sie diesen schändlichen Drohbrief sehen? — Hr. Niederer kannte aber seine
Gattin, die Herren Kasthofer ihre Schwester besser, und
keinem von diesen Männern fehlte der Muth, Recht
und Wahrheit auch gegen des berühmtesten Mannes
Unrecht und Lüge zu vertheidigen.

204) Diese Stelle ganz vorzüglich charakterisirt den Wahn,
daß seinem Namen Niemand zu widersprechen wage.
Pestalozzi hat nur einmal diese Aeusserungen gethan,
und es ist jetzt an den Andern, sich zu berathen, wie
sie für ihre Ehre und ihr Interesse am Besten sich her-
ausziehen können, so wie man etwa, wenn man von einer
Lawine zugedeckt ist, sich beräth, wie man sich hervorarbei-
ten wolle. Daß man diesen Aeusserungen widersprechen,
ihnen Thatsachen und Beweise entgegenstellen könnte,
das fällt ihm, dem weltberühmten Pestalozzi, natürlich
nicht ein. Wer wollte auch das wagen?

„Rechnungsfach seyn und bleiben muß, Herrn
„C**r bitten, Deinem erbetenen Drittmann die nöthi-
„gen Erläuterungen über meine Ansicht von diesem
„Geschäft vorzulegen — ich bin überzeugt — es wird
„keine Viertelstund brauchen, den Ton, den ich in
„diesem Brief nehme zu rechtfertigen [205]) — aber wie selig
„wäre ich, wenn dieser Streit Dein Herz dem mei-
„nigen — durch die Wahrheit und das Recht meiner
„mißkannten Handlungsweise wieder näher bringen
„würde [206]) — darf ich's hoffen — oder darf ich's
„nicht hoffen — aber noch einmal bitte ich Dich über-
„lege, ob Du die Hand meiner Liebe wollest, oder
„ob ich die meinige ob Deiner Verhärtung im Un-
„recht — das vor Gott und Menschen heiter (!!) ist
„— rein waschen müsse. [207]) †

Bulet, den 18ten August 1817.

„Peſtalozzi.“

[205]) Diesen Ton zu rechtfertigen haben neun Jahre nicht
hingereicht; aber neun Jahre waren erforderlich, um
dieses monstrum immane der Verleumdung zu der Reife
zu bringen, in der es jetzt unter dem Titel „Lebensschicksale“ an's Licht der Sonne geboren ist.

[206]) Wie kann er auch nur im Ernst daran denken, daß
seine gegenwärtige Handlungsweise Hrn. Niederer seinem Herzen näher bringen könne? Man muß doch allen Sinn für Wahrheit und Liebe verloren haben, um
so etwas aussprechen zu können

[207]) Das ist eben das Unglück, daß er sie rein waschen
muß.

Fort mit Dir, verwünschter Fleck! Fort, sag' ich!

Herr Niederer antwortete darauf den 19. August 1817:

* „ Herr Pestalozzi!

„ Sie geben unserm Rechnungsverhältniß, oder
„ vielmehr dem Ihrigen mit meiner Frau eine Wichtig-
„ keit, die es nicht hat. Eben deßwegen, weil ich
„ Ihnen ja immer erkläre, ich sehe es bloß als etwas
„ bürgerlich-rechtliches an, mußte Ihnen durchaus klar
„ werden, daß ich keinen Anspruch auf eine väterliche
„ Großmuth mache, die ich nach Ihrem Ausdruck seit
„ anderthalb Jahren nicht mehr verdiene. Ich trug
„ auf Beziehung von 80 Louisd'or von Ihnen nur
„ unter der Voraussetzung an, daß sie meiner Frau
„ von Rechts wegen gehörten. Das war desto unver-
„ fänglicher, weil wir schon lange, und auch das letzte
„ Mal Ihre Gegenrechnung forderten, ohne zu der-
„ selben gelangen zu können. Theilen Sie mir nun
„ einmal diese Gegenrechnung mit, und seien Sie
„ überzeugt, daß ich auch wisse, was recht ist, und
„ durchaus keinen Anspruch machen werde, dessen For-
„ derung schon abgethan worden. Sollte sogar die
„ Versicherung wahr sein, daß Sie meiner Frau mehr
„ bezahlt haben, als ihr gebührt, so lasse ich mir auch
„ das gefallen, und werde trachten, es Ihnen mit
„ Gottes Hülfe durch unsern Verdienst wieder zurück-
„ zuerstatten. Für Ihre liebevolle Theilnahme an der
„ ökonomischen Verlegenheit, welche Sie bei mir vor-
„ aussetzen, bin ich herzlich dankbar, und erkenne
„ darin Ihr früheres Herz. Wenn aber Ihre Vor-
„ aussetzungen richtig sind, so muß ich wirklich selbst
„ tragen, was ich verschuldet, und kann hierin keine
„ Großmuth, ich wiederhole es, von Ihnen annehmen.

„ Sie wissen warum, und werden mein Betragen vom
„ ersten Augenblick meines kindlichen Anschließens an
„ Ihr väterliches Herz bis auf diesen gegenwärtigen
„ Augenblick übereinstimmend finden. Nie habe ich,
„ Gottlob, den Glauben an die Menschheit, d. h. an
„ die Macht sittlicher Grundsätze und rechtlicher Ge-
„ sinnungen verloren, und werde ihn nicht verlieren,
„ sollten auch die Folgen meines Verhältnisses zu Ih-
„ nen noch drückender werden, als sie bis jetzt gewesen
„ sind.

„ Noch einmal, lieber Herr Pestalozzi, ich verlange
„ nichts, als Ihre Gegenrechnung, beweiskräftig auf-
„ gestellt. Werde ich durch dieselbe Ihr Schuldner, so
„ muß ich zahlen, und verlange so wenig Einen als
„ 80 Louisd'or. Aber es thäte mir leid, auf's Neue
„ einen Beweis für meine Ansicht der gegenwärtigen
„ Führung Ihrer Angelegenheiten zu finden, wenn
„ Ihre Gegenrechnung mir bloß deßwegen bis jetzt ver-
„ sagt worden wäre, um mich zu locken, und zwar leid
„ für Sie, nicht für mich. Also nun die Gegenrech-
„ nung und nichts anderes. Für das Ergebniß, wenn
„ es zu einem schiedsrichterlichen Ausspruch kommen
„ sollte, nehme ich Herrn C*** von Herzen an. Nur
„ bitte ich Sie auch dießmal, eine Sache nicht länger
„ aufzuschieben, die, da sie es einmal muß, nicht früh
„ genug abgemacht werden kann.

„ Joh. Niederer." †

Auf diesen Brief, der in Wahrheit und Irrthum
abermals ganz ausgelassen ist, erwartete Herr Niederer
eine vollständige Rechnung über die Anforderung Herrn

Pestalozzi's an Frau Niederer, eben in der Art, wie
sie ihm die ihrige bereits eingegeben hatte. Anstatt
dessen erhielt er folgende drei Blätter, mit einem Begleitschreiben, das wir weiterhin ebenfalls mittheilen
werden.

Erstes Blatt:

Jferten, den 1. April 1814.

Mademoiselle Kasthofer **Soll**

an das Pestalozzische Institut, laut Auszug aus den
Büchern des Instituts.

1810				CB.	Jl.	HB.	Fr.	S	R
Juni	9	Verschiedene Auslagen seit ih=					58	3	6
		rer Ankunft bis zu diesem Tag —	2.	66	351				
Okt.	1	Auslagen vom 3ten Trimester					2	2	—
1811		1810 . . . . —	2.	157	351				
Mai	6	Ihr bezahlt	127	2.	294	351	32	—	—
1814									
Apr.	1	Verschied. Auslagen bis Mitte					341	12	—
		letzten November, laut dem							
		Buch der Töchteranstalt . . —	3,	95	351				
		Saldo ihrer Rechnung, ausge=					433	17	6
		glichen durch ihre Dienste . Fr.	433	17	6				
		Bilanz Fr.	433	17	6		433	17	6

Zu Begründung der beiden letzten Artikel obiger
Rechnung dienen folgende im Journal des Instituts
Nro. 3. Fol. 95. unter der Leitung der Herren Niede-
rer und Kuster eingetragenen Artikel:

1814				Fr.	S	R
Apr.	1	Soll Jgfr. Kasthofer: Für allerlei Auslagen, die das Institut für sie gemacht hat, und deren Détail sich im Buch des Töchterinstituts Fol. 23 findet, bis zur Mitte letzten Novembers, was zur Saldirung ihrer Rechnung auf diesem Buche beträgt die Summe von . . .		341	12	—
1814						
Apr.	1	Haben Dieselbe: Schreibe ich ihr gut zu Saldirung ihrer Rechnung bis zur Mitte letzten Novembers, welches Gutschreiben an Statt des Gehalts für die Dienste ist, die sie der Töchteranstalt als Vorsteherinn bis Mitte letzten Novembers, wo das Eigenthum dieser Anstalt ihr für eigene Rechnung übergeben wurde, die Summe von		433	17	6
		Bescheint, gleichförmig den Büchern der Pestalozzischen Anstalt,				
		Iferten, den 21sten August 1817.				
		Frenzy Landry.				

Zweites Blatt:

Iferten, den 1ten Jänner 1815.

Frau Niederer, geb. Kasthofer   Soll

an das Pestalozzische Institut laut Auszug aus den Büchern
der Anstalt vom 1. April 1814, bis 1. Jänner 1815.

1814			Jl. HB. CB.	Fr.	S	R
Mai	22	Für einen doppelten Ld'or, den ihr Hr. Pestalozzi zugestellt 3. 106 351 218		32	—	—
-	24	Ihr bezahlt 3. 106 351 217		24	—	—
		Uebertrag . . . Fr.		56		

				Fr.	S	R
1814		Vortrag . . .		56	—	—
Juli	16	Dem Fuhrmann Comte bezahlt	Jl. HB. CB.			
		für ihre Fahrt nach Bern . 3.	124 351 222	24	—	
Spt.	22	4 Rieß Löwenpapier zu 83 Btz. 3.	134 351 —	33	4	—
		Kleine Auslagen für's Töch-				
		terinstitut vom 15. Nov. bis				
		1. dies . . . . 3.	135 351 —	176	6	—
Dec.	7	Hat ihr Herr Pestalozzi den				
		2. dies zugestellt . . . . 3.	154 351 229	32	—	
•	31	Verschiedene Auslagen vom				
		1. Sept. bis Ende Dec. 1814 3.	175 142 —	8	8	
		Fr.		329	18	—

Gegen den Betrag obiger Rechnung,
von 329 Fr. 18 Ss., die den 14. Februar 1815 von der Direktion der ökonomischen Commission ausgefertigt
wurde, hat Frau Niederer-Kasthofer
folgende Reklamationen gemacht, die
von ihrer Rechnung abgezogen und im
Journal des Instituts folgendermaßen
aufgeführt wurden:

I. 1815 Febr. 14. Liquidations-Conto
Soll an Niederer geb. Kasthofer,
für folgende Artikel, die sie nach Herrn
Pestalozzi's Angabe nichts angeben,
nämlich:

1) Briefgelder vom 15. Nov.
bis 31. Dec. 1813, die seiner
Zeit von Herrn Kuster und

	Fr.	S	R
Vortrag . . .	329	18	—

Pestalozzi in Ordnung ge-
bracht wurden. . . . . Jl. HB. Fr. S. 3. 175 142 24 5

2) Für 1 doppelten Ld'or,
den ihr Hr. Pestalozzi am
22. Mai 1814 bezahlt hatte,
und der zurückbezahlt wor-
den seyn soll . . . . . 3. 175 142 32 —

3) Eben so für den Artikel
vom 24. Mai 1814 . . . 3. 175 142 24 —

4) Abzug des Artikels vom
16. Juli 1814, an Comto
für ihre Fahrt nach Bern,
da Hr. Pestalozzi dies auf
seine Rechnung nimmt . 3. 175 142 24 —

5) Abzug des Artikels vom
2. Dec. 1814, was ihr Hr.
Pestalozzi bezahlt hat, und
seither zurückerhalten ha-
ben soll . . . . . . 3. 175 142 32 —

	Fr.	S	R
	136	5	
Rest . . . Fr.	193	13	—

Zur Bilanzirung obiger Rechnung sind von
Frau Niederer-Kasthofer unter der Direktion
der ökonomischen Commission, den 14. Febr. 1815
folgende Gegenstände übermacht, und dem gemäß
auf die Bücher des Instituts getragen worden:

1815 Feb. 14	L. Pestalozzi Soll an Niede-rer geb. Kasthofer für eine Tratte von Aarau den 9. Jan.,	Fr.	S	R
	Uebertrag . . . Fr.	193	13	—

			Fr.	S	R
		Vortrag . . .	193	13	—
		zahlbar den 19., von J. J. <small>Jl. HB. Fr. S.</small> Hunziker an die Ordre von Frau Niederer-Kasthofer auf Pestalozzi, dem sie selbige			
1815		heute quittirt übergibt . 3. 175 142 160 —			
Feb.	14	II. Cassen-Conto Soll an Niederer geb. Kast- hofer,			
		von ihr empfangen als Saldo 3. 175 142 33 13			
		Bilanz Fr. 193 13	193	13	—

Bescheint vollkommen gleichförmig den Büchern des Pestalozzischen Instituts,

Jferten, den 21sten August 1817.

Frenzy Landry.

Drittes Blatt:

Auszug des Journals der Pestalozzischen Anstalt Nro. 3. Fol. 95 unter der Leitung der Herren J. J. Nie- derer und Kuster.

			Fr.	S	R
1814					
Apr.	1	Inventarium der Gegenstände, die Jgfr. Kasthofer bei der Uebergabe des Töch- terinstituts für ihren Gebrauch über- lassen wurden, unter der Bedingung eines jährlichen Zinses von 10 Prozent von Mitte Nov. 1813 an, nach fol-			

	Fr.	S	R
gender von Sachverständigen gemachten, und von beiden Theilen angenommenen Schätzung:			
1 Klavier oder Piano-Forte	160	—	—
1 · · · · · · · · · ·	112	—	—
1 · von geringem Werth.			
8 Betten, bestehend aus folgenden Stücken :			
8 Matratzen.			
8 wollene Decken.			
7 Pfühle.			
13 Kopfkissen, 11 mit Roßhaar und 2 mit Federn.			
8 Kopfkissenüberzüge.			
5 große Ueberzüge.			
20 Strohsäcke.			
3 Bettücher.			
Der Gebrauch dieser Betten ist eins ins andere gerechnet zu 10 Fr. angeschlagen, was approximativ den Werth macht von	800	—	—
4 Tischtücher zu sonstigem Gebrauch verschnitten	10	—	—
2 Fäßchen, von ungefähr 80 Maß jedes.			
1 großes Faß von etwa 1600 Maß.			

Bescheint gleichförmig mit dem Journal,
Jferten, den 21ten August 1817.

Frenzy Landry.

———————

Wir fragen jetzt die Rechner unter unsern Lesern, ob dies eine Gegenrechnung heissen konnte; ob nicht vielmehr aus dieser Zusendung der Abschrift dreier Stellen aus den Büchern ohne irgend eine Zusammenstellung der darauf gegründeten Rechnungsansicht die Böswilligkeit hervorgeht, mit der dieses Geschäft von Pestalozzi und dem, wie uns scheint, bei dieser schändlichen Posse als Souffleur angestellten Schmid betrieben wurde, und die auf nichts anderes hinzielte, als Frau Niederer durch solche Verwirrung der Sache zu irgend einem Mißgriff zu veranlassen, den man gegen sie benutzen könnte. Glücklicher Weise gelang dies nicht; Frau Niederer protestirte einfach gegen diese Rechnungen, die zum Theil ohne ihr Vorwissen und gegen die Wahrheit der Verhältnisse auf die Bücher getragen waren; und bei dieser Protestation blieb es, da Pestalozzi und Schmid sich auf keine weitern Erläuterungen einließen, sondern überall und immer wieder nur diese drei Stellen ihrer Bücher aufwiesen, bis zum Schiedsgericht im November 1824, vor welchem diesem Spiel ein Ende gemacht wurde.

Um aber unsere Leser in den Stand zu setzen, in dieser Sache ein eigenes Urtheil zu fällen, beleuchten wir jedes der drei Aktenstücke im Einzelnen, und in dem Zusammenhange, den ihnen Schmid zu geben versuchte.

Daß Nro. I. eine höchst willkührliche, aller rechtlichen Grundlage entblößte Abrechnung ist, geht aus ihr selbst hervor; alles, was Schmid im Namen von Hrn. Pestalozzi anzuführen wußte, war:

1) Daß diese Abrechnung unter der Direktion der

Herren Niederer und Kuster Statt gefunden habe. Auf der vor uns liegenden gerichtlichen Abschrift der betreffenden Stellen aus den Schloßbüchern steht hievon keine Sylbe; es ist dies ein von Schmid im Jahr 1817 gemachter Zusatz, wodurch er der Rechnung die ihr mangelnde Autorität gegen Frau Niederer geben wollte. Daß Hr. Niederer sich mit den Rechnungen des Schlosses niemals abgegeben, ist eine ausgemachte Thatsache, von Schmid selbst zugegeben, und von Hrn. Pestalozzi auch vor Schiedsgericht nicht widersprochen. Daß Hr. Kuster an dieser Rechnung irgend Antheil gehabt, ist schon deßwegen höchst unwahrscheinlich, weil des Inhalts der von ihm eigenhändig abgeschlossenen, noch vor uns liegenden Current-Rechnung vom 22. Februar 1814 (s. S. 54 und 55), die ja auch die Uebergabe der Töchteranstalt betraf, auf der Hauptbuchrechnung der Jgfr. Kasthofer gar keine Erwähnung geschieht; eine Lücke, die Hrn. Kuster um so weniger hätte entgehen können, als die durch die Current-Rechnung nicht bezahlten Mobilien unter dem gleichen Datum auf dieselbe Seite des Journals getragen wurden;

2) Daß die betreffenden Artikel von der Hand des (vor dem Ausbruch der Rechnungsstreitigkeiten verstorbenen, eine Zeitlang auf der Schreibstube des Schlosses als Copist angestellten) Neffen Hrn. Niederers geschrieben und also Frau Niederer nicht unbekannt gewesen seyen. Dies würde wenigstens zu der Vermuthung, Frau Niederer habe davon Kenntniß gehabt, berechtigen, wenn die Einschreibung derselben nach ihrer Verheirathung mit Hrn. Niederer Statt gehabt hätte. Da sie aber vor derselben Statt hatte, so ist es einleuchtend, daß

Hrn. Niederers Neffe, der mit Jgfr. Kasthofer in keiner nähern Bekanntschaft stand, und ihre Verhältnisse zu Hrn. Pestalozzi nicht kannte, sie davon nicht in Kenntniß setzen konnte, noch einen Beweggrund hatte, es zu thun;

Wie diese Rechnung auf die Schloßbücher kam, können wir natürlich nicht erklären, und unsere Leser werden es uns um so weniger zumuthen, da Hr Pestalozzi selbst von derselben sagt (S. 161): „er wisse „nicht einmal, von wem, auf wessen Anordnung und „zu welchem Zweck es also eingetragen worden (vgl. „Note 210)."

Wir begnügen uns, darzuthun:

I) Daß Frau Niederer diese Rechnung nie konnte anerkannt haben. Dafür sprechen folgende Gründe:

1) Sie hatte, wie ihre Rechnung vom 20. Juli 1817 ausweist, auf ihren Gehalt nicht verzichtet; wie hätte sie denselben in Rechnung bringen können, wenn sie im Jahr 1814 die Bilanzirung desselben mit 433 Fr. 17 Bz. 6 Rp. anerkannt hätte;

2) Sie hätte auf jeden Fall die Betten mit in diese Bilanz aufnehmen lassen, da dieselben verabredeter Maßen von dem Gehalt abgezogen werden sollten, und dieser noch immer ihre Schuldigkeit überwogen hätte;

3) Hätte sie den Artikel wegen Bilanzirung ihres Gehalts mit 433 Fr. 17 Bz. 6 Rp. gekannt, so mußte

sie auch das Inventarium der Betten, das von gleichem Datum und auf der gleichen Seite des Journals ist, kennen. Dies ist aber unmöglich, denn:

a) Dieses Inventarium enthält mehr Bettstücke als die Taxe von Lavanchy und das Inventarium von der Hand der Frau Kuster, und es scheint daher auf das erste Concept des Effekten-Inventariums gegründet zu seyn, in welchem das, was Hr. Pestalozzi, was der Kusterschen Familie und was an Bettstücken zum Theil den Zöglingen selbst gehörte, nicht gehörig gesondert war;

b) Die Schätzung dieser von dem öffentlichen Taxirer auf 235 Fr. gewertheten Betten auf den Kapitalwerth von 800 Fr. wäre von Frau Niederer in keinem Fall anerkannt worden, da sie ja dadurch (wenn man auch annimmt, die Betten seyen gemiethet) für die Rückerstattung ungeheuer benachtheiligt wurde;

II) Daß diese Rechnung an und für sich keine rechtliche Gültigkeit haben kann. Dies geht hervor:

A) Aus den ihr debitirten Artikeln.

1) Aus dem Hausbuch der Frau Niederer zeigt sich nicht nur, daß sie alle gedenkbaren Ausgaben selbst bestritten, sondern auch, daß sie die Auslagen, die die Institutskasse für Briefgelder u. dgl. zuweilen für sie machte, von Zeit zu Zeit an Hrn. Kuster berichtigte, und sie hat damit übereinstimmend noch einige kleine von Hrn. Kuster quittirte Noten in Handen;

2) Da Frau Niederer in der Rechnung vom 22. Fe-

bruar 1814 die kleinen Auslagen seit Mitte November 1813 in Abzug gebracht wurden, so fällt es auf, daß nicht auch die vorhergehenden darein aufgenommen sind, um so mehr, als ihr bei dieser Rechnung noch ein Saldo von 45 Fr. herausbezahlt wurde;

3) Jedenfalls mußte über diese Auslagen eine Detailrechnung vorgelegt werden, wenn sie anerkannt werden sollten. Dieses ist aber nicht geschehen, unter dem Vorwand, die Bücher des Töchterinstituts, in denen sie gestanden, seyen nicht mehr da. Schmid fügte die Behauptung bei, Frau Niederer müsse sie in Handen haben. Daß sie aber im Schloß geblieben seyn müssen, beweist erstlich der Umstand, daß die Rechnungen der Töchteranstalt ein Vierteljahr nach der Uebergabe von der Schloßverwaltung gestellt und ausgefertigt wurden, was ohne die Bücher derselben nicht geschehen konnte, und zweitens der Umstand, daß die Rechnung über die Auslagen für die Zöglinge, die in dieser Zeit und späterhin von Jgfr. Kasthofer gemacht wurden, in ihrem Hausbuch eingetragen sind;

4) Die Forderung der Detailrechnung über diese Auslagen ist für die Anerkennung derselben um so nothwendiger, als aus der Rechnung vom 1. Jänner 1815 (zweites Blatt) hervorgeht, daß über dergleichen Auslagen im Schloß eine sehr unregelmäßige Rechnung geführt wurde, indem Frau Niederer gegen die Summe von 329 Fr. 48 Ss. Reklamationen im Betrag von 136 Fr. 5 Ss., also beinahe der Hälfte, zu machen hatte. Dies erhält noch mehr Gewicht dadurch, daß auf der in Handen der Frau Niederer befindlichen,

am 14. Februar 1815 quittirten Originalrechnung die abgezogenen Artikel nicht hypothetisch gestellt sind, wie wir weiter unten bei der Erörterung des zweiten Blattes sehen werden;

5) Da aus dieser Rechnung hervorgeht, daß Hr. Pestalozzi die an Jgfr. Kasthofer gemachten Baarzahlungen sich oft nach kurzer Zeit wieder zurückgeben ließ, so läßt sich daraus auch der Artikel vom 6. Mai, die Baarlieferung von 32 Fr. betreffend, erklären, wenn anders derselbe nicht mit den von Jgfr. Kasthofer in ihrem Hausbuch Ende Aprils eingetragenen, und auf ihrer Rechnung als empfangen angesetzten 32 Fr. zusammenfällt.

B) Aus dem ihr kreditirten Artikel.

1) Die Besoldung von 433 Fr. 17 Ss. 6 Rp. ist für die von Jgfr. Kasthofer als Vorsteherin der Anstalt während 4 Jahren 10 Monaten geleisteten Dienste augenscheinlich eine höchst unzureichende Entschädigung, da sie nicht einmal einem ordentlichen Magdlohn gleich kommt. Sie ist um so mehr unzureichend, da in den ersten zwei Jahren Jgfr. Kasthofer auf eigene Kosten lebte;

2) Es ist dabei auf die Uebereinkunft, daß Jgfr. Kasthofer jährlich 24 Louisd'or Gehalt beziehen sollte, keine Rücksicht genommen. Diese Uebereinkunft ist aber durch die Note ihres Hausbuchs vom 1. April 1809 außer allem Zweifel (s. Schiedspruch Art. 5);

3) Eben so wenig ist darin Rücksicht genommen auf

die Zahlungen, die Jgfr. Kasthofer auf Abschlag ihres Gehalts im Betrag von 444 Fr. empfangen hatte, wie ihr Hausbuch und ihre darauf gegründete Rechnung vom 20. Juli 1817 ausweist;

4) Auch die unterm 22. Februar 1814 abgeschlossene, die Uebergabe der Anstalt und den Ankauf der Mobilien betreffende Current-Rechnung ist dabei gänzlich ignorirt;

5) Der Inhalt des Journal-Artikels vom 1. April 1814, Journal Nro. 3. Fol. 95, beweist, daß diese Bilanzirung auf die Annahme sich gründete, als sey Jgfr. Kasthofer durch die Uebergabe der Anstalt an sie für die derselben früher geleisteten Dienste so viel als entschädiget; was aber, wie wir oben bei der Auseinandersetzung der Uebergabe zu Anfang des zweiten Abschnitts gesehen haben, durchaus nicht Statt fand, und wovon auch im Vertrag kein Wort steht, wie doch der Fall seyn müßte, wenn Jgfr. Kasthofer diese Uebergabe als eine Entschädigung für ihren rückständigen Gehalt angenommen hätte;

6) Die Thatsachen Nro. 2, 3, 4 und 5 beweisen, daß diese Bilanzirung von Personen vorgenommen wurde, die weder die frühern Verhältnisse der Jgfr. Kasthofer zur Töchteranstalt, noch die Umstände und Bedingungen der Uebergabe derselben kannten, und deren Urtheil über die Sache daher keine Gültigkeit haben kann; sie beweisen überdies, daß weder Hr. Pestalozzi noch Jgfr. Kasthofer an dieser Rechnung irgend einen Antheil hatten, wie auch beide ihrerseits versichern.

Sonach ist es keinem Zweifel unterworfen, daß Hr. Pestalozzi vollkommen Recht hatte zu sagen, nicht nur, er wisse nicht um diese Rechnung, sondern auch, sie sey nie in ihrer Wahrheit auf die Bücher getragen worden.

Wir wünschen übrigens, daß alle unsere Leser und besonders die Rechnungsverständigen unter ihnen diese unsere Gründe aufs Strengste prüfen mögen, indem uns daran liegt, daß das, was sich dem Gefühl eines Jeden aufdringt, und wovon man nach allem Vorhergegangenen moralisch überzeugt ist, daß nämlich diese Abrechnung eine schreiende Ungerechtigkeit war, und daß sie von Frau Niederer nie konnte anerkannt worden seyn, auch logisch bewiesen sey.

———

Das zweite Blatt ist nichts anderes, als eine am 1. Jänner 1815 ausgestellte, und am 14. Februar durch Saldirung von Seiten der Frau Niederer abgeschlossene Current-Rechnung, von der das Original als Quittung in der Hand der Frau Niederer blieb.

Sie gehörte gar nicht zur Rechnungsangelegenheit von 1817, da sie nur die laufenden Artikel vom 22. Febr. bis 31. Decemb. 1814 befaßt, und sie wurde blos beigelegt, um das Geschäft zu verwirren, wie wir weiterhin sehen werden.

Auffallend ist aber dabei, daß die auf Reklamation von Frau Niederer in Abzug gebrachten Artikel im Jahr 1817 in einem ganz andern Geiste notirt sind, als es im Jahr 1815 geschah; noch auffallender, daß die Bücher des Pestalozzischen Instituts nach der vor uns liegenden gerichtlichen Abschrift, mit der Rechnung von 1817 und nicht mit der von 1815 übereinstimmen.

Zur eigenen Beurtheilung setzen wir die betreffenden Stellen unsern Lesern her:

Nro. 2. 1815: für einen doppelten Louisd'or, den ihr Hr. Pestalozzi am 22. Mai 1814 bezahlt hatte, und der ihm zurückbezahlt worden ist.

1817: für einen doppelten Louisd'or, den ihr Hr. Pestalozzi am 22. Mai 1814 bezahlt hatte, und der zurückbezahlt worden seyn soll.

Nro. 4. 1815: Abzug des Artikels vom 16. Juli 1814, an Comte für ihre Fahrt nach Bern, da dieser Gegenstand Hrn. Pestalozzi selbst betrifft.

1817: Abzug des Artikels vom 16. Juli 1814, an Comte für ihre Fahrt nach Bern, da Hr. Pestalozzi dies auf seine Rechnung nimmt.

Nro. 5. 1815: Abzug des Artikels vom 2. Dec. 1814, was ihr Hr. Pestalozzi bezahlt, und seither zurückerhalten hat.

1817: Abzug des Artikels vom 2. Dec. 1814, was ihr Hr. Pestalozzi bezahlt hat, und seither zurückerhalten haben soll.

———

Ueber das dritte Blatt haben wir blos Folgendes zu bemerken:

1) Wie kommt es, daß die 3 Klaviere und 2 Fäßchen, die schon im Jahr 1815 zurückgegeben worden waren, (s. S. 114 und 116, Note 73 und 78) nicht

abgeschrieben sind, wie dies doch, wenn dieses Inventarium im Jahr 1817 gegen Frau Niederer geltend gemacht werden sollte, nothwendig geschehen mußte, und auf den Büchern gleich nach der Zurücknahme dieser Gegenstände hätte geschehen sollen?

2) Die Betten sind (abgesehen davon, daß mehr Stücke aufgeschrieben stehen, als Frau Niederer erhalten hatte), anstatt nach der übereinkommlichen Taxe von 235 Fr., nach einem eben so willkührlich als ungerecht aus dem Zins berechneten Werthe angesetzt. [208] Nach dieser Berechnung wäre Frau Niederer im Jahr 1817 für die Betten schuldig gewesen:

	Fr.	S.	R.
Kapitalwerth	800	—	—
Zins von Mitte November 1813 bis Ende August 1817, für 3 Jahre 9½ Monat	303	6	3
Fr.	1103	6	3

Soll   **Jungfer Rosette Kasthofer**

				L.	S	R
1810 Juni	9	Vermischte Auslagen seit ihrer Ankunft bis dato		58	3	6
Okt. 1811	1	Auslagen während des 3ten Quartals .		2	2	—
Mai 1814	6	Ihr baar gegeben		32	—	—
Apr.	14	Verschiedene Auslagen bis Mitte November 1813 laut Rechnungsbuch des Töchterinstituts		341	12	—
			L.	433	17	6

[208] Aus Artikel 9 des Vertrags geht deutlich hervor, daß

Wundern sich unsere Leser, daß Frau Niederer gegen solche Rechnungen einfach protestirte? —

Es bleibt uns jetzt noch übrig zu sehen, welch ein vortrefflicher Gebrauch von diesen Rechnungen gemacht wurde. Nachdem Joseph Schmid von der auf dem ersten Blatt enthaltenen Abrechnung erklärt hat: „damit (!) die Neuverlobten ihre Heirathsreise [209] sicher und beruhigt (!!) antreten konnten, seyen die Rechnungsverhältnisse der Jgfr. Kasthofer mit Hrn. Pestalozzi also als rechtsgültig auf die Bücher des Instituts getragen worden" — stellt er dieselbe S. 38 und 39 mit der Current-Rechnung des zweiten Blatts folgendermaßen zusammen, nachdem er vorher die Bemerkung gemacht: „Es wurde eine zweite, immediat (?) auf die erste folgende Rechnung geschlossen und von ihr saldirt. Hier diese beiden Rechnungen:"

Haben

1814		£.	S	R
Avr. 14	[210] Saldo ihrer Rechnung als Ersatz der Besoldung für ihre Dienstleistungen [211]	433	17	6
	£.	433	17	6

der Bettzins auf eine andere Grundlage berechnet war, als der der Mobilien zu 10 Prozent. Auch liegt dies schon in der Natur der Sache.

[207] Es scheint man habe sie in den April schieben wollen; wenigstens datirt sich diese Rechnung vom ersten.

[210] Hier, so wie im korrespondirenden Artikel des Soll, wird aus dem 1ten April gelegentlich der 14te (vgl.

Soll   Frau Niederer geb. Kasthofer

1814				L.	S	R
Mai	22	Gab ihr Hr. Pestalozzi einen doppelten Louisd'or		32	—	—
=	24	Ihr baar gegeben		24	—	—
Juli	16	An Fuhrmann Comte bezahlt, der sie nach Bern geführt		24	—	—
Sept.	22	pr. 4 Ries Löwenpapier à 8 L. 6 S. . .		33	4	—
=	—	Auslagen für's Töchterinstitut seit 15. Nov. 1813 bis 1. Court.		176	6	—
Dec.	7	Gab ihr Hr. Pestalozzi den 2. dies . .		32	—	—
1815 Fbr.	14	Auslagen für's Töchterinstitut, von Sept. bis Ende Dec. 1814		8	8	—
			L.	329	18	—

Note 216). Das Datum vom 1ten weist darauf hin, daß bei der vierteljährigen Durchsicht der Bücher, vermuthlich von der ökonomischen Commission, die Rechnung mit Frau Niederer ohne genauere Kenntniß der Umstände geschlossen wurde. Das Datum vom 14ten wäre freilich, da um diese Zeit Herr und Frau Niederer ihre Hochzeitreise antraten, der vorgeblichen gemeinschaftlichen Abrechnung günstiger.

211) Weiß das Publikum für welche und wie lange?

Haben

1815		£.	G	R
Fbr. 14	Für die Briefporti, vom 15. Nov. bis 31. Dec. 1813, die zur Zeit mit Hrn. Kuster und Hrn. Pestalozzi verrechnet worden	24	5	—
"	Détour des doppelten Louisd'or vom 22. Mai 1814, der Hrn. Pestalozzi zurückgegeben worden seyn soll	32	—	—
"	Détour des Artikels vom 24. Mai 1814, aus gleichem Grunde	24	—	—
"	Détour des Artikels vom 16. Juli 1814, indem Hr. Pestalozzi diesen Posten über sich nimmt	24	—	—
"	Détour des Artikels vom 2. Dec. 1814, Hr. Pestalozzi soll diesen Betrag seither wieder zurückerhalten haben . . .	32	—	—
"	Eine Tratta von Aarau auf Hrn. Pestalozzi, die Frau Niederer für ihn bezahlt hat	160	—	—
"	Von ihr per Saldo baar erhalten . .	33	13	—
	£.	329	18	—

So mußte Jedermann glauben, Frau Niederer habe die erste Rechnung anerkannt, und die zweite saldirt, und man konnte darnach freilich nicht begreifen, wie sie dazu kommen konnte, im Juli 1817 eine solche Rechnung zu stellen. Man mußte hierüber um so mehr irre geführt werden, als Alles, was zur Aufklärung der Sache, und zur Rechtfertigung der Frau Niederer dienen konnte, bei'm Abdruck ihrer Rechnung sowohl, als der beiderseitigen Briefe sorgfältig unter-

drückt wurde. Diese saubere Zusammenstellung sollte
indessen nicht nur zur öffentlichen Diffamation von
Herrn und Frau Niederer dienen; sie wurde auch der
beim Schiedsgericht eingegebenen Rechnungsdarstellung
zu Grunde gelegt; dort aber wiederfuhr ihr, was
Rechtens.

Wir würden ohne Zweifel Hrn. Pestalozzi Unrecht
thun, wenn wir diese Unrichtigkeiten in den Rechnungen, und die spätere verfälschte Darstellung derselben
ihm zur Last legen wollten. In Hinsicht der erstern
trifft ihn nur der Vorwurf großer Nachlässigkeit, die
freilich mit der in den neuern Briefen ausgesprochenen
ausserordentlichen Sorgfalt für die Ehre und das Interesse von Herrn und Frau Niederer einen seltsamen
Abstich macht. Was hingegen die im höchsten Grad
unredliche Behandlung der Sache durch Schmid betrifft, so hat dabei Hr. Pestalozzi eine doppelte schwere
Schuld auf sich geladen, die eine, daß er seine Leidenschaft gegen Hrn. Niederer zu einer Feindseligkeit
werden ließ, durch die er sich in die traurige Lage
versetzte, daß Schmid ihm durch solche Schändlichkeiten einen Dienst that, und die andere, daß er ihm mit
jeder Lüge, deren er bedurfte, aller Orten zur Seite
stand. Hr. Pestalozzi konnte die ehemaligen Verhältnisse, besonders nach der ihm von Frau Niederer in
ihrem Begleitschreiben gemachten Darstellung, unmöglich so sehr vergessen haben, daß ihm nicht die Ungerechtigkeit dieser Rechnungen hätte in die Augen fallen
sollen; auch geben seine Briefe, und namentlich der
erste den Beweis, daß er, obgleich er den Vertrag damals nicht vor sich liegen hatte, sich der Uebergabs-

bedingungen, wenigſtens derjenigen, die ihm Vortheile zuſicherten, noch ſehr wohl erinnerte. Doch wir wollen ihn ſelbſt in ſeinem Begleitſchreiben zu obigen drei Rechnungsblättern hören: — zu unſerm Bedauern können wir indeſſen daſſelbe nur ſo weit mittheilen, als es Schmid in Wahrheit und Irrthum abgedruckt hat, indem dieſer Brief im Original ſich nicht mehr vorfindet; zwar liegt eine Abſchrift deſſelben vor uns; wir wollen aber unſern Leſern nichts als Dokument geben, wovon nicht das Original ſich aufweiſen ließe. Uebrigens werden ſie ſich aus den bisherigen Auslaſſungen überzeugt haben, daß Schmid nichts unterdrückt hat, was einigermaßen gegen Herrn und Frau Niederer gelehrt werden könnte: —

„Hier folgt die wahrlich wider meinen Willen von
„mir ausgepreßte Rechnung [212], das heißt, die Note
„von allem dem, was von meinem ökonomiſchen Ver-
„hältniß zwiſchen Frau Niederer und mir in meinen
„Büchern aufgeſchrieben und rechtlich ſo feſt ſteht, als
„je eine Rechnung feſt ſtehn kann. [213]

[212] Iſt denn das eine Rechnung, d. h. eine Ueberſicht
ſeiner Gegenforderungen gegen die Rechnung der Frau
Niederer. So z. B. hätte er den Zins der Betten be-
rechnen, und ſeine Lehrerrechnung (wenn er ſie nicht
gegen Koſt und Wohnung Hrn. Niederers aufheben
wollte) eingeben ſollen, denn auch dieſe mußte auf ſeinen
Büchern ſtehen; wenigſtens hat er ſie bei'm Schiedsgericht auf dieſelben gegründet.

[213] Dies reimt ſich vortrefflich zu allen frühern Aeuſſe-
rungen über die Unzulänglichkeit ſeiner Rechnung, die
wir, um die Leſer nicht zu ermüden, hier nicht wiederholen wollen.

„Der Contrast, den diese mir ausgepreßte Note
„mit der Rechnung der Frau Niederer macht, thut
„mir freilich weh; ich hoffe aber doch, sie mache Dir
„genugsam klar, daß die Einsendung meiner General-
„quittung keine Handlung der Ungerechtigkeit und Lieb-
„losigkeit war.[214]) Doch dieses wird noch weit aus
„mehr klar werden, wenn Du fordern wirst[215]), daß
„ich die Aeußerungen der Frau Niederer in ihrem
„letzten Schreiben eben so, wie ihre Rechnung beleuchte.

„In Absicht auf die Rechnung, die ich jetzt ein-
„sende, muß ich sagen: nicht ich war es, der[216]) eine
„Generalsaldirung ihrer Rechnung forderte, sondern
„Frau Niederer selber, um gegen die Klagen meiner
„lieben Frau selig über meine zu große Güte und
„Unordnung, die ich mir in diesem Verhältniß, wie sie
„glaubte, zu Schulden kommen ließ, einen sie dießfalls
„vor allen Vorwürfen rechtlich sichernden Abschluß
„ihres ökonomischen Verhältnisses mit mir zu haben.[217])

---

[214]) Man könnte wenigstens zu seiner Ehre annehmen, sie
sey eine Folge des Irrthums über die Rechnungsverhältnisse gewesen, wenn er sie nicht mit einem durch
seine Ungerechtigkeit und Lieblosigkeit so empörenden
Schreiben begleitet hätte.

[215]) Diese Aufforderung wartet er indeß nicht ab, sondern
macht sich gleich nachher an die „Beleuchtung.“

[216]) Den 1ten April 1814, liest unsere Abschrift (vergl.
Note 210).

[217]) Es ist erstaunlich! Derselbe Mann, der vor einem
Monate noch nur gar nicht wußte, wie diese Rechnung

„Meine Frau hatte indeſſen in ihren Beſorgniſſen nicht
„ganz Unrecht. Ich hatte mit Vorwiſſen der Meinigen
„eine Privatcaſſa ²¹⁸), und zahlte wirklich aus ihr
„Vieles, das in meinen Büchern zum Theil nicht,
„zum Theil nie aufgeſchrieben iſt. Aber die Vorwürfe,
„die ich mir von meiner Frau deßhalb zugezogen, und
„die Leiden, die hierdurch für ſie und für mich ent-
„ſtanden, ſind nicht mit ihr begraben. Die Perſonen,
„mit denen ſie vertraut war, wiſſen noch jetzt, wie
„ſie ſich darüber äußerte, und beſonders wiſſen die
„Wahrheit meines dießfälligen Benehmens diejenigen
„Perſonen, denen ich oft beträchtliche entlehnte Summen
„Privatgeld zu verwahren gab, und ohne es in meinem
„Büreau aufſchreiben zu laſſen, verbrauchte ²¹⁹) —

---

auf ſeine Bücher gekommen, weiß nun auf einmal mit
der größten Beſtimmtheit, daß es auf den Wunſch der
Frau Niederer geſchehen, und nicht nur das, er weiß
auch, warum Frau Niederer dieſen Wunſch gehabt! Er
hat ein ſcharfſinniges Gedächtniß! Es iſt wie
Proteus:

Aut *acrem flammæ sonitum* dabit, atque ita vinclis
Excidet, aut *in aquas tenues dilapsus* abibit.
Sed quanto ille magis *formas se vertet in omnes*,
Tanto, nate, magis contende tenacia vincla,
Donec *talis erit mutato corpore*, qualem
Videris, *incepto tegeret quum lumina somno.*

²¹⁸) Zu der ich das Geld zu Zeiten entlehnte, ließt unſere
Abſchrift.

²¹⁹) Wen wundert nun, wenn dieſes Alles ſich ſo verhält,
die ſchlechte Wirthſchaft in ſeiner Anſtalt, die dergleich-
chen doch am Ende zahlen mußte? Da brauchte es ja

„und, Gott weiß! Frau Niederer war in dieser
„Zeit herzlich mit mir zufrieden, und zeigte es auch
„Jedermann.[220])

Hrn. Niederers gar nicht, um die Dilapidation zu erklären! — Daß seine Frau mit solcher Wirthschaft nicht
zufrieden war, glauben wir gerne; daß sie Verdacht
hatte auf die Personen, die Hrn. Pestalozzi zunächst
standen, ist wenigstens verzeihlich; von ihm aber ist es
unverzeihlich, daß er diesen Verdacht auf Unschuldigen
ruhen ließ. Freilich hätte er, um seine Frau darüber
in's Klare zu setzen, ihr von seiner Wirthschaft Rechenschaft geben müssen. Das war aber, wie es scheint,
nie seine Sache, den Seinigen so wenig als Andern
gegenüber.

[220]) Wäre diese Insinuation — die auf einmal wie aus den
Wolken herunterkommt, und augenscheinlich nur ein
Nothbehelf ist, um die Ungerechtigkeit der Abrechnung
vom 1. April 1814 einigermaßen zu decken — nicht so
schändlich, so wäre sie höchst lächerlich. Was daran am
meisten empört, ist der Mißbrauch, den er hier von
dem innigen Verhältnisse macht, in dem er früher zu
Frau Niederer stand. Wer von unsern Lesern hätte
wohl bei den begeisterten Briefen Hrn. Pestalozzi's an
und über Jgfr. Kasthofer daran gedacht, daß es ihm je
einfallen könnte, ihre Freundschaft, ihre kindliche Hingebung als die Folge von großen Geldsummen darzustellen, die er ihr damals heimlich zugesteckt!? — Lächerlich
aber ist diese Insinuation von der andern Seite. Wen
will er glauben machen, während er ihr nicht einmal
ihren Gehalt regelmäßig ausbezahlte, habe er ihr das
Geld, man sollte denken, mit Scheffeln zugemessen?
Hätte er ihr von Vierteljahr zu Vierteljahr ihre Be-

„Deine Aeußerung, daß die Forderung, die Du
„im Namen Deiner Frau gethan hast, in bösem Sinn
„Dir abgelockt worden sei, ist eitel! Du mußtest sie
„in Gefolg der Rechnung Deiner Frau fordern, und
„hier hat kein Gegenvorwurf gegen Dich Statt.²²¹)

----

soldung ausgezahlt, so hätte dies, ohne ihr Zartgefühl
im Mindesten zu verletzen, nach ordentlicher Rechnung
auf den Institutsbüchern geschehen können. So aber,
da er ihr nur Geld gab, wenn sie ganz entblößt war,
und sich deßhalb an ihn wandte, erforderte freilich die
Delikatesse, daß er es nicht unter ihrem Namen eintragen ließ, um nicht alle Personen seines Büreau
über den durch seine Schuld schlechten Kassenzustand
der Jgfr. Kasthofer auf dem Laufenden zu erhalten. —
Das Hausbuch derselben, aus dem diese Lage der Dinge
unverkennbar hervorgeht, und nach welchem sie auch
Alles, was sie von Hrn. Pestalozzi erhalten, ihm auf
ihrer Rechnung pünktlich gutgeschrieben hat, rechtfer-
tigt sie indessen hinlänglich, und war auch in den
Augen der Schiedsrichter ein überzeugender Beweis,
um so mehr, da ihm Hr. Pestalozzi noch durch seine
Widersprüche zu Hülfe kam (s. Schiedspruch Art. 5 u.
Note 262). — Psychologisch merkwürdig und die Lüge
karakterisirend ist es übrigens, daß er seine Behauptung,
er habe Jgfr. Kasthofer aus seiner Privatkasse Geld
gegeben, nicht auf sein eigenes Wort hin vorzubringen
wagt, sondern mit großer Kunst seine „liebe Frau selig“
voranstellt, die mit ihren Vermuthungen ihm aus der
Noth, eine unmittelbare Lüge geradehin zu sagen,
heraushelfen muß. —

²²¹) Wenn Hr. Pestalozzi wirklich überzeugt war, er sey
Frau Niederer nichts mehr schuldig, warum forderte

„Das, was in diesem Geschäft das Allerbedenklichste
„ist, ist nicht die Rechnung Deiner Frau selber,
„sondern vielmehr die Aeußerung des Briefs, der diese
„Rechnung begleitet.

„In diesem Brief behauptet sie einerseits, der
„zwischen ihr und mir durch Hrn. Mieg geschlossene
„Vertrag sei das rechtliche Fundament, durch welches
„sie in Besitz des Töchterinstituts ist, auf der andern
„Seite, ich habe mit ihr abgeredet, Hrn. Mieg und
„meine Familie durch dieses Instrument zu betriegen[222])

---

er denn ihre Rechnung? warum sandte er ihr nicht
gleich den Auszug aus seinen Büchern? Und nachdem
er die Rechnung empfangen, warum lud er Hrn. Niederer, unter Vorbehalt von Hrn. Miegs Dazwischenkunft, ein, auf ihn zu ziehen? Wenn Hr. Pestalozzi,
wie er behauptet, Jgfr. Kasthofer immer heimlich Geld
im Ueberfluß gegeben hat, konnte das durch Hrn. Miegs
Dazwischenkunft in Ordnung gebracht werden? — Er
hat also wirklich Hrn. Niederer zu der Forderung von
80 Louisd'or gelockt, wie sich aus der Vergleichung
seiner Briefe vom 15. und 18. August unschwer ergiebt.

[222]) Hier glaubt er endlich Griff zu haben. Wir fragen
aber unsere Leser, ob sie das im Briefe der Frau Niederer finden können? — Er wollte die Seinigen, die
seiner schlechten Wirthschaft wegen unzufrieden waren,
durch die vortheilhafte Uebergabe einer Anstalt, an der
er viel Schaden gehabt hatte, beruhigen. Um aber
Jgfr. Kasthofer nicht in Sorgen zu setzen, versprach er
ihr, die Erfüllung des Vertrags nicht streng zu fordern, wenn sie ihr zur Last fiele; und von diesem Versprechen hat sie ja nicht einmal Gebrauch gemacht.

„und diese letzte um alle die Rechte und Ansprüche zu
„bringen, die ich und meine Familie an dieses Institut
„hatten.[223]) Das laſſe ich wahrlich nicht an
„mich kommen[224] und dächte, Frau Niederer sollte
„es bei mehrerer Ueberlegung auch nicht an ſich kommen
„laſſen.[225]) Eben ſo allen Glauben überſteigend iſt
„die Unvorſichtigkeit, mit welcher ſie behauptet, ſie
„habe mitten in ihrem lieblich und kindlich ſcheinenden
„Benehmen mir niemals getraut,[226]) ſondern ſich im

---

[223]) Seine Familie hatte ja gar keine Rechte und Ansprüche
an das Inſtitut; alle Anſprüche, die er daran hatte,
waren perſönlich.

[224]) Wenn das nur ſo von ihm abhienge, ſo wäre man
freilich mit dieſem und vielem Anderm bald im Reinen.
Am Ende wird er doch Manches an ſich kommen laſſen
müſſen, was viel ſchlimmer iſt, als das, woran ihn
Frau Niederer in ihrem Briefe erinnert hat.

[225]) Sie hat diesfalls weder etwas an ſich kommen noch
nicht an ſich kommen zu laſſen. Sie hat ihre Verbindlichkeiten gegen Hrn. Peſtalozzi in jeder Beziehung
erfüllt; daß ſie ihn aber an ſeine Verſprechungen erinnerte, um ihn über die Verhältniſſe zu einiger Beſin-
nung zu bringen, war doch, nach ſeinem Schreiben
vom 15. Juli, gewiß ſehr natürlich.

[226]) Das hat ſie nicht geſagt; ſondern ſie habe, durch frühe
Erfahrungen belehrt, ihre Angelegenheiten, nicht ihm
insbeſondere, ſondern Jedermann gegenüber, immer
mit größter Sorgfalt und Pünktlichkeit geordnet; und
Niemand wird ihr das zum Vorwurf machen, auſſer
wer blinden Vertrauens und blinder Liebe bedarf,
um ſich des Vertrauens und der Liebe nicht verluſtig

„ höchften Grade gegen mich vorgefehn [227]) und darum
„ auch ihre Rechnung mit mir in vollkommen rechtlicher
„ Ordnung und Pünktlichkeit geführt. [228])

---

zu machen. — Wahrlich allen Glauben überfteigend und
fehr genial ift die Kühnheit, daß er ihr die Vorficht
und Sorgfalt, mit der fie gehandelt, in eben dem
Augenblick zum Vorwurf macht, wo er felbft ihr den
fchmerzlichften Beweis giebt, daß fie wohl daran gethan, frühere Erfahrungen fich zur Lehre dienen zu
laffen! — Hätte er auch feine frühern Erfahrungen
in ökonomifchen Angelegenheiten eben fo benußt, fo
wäre er nicht dahin gekommen, auf das Unrecht feiner
Jugend in diefer Beziehung auch noch das fchwere
Unrecht feines Alters zu häufen.

[227]) Das hat fie weder gefagt, noch gethan. Sie hätte es
freilich, wie die Folge lehrte, thun follen.

[228]) Unfere Abfchrift liest hier noch weiter : „ Hier bin
„ ich aber wahrlich ungläubig, und denke vielmehr,
„ Frau Niederer hat von Anno 1810 bis 1814 eher an
„ ihren Tod gedacht, als an die Nothwendigkeit, der
„ allerhöchften Ordnung pünktlicher Rechtlichkeit im
„ Rechnen mit mir.“ Hinfichtlich der Pünktlichkeit und
Ordnung ihrer Rechnung hat er, wie wir fehen, Unrecht ungläubig zu feyn, und wenn er auf diefen Un-
glauben hin fündiget, fo ift das defto fchlimmer! — Ganz
gewiß aber wird er nicht einen Gläubigen finden für feine
Behauptungen über die Summen, die er Jgfr. Kaft-
hofer gegeben. Sie müßte, wenn diefelben wahr wären,
die fünf Jahre hindurch ihr Hausbuch forgfältig darauf
hin eingerichtet haben, es den Büchern Hrn. Peftalozzi's einft entgegenftellen zu können!

„Ich sage dieses als genöthigter rechtlicher Ant-
„wortgeber, sowohl in Rücksicht der Vergütung, die
„mir, als Rechtssache angesehn, von dem Töchter-
„institut hätte zufließen sollen,[229]) als in Rücksicht auf
„die Repartition der Ansprache zur Vergütung der
„Stunden, die meine Lehrer im Töchterinstitut gegeben
„haben.[230]) Die Sache aber, außerrechtlich ist diese:
„der Traum des schnellen ökonomischen Blühens des
„Töchterinstituts hatte sich gegen unsere Erwartung
„nicht erwahret und ich sah, daß Frau Niederer ohne
„ökonomisches Leiden nicht daran denken konnte dem
„Accord ein Ende zu machen.[231])

---

[229]) Bis Ende 1816 war die Töchteranstalt nicht in dem
Stande, bei dem allein er etwas von ihr anzusprechen
hatte. Abgesehen davon, daß aus Rechts- und Billigkeitsgründen dieser Anspruch von ihm jetzt nicht
gemacht werden konnte (s. oben S. 144, 3te Annahme),
war er auf jeden Fall Gegenstand der laufenden Jahres-
rechnung.

[230]) Warum gab er denn dem gemäß seine Lehrerrechnung
nicht ein, insofern er sein diesfalls gethanes Versprechen nicht halten wollte? Frau Niederer konnte ja
diese Rechnung nicht stellen, da sie wesentlich von dem
Verhältniß jedes Lehrers zur Pestalozzischen Anstalt
abhing. — Man sieht wohl, es ist ihm überall mehr
darum zu thun, einen Grund zur Beschwerde zu haben,
als allen Beschwerden durch eine bestimmte Abrechnung
auf einmal ein Ende zu machen.

[231]) Frau Niederer hatte Allem, was ihr nach dem Accord
oblag, Genüge geleistet; daß sie die Lehrerrechnung
nicht berichtiget hatte, war eine Folge von Hrn. Pesta-

„ Es war nie die Rede davon. Aber von einer recht-
„ lichen Abstehung von dem Traktat war eben so wenig
„ die Rede, [232] so wenig als ich je von der rechtlichen
„ Anforderung an die Möbeln, die dem Institut über-
„ geben worden sind, abgestanden bin. [233]

„ Lieber Niederer! Ich halte die Inconsequenzen
„ Deiner Frauen Brief durchaus für Aeußerungen einer
„ kranken, gekränkten und verlegenen Person, die das
„ Väterliche in meinem Verhältniß, das sie nicht mehr
„ gern mag, mit dem Rechtlichen, das sie gerne anders

lozzi's eigenen Aeußerungen darüber. — Unsere Abschrift
liest obige Stelle so: „Da sich der Traum nicht er-
„ wahrte u. s. f. — so hätte ich bei der Achtung und
„ Freundschaft, die ich für Sie hatte, nie daran denken
„ können, die Erfüllung des Traktats zu fordern." Es
fällt auf, daß Hr. Pestalozzi bis auf den Augenblick der
Rechnungsstreitigkeiten keine Klage gegen Frau Niederer hatte. Nirgends findet sich davon eine Spur,
wohl aber Zeugnisse für das fortdauernd gute Vernehmen, wie dieses, und das am Schlusse des Briefes
vom 15ten Juli. — Warum kehrte sich nun auf einmal
die Leidenschaft gegen Hrn. Niederer, sobald dieser aus
der Anstalt getreten war, gegen seine Gattin? Die Erklärung dieses Räthsels haben wir oben gegeben.

[232] Bei Frau Niederer doch wohl auch nicht; sie hatte ihm ja
eben mit dem Briefe, auf den er diesen Vorwurf gründet, wieder ein Exemplar dieses Vertrags zur Hand
geschafft.

[233] Hier liest unsere Abschrift: „Von diesen lege ich das
„ Verzeichniß, wie ich es in meinen Büchern finde, hier-
„ mit bei.

„machen wollte, als es ist, vermischt. [234]) Sie weiß
„was ich ihr väterlich versprochen, aber sie scheint
„jetzt nicht mehr sehr lebendig zu fühlen, daß diese
„meine väterlichen Versprechungen auf die Hoffnung
„der Fortdauer ihres kindlichen Verhältnisses gegen
„mich gegründet waren, und sie voraussetzten. [235])

„Lieber Niederer! So weit meine Erklärung über
„meine bürgerlich rechtliche Stellung in meinem Rech-
„nungsverhältniß gegen Frau Niederer.

„Ich habe Frau Niederer Vieles versprochen [236]), aber
„nicht in der Absicht, selbiges auf dem Gerichtshaus [237])

---

[234]) Im Gegentheil, sie wurde eben jetzt erst genöthiget,
es zu trennen; vorher war ihr bürgerliches Verhältniß
zu ihm, und ihr kindliches nur ein und dasselbe Verhältniß. Sein Brief vom 15ten Juli nöthigte sie zuerst,
darin eine Unterscheidung zu machen.

[135]) Das heißt, er wollte immerhin zusehen, ob sie auch
fortfahren werde, kindlich gegen ihn zu handeln, und
das väterliche Worthalten sollte dann ganz zuletzt auch
nachkommen!

[236]) Also versprochen hat er ihr Vieles; gehalten, wie wir
sehen, nichts. Warum ereifert er sich denn so darüber,
daß Frau Niederer auf diese Versprechungen wenigstens in so weit Gewicht gelegt hatte, daß sie die Lehrerrechnung als eine abgethane Sache betrachtete? Es
ist eben kein großer Beweis zu seinen Gunsten, daß er
es übel nimmt, wenn man auf sein Wort rechnet.

[237]) Wir sind bis jetzt nicht auf dem Gerichtshause gewesen, und die in dem Begleitschreiben der Frau Nie-

„ zahlen zu müssen, und auch nicht in der Erwartung,
„ daß ich einst auf die Folter gesetzt werden müsse, um
„ zu bekennen, was nicht wahr ist, daß ich diese
„ Versprechungen nicht in väterlicher Freiheit 238) und
„ guter Hoffnung eines fortdauernden Kindersinns 239)
„ gethan, sondern aus bürgerlicher Rechtschuldigkeit
„ habe thun müssen. "

---

derer enthaltenen Erinnerungen an seine Zusagen waren
doch wohl auch keine Citation vor Gericht. — Es ist
Alles nur wegen der Art, wie man ihn an seine Versprechungen erinnert!

238) Die bestand wahrscheinlich darin, nichts von dem Ver-
sprochenen halten zu müssen. Wir gratuliren der Welt
zu dieser neuen Familienverfassung, deren drei Grund-
artikel also lauten:

Wenn der Vater von etwas, was geschehen ist, sagt,
es sey so oder so geschehen, so darf das Kind das Maul
nicht aufthun, wenn es auch anders wäre.

Wenn der Vater dem Kind eine Ohrfeige giebt, und
verlangt, es solle sich bedanken, daß er es so freundlich
gestreichelt, so muß das Kind dies thun.

Wenn der Vater dem Kinde etwas verspricht, und er
vergißt es, und nun das Kind ihn daran erinnern
wollte, so verdient es nicht mehr, daß ihm der Vater
Wort halte, und es soll noch über das gestraft werden.

239) Wir bitten unsere Leser, aus den vorliegenden Dokumenten selbst zu beurtheilen, wer zuerst das Verhältniß
gestört, und wer nachher den Riß immer mehr erwei-
tert? — Je weniger er mehr Vater ist, desto öfter beruft er sich darauf, und je öfter er sich darauf beruft,
desto weniger bedeutet es mehr. Die schönste Arie wird
zum Gassenhauer, wenn man sie unaufhörlich herleiert!

Die größern ausgelassenen Stellen und der Schluß dieses Briefs enthalten (nach unserer Abschrift) Versicherungen der väterlichsten Liebe für Herrn und Frau Niederer, und ganz besonders an den ersten die Aufforderung, sich wieder an Hrn. Pestalozzi anzuschliessen, die aber eben wie in den vorigen Briefen, so auch in diesem, der ein altes Unrecht durch Hinzufügung eines neuen behaupten will, nichts mehr als zum mindesten leere, wenn nicht heuchlerische Worte sind, und die uns nicht nur durch den mit dem Heiligen getriebenen Mißbrauch, sondern auch dadurch wehe thun, daß Herr und Frau Niederer, denen es unmöglich war, sich eine solche Verhärtung ihres geliebten und verehrten Freundes und Vaters zu denken, sich dadurch immer wieder täuschen und hinhalten liessen, und dadurch immer neuen Mißhandlungen sich aussetzten.

Frau Niederer schrieb noch einmal an Hrn. Pestalozzi (unter welchem Datum können wir nicht angeben, da in unserer Abschrift dasselbe fehlt) :

„Lieber Herr Pestalozzi!

„Wie mir Niederer sagt, so sprachen sie Arges
„über mich in Ihren Briefen — lesen mag ich es nicht!
„Ich habe ein großes inneres Bedürfniß, die Menschen
„zu achten, und höre und lese nur, wenn es nicht
„anders sein kann, was diese Achtung aufs Tiefste
„tränken muß.

„Mein Brief und meine Rechnung, gegen die Sie
„zu Felde ziehn, sind auf Wahrheit gegründet. Sie
„wären bestimmt, in Ihnen Erinnerungen zu erfrischen,

„ die als innere Zeugen deſſen, was war, allein der
„ rechte Maßſtab ſein können, um das, was jetzt auf-
„ gewieſen wird, zu meſſen. Da Sie aber dieſe Erin-
„ nerungen aus Unbehaglichkeit wegen dem Wechſel der
„ Zeiten und Umſtände verwerfen, ſo iſt Ihnen auch
„ der rechte Maßſtab entfallen, und mit ihm das Recht,
„ ſelbſt Richter zu ſein in einer Sache, in der Sie
„ ohnehin leidenſchaftliche Parthei ſind. Auch ich ſoll
„ und will nicht richten! und bin, Gott ſei Dank,
„ ruhig genug, zu denken, Sie könnten noch mir
„ unbekannte würdigere Gründe in ſich tragen, die
„ das mir durchaus unwürdig erſcheinende Ihres Be-
„ tragens etwas entwirren, und das Urtheil, das ich
„ jetzt in meinem Gewiſſen über Sie fällen muß, mil-
„ dern könnte. Von Ihrem Alter und Ihrer Stellung
„ aus wäre es freilich meinem Herzen Wohlthat, Sie
„ in Hinſicht dieſer Ruhe weit über mir zu fühlen!

„ Und weil weder Sie noch ich Richter ſein können
„ in dieſer Sache, ſo bleibt Ihnen ja nichts übrig,
„ als anzunehmen, was ich längſt und oft Ihnen ange-
„ boten, was Sie aber längſt und oft von ſich gewie-
„ ſen haben: Entweder ſich in die Gemüthsſtimmung
„ zu verſetzen, in der Sie fähig werden, mich anzu-
„ hören, und ſich mit mir zu verſtändigen, oder unpar-
„ theiiſche Männer als Vermittler anzunehmen. Ehe
„ Sie zu dem Einen oder Andern ſich entſchließen,
„ wird dieſe Sache nie als ausgemacht von mir ange-
„ ſehn werden. — Denn — Ihre Bücher muß ich für
„ mich verwerfen, inſoweit ſie den heiligſten Verſprechen,
„ die Sie mir unter dem Vaternamen während fünf
„ Jahren gethan, und denen ich mit kindlichem Ver-

„ trauen Glauben beimaß, widersprechen. Der Jahr-
„ gehalt, den Sie mir und meinen Brüdern und
„ Freundinnen für mich versprochen, steht nicht in
„ Ihren Büchern. — Das Geld, das Sie mir von
„ Zeit zu Zeit ganz heimlich und immer unter dem
„ Siegel der Verschwiegenheit gaben, kann nicht darin
„ stehen, indem Sie es sich, da seine Bestimmung
„ niemand wissen sollte, unter vielfachem Vorwand
„ geben ließen. Was in Ihren Büchern für mich steht,
„ ist das Werk Ihrer Willkühr (an Ihrer Wohlmeinen-
„ heit dabei zweifle ich keineswegs), — aber Sie
„ dürfen es mir nicht übel nehmen, wenn ich unter
„ solchen Umständen keine Willkühr anerkenne, die mir
„ ohne mein Wissen Schuld und Guthaben niederschreibt;
„ und daß ich in solchen Verhältnissen nicht als Geschenk
„ annehmen und anbieten will, was das Recht auf die
„ natürlichste Weise von mir fordert, wie von Ihnen.

„ Die Rechnung, die ich von Ihnen in Händen
„ halte, kann ich um der Ehre Pestalozzi's willen nicht
„ als Pestalozzisch ansehen, und zwar aus folgenden
„ Gründen :

„ Der bei Abtretung des Töchterinstituts zwischen
„ Ihnen und mir geschlossene Vertrag ward den Mei-
„ nigen zur Einsicht mitgetheilt. — Mein Bruder in
„ Aarau erklärte sich gegen den Artikel desselben, der
„ den Zins der Mobilien betrifft. Sie versicherten ihm,
„ er könne von dieser Seite ganz ruhig sein, und diesen
„ Artikel als null betrachten, da ich die Mobilien
„ angekauft und bezahlt, und nur die Betten noch
„ blieben, die mir von diesem Augenblick als angekauft

„ auf meine Rechnung gebracht werden. Er dankte
„ Ihnen für die Beseitigung durch die Annullirung
„ dieses Artikels und zwar in einem Brief der von
„ Hrn. I**s Proceß handelt, und den ich noch in
„ Händen habe. Sie nahmen den Dank an, und Sie
„ betheuerten auch mir, daß diese Betten, die wir um
„ des Ankaufs willen schätzen ließen, mir um den Mit-
„ telpreis von 300 Fr. als angekauft auf meine Rech-
„ nung gebracht werden sollen (die Schatzung von
„ Hrn. Lavanchy betraf in 200, die von Frau Kuster
„ selig und Frau Krüsi in 400 Fr.).

„ Sie sprachen hier, wie bei allen Anlässen von
„ der Art mein kindliches Vertrauen für Ihren Vater-
„ sinn an — ich vertraute auch wirklich mit sorgenlosem
„ kindlichem Herzen — und heute steht in Ihrer Rech-
„ nung die Forderung von 800 Fr. Zins [240]) für
„ 4 Jahre Gebrauch dieser von mir angekauften
„ Betten!! —

„ Jede Uebereinkunft, die in frühern Verhältnissen
„ zwischen Ihnen und mir getroffen wurde, ruhte auf
„ den Stützen der Achtung, der Liebe und des Ver-
„ trauens. Sie verwarfen alle äußere Form! — Ich
„ diente Ihren Zwecken mit Aufopferung meiner selbst
„ und bei jedem Versprechen der Anerkennung darüber,
„ das Sie unter dem Vaternamen mir thaten, sprachen
„ Sie aus: Nicht wahr, Du glaubst, Du vertraust
„ mir! — und ich glaubte und vertraute Ihnen, wie

[240]) Frau Niederer sah nicht einmal, daß es Kapitalwerth
war, und daß der Zins erst noch dazu kommen sollte!

„nur ein Kind dem Vater vertrauen kann. Und weil
„es mir noch heute Bedürfniß ist, Ihnen zu glauben
„und zu vertrauen, so spreche ich noch heute ein Recht
„an, das auf diesen Versprechungen beruht, und das
„in Ihrer Erinnerung anerkannt werden muß, weil
„es auf Wahrheit und Gewissen gegründet ist. — Weil
„Sie aber in der Gegenwart, vom Fieber der Miß-
„stimmung ergriffen, diese Erinnerungen mit Füßen
„treten, und weil Sie, der in unseren Verhältnissen
„während fünf Jahren jede äußere Form verwarf, nun
„auf einmal mit der äußern Form sich brüsten, und
„stolz auf Ihre Bücher schlagen, und gleich dem Papst,
„der die Krücken, die ihm zum Vertrauen und zum
„Papstthum verhalfen, von sich warf, die väterlichen
„Versprechen, das Vaterherz und den Vatersinn, der
„Ihnen zu meinem Vertrauen und zu meiner Liebe
„geholfen, verwerfen; so bleibt mir nichts übrig,
„als zu erwarten, was das Austoben Ihres Fiebers,
„und eine trugfreie Stunde vor Gott und Ihrem
„Gewissen über Sie vermögen. — — Es ist hier nicht
„um ein elendes Geldinteresse zu thun; wer das glaubt,
„erniedrigt sich selbst durch eine elende Ansicht. — Nein,
„Herr Pestalozzi! Darum ist es zu thun, daß mein
„Gewissen Sie nicht Zeit Lebens anklagen müsse, Sie
„haben unrechtlich und verdammlich an mir gehandelt;
„sondern daß es Sie mir gegenüber frei sprechen könne
„von Schuld, damit Ihr Andenken ferner mir ehr-
„würdig und theuer bleibe in der Erinnerung des bes-
„sern Selbst in Ihnen und meines Verhältnisses zu
„Ihnen, das einst so erhebend war, und noch heute
„mir Erhebung gibt, weil das, was es damals mög-

„lich machte, noch heute rein wie damals fortlebt
„ im Herzen

„Ihrer ergebenen

„R. Niederer, geb. Kasthofer."

Mit diesem Brief, der eben so wie die frühern
ohne Erfolg blieb, schließt sich die Korrespondenz über
das Rechnungswesen. Es wurden von Freunden beider
Häuser viele Versuche gemacht, eine Ausgleichung
herbeizuführen. Auch mündliche Unterredungen zwischen
beiden Theilen fanden öfters Statt. Hr. Pestalozzi und
Schmid blieben dem angenommenen Systeme getreu,
niemals sich auf etwas Bestimmtes einzulassen, so daß
sieben Jahre hindurch die Sache nicht weiter gedieh,
als wir sie bis jetzt verfolgt. Der Geist, in dem von
ihnen Vorschläge gemacht und wieder beseitigt wurden,
ist in den vorliegenden Briefen deutlich genug ausgesprochen. Zuerst schickt Hr. Pestalozzi einen lateinischen
Vers, dann eine Quittung für Forderungen, die er
nicht zu machen hat, dann eine Erklärung, daß er
nichts anderes geben könne. Hierauf forderte er von
Frau Niederer ihre Rechnung; als er sie erhalten,
schlägt er Hrn. Miegs Dazwischenkunft vor, und will
auf sich ziehen lassen; — da Hr. Niederer dies annimmt, wird er wüthend; von Hrn. Mieg ist keine
Rede mehr, Hr. C*** soll alles in Ordnung bringen; —
Hr. Niederer ist auch damit zufrieden, wenn er nur
Gegenrechnung geben will; er schickt ein paar zusam-
menhangslose Blätter, und von Hrn. C*** ist auch
wieder keine Rede; — zuletzt läßt er gar nichts mehr
von sich hören!

Indeſſen knüpften ſich ſehr bald auch wieder pädagogiſche Debatten an, indem Hr. Peſtalozzi, der den Verluſt ſeiner alten Freunde und Gehülfen in ſeiner immer mehr verſinkenden Anſtalt tiefer fühlte, als er es im erſten Augenblicke ſeiner leidenſchaftlichen Trennung von ihnen ſich vorgeſtellt haben mochte, — immer neue Verſuche machte, ſie wieder an ſich anzuſchließen. Dadurch wurden auch die Herren Krüſi und Näf, als Vorſteher, jener einer Knaben - und dieſer der Taubſtummenanſtalt in den Krieg mit hineingezogen; indem es ſich dieſe drei Häuſer vereiniget zur Aufgabe machten, einander zur Verwirklichung der Idee, auf die einſt die Peſtalozziſche Anſtalt gebaut, die aber jetzt aus ihr völlig gewichen war, aus allen Kräften und mit allen Mitteln beizuſtehen.

Der Stein des Anſtoſſes bei allen dieſen Verſuchen war Schmid; mit ihm wollten Hr. Niederer und ſeine Freunde in keiner Angelegenheit, am wenigſten bei einer pädagogiſchen Vereinigung zu thun haben; aber Hr. Peſtalozzi beſtand darauf, ſie müſſen Schmid, als ſeinen Retter und innigſten Freund in die Vereinigung mit einſchließen. Er verwarf auch das Anerbieten, das ihm von ihnen gemacht wurde, ſeine Anſtalt Schmid zu überlaſſen, und ihre Häuſer als die ſeinigen zu betrachten, in denen ſie ihn mit offenen Armen aufnehmen würden.

Auf das Detail dieſer Verhandlungen, die auch eigentlich unſerm Gegenſtande fremd ſind, laſſen wir uns nicht ein; mit den darüber vorliegendrn Briefen könnte man Bände füllen. Wir mußten ihrer nur erwähnen, weil durch sie eigentlich der Prozeß herbeigeführt wurde, mit dem das Rechnungswesen sich auf's Neue verflocht.

Kurz nach dem Ausbruch der Streitigkeiten gab Hr. Pestalozzi wiederholt Memoiren über seine Verhältnisse an die Stadtbehörde und an die Regierung ein; und obgleich er S. 184 seiner Schrift versichert: „er habe durchaus keine Schritte gethan, „die den Instituten seiner Gegner hätten „nachtheilig sein können, so widerspricht er sich doch selbst, indem er S. 243 von seinen „seit einigen „Jahren so oft wiederholten Vorstellungen „an den hohen Staatsrath über seine Lage „in Jferten" spricht. Aus den Akten, die wir vor uns haben, zeigt sich, daß er schon im Jahre 1818 ein solches Memoire der Stadtbehörde und durch sie der Regierung einreichte, und daß die von HH. Niederer, Krüsi und Näf verlangte Mittheilung desselben vom Stadtrath, an den sie sich deßhalb wandten „um des Friedens willen" verweigert wurde. Von ihrer Seite geschah hingegen durchaus kein Schritt, bis im März 1821 Schmid den Versuch machte, sich des Schlosses noch auf 20 Jahre nach Hrn. Pestalozzi's Tode zu versichern.

Obgleich der Stadtrath mit voller Gerechtigkeit auch Schmid die verlangte Mittheilung des Briefs der drei Herren an ihn verweigerte, wußte sich derselbe doch eine Abschrift davon zu verschaffen, und ergriff nun begierig diesen Anlaß, um darauf einen Injurienprozeß zu gründen. Zur Widerlegung der gänzlich

entstellten Darstellung des Prozeßganges in der Pestalozzischen Schrift begnügen wir uns hier zu sagen,
daß eine Antwort der drei Herren vom 28. Nov. 1821,
von 28 Seiten Imperialfolio, vor uns liegt, in der
sie nicht nur den Inhalt ihres Briefs anerkannten,
sondern auch den Beweis desselben, mit Dokumenten
belegt, aufstellten. Schmid fand es nicht zuträglich,
ihnen auf diesem Wege zu folgen, und machte daher
von dem Rechte des Klägers Gebrauch, den Prozeß
zu reformiren, d. h. seine Klage fallen zu lassen, und
sie von andern Gesichtspunkten aus neu zu begründen.
Dies that er am 30. Jänner 1822, und suchte nun,
da ihn das Wesen der Sache zu keinem günstigen Resultate führte, seinen Gegnern durch die Rechtsform
beizukommen. Da überließen sie es ihrem Sachwalter,
ihm auf diesem Wege so weit als nöthig, zu folgen,
und der Prozeß, der indeß noch mehrere Reformen
erlebte, dauerte so bis Ende 1823, wo Schmid abermals hätte reformiren müssen, wenn nicht auf Hrn. Pestalozzi's Ansuchen die Regierung in's Mittel getreten
wäre, und es endlich zur Unterschrift des unten folgenden Vergleichsvorschlags gebracht hätte, den Herr
Niederer schon früher entworfen und angeboten hatte.

An den Prozeß schlossen sich denn auch die Zei-
tungsartikel an, deren erster ebenfalls von Schmid
(Nro. 135 der Beilage der Allgemeinen Zeitung von 1821)
die übrigen herbeiführte, und die Schmid als Stoff
zur Reform seines immer fortdauernden und immer
reformbedürftigen Injurienprozesses gebrauchte.

Das Libell „Wahrheit und Irrthum" zog ihm

unter dieser Zeit eine öffentliche Anklage zu. Seine Lossprechung erlangte er nur durch die Erklärung, daß der auf dem Titel angegebene Druckort „Jferten, im Julius 1822" falsch sey. Ex uno disce omnia!

Während des Prozesses geschahen der Vergleichsversuche noch mehr als vorher; auch die Regierung nahm sich der Sache an; einige Male waren sie der Unterschrift nahe; allein die Gerüchte, die jedesmal darüber ausgebreitet wurden, als seyen Herr Niederer und seine Freunde genöthiget, endlich zum Kreuz zu kriechen, hinderten auch eben so oft wieder das Gelingen. Zum Beweise geben wir hier folgendes Aktenstück:

„Unterzeichneter bezeugt hiermit auf Verlangen zur „Steuer der Wahrheit, daß er im März 1823, wo „er bei Herrn Pestalozzi als Lehrer angestellt war, „einen Versuch gemacht, über den gegen Herrn Nie„derer obwaltenden Prozeß einen Vergleich herbeizu„führen, wozu sich auch Herr Niederer durchaus „bereitwillig gezeigt. Nach mehreren Unterhandlungen „sollte als Fundament dazu eben der Entwurf des „Herrn Niederer dienen, der am Ende des Jahres 1823 „wirklich unterschrieben wurde. Ein Todesfall in der „Familie des Herrn Niederer veranlaßte einen Ver„schub von einigen Tagen, während deren Herr Joseph „Schmid, der über die Beendigung des Prozesses sehr „froh war, in der Stadt diesen Entwurf bekannt „machte; ihn aber auf eine wahrheitswidrige Weise, „als Resultat von Herrn Niederers Furcht und ein sei„ner Ehre nachtheiliges Zugeständniß der ihm gemach

„ten Beschuldigungen darstellte, unter andern mit den
„bestimmten Worten „il a passé condamnation.“
„Dieß war es, was Herrn Niederer bewog, seinen
„Vorschlag zurückzunehmen. Herr Joseph Schmid sei-
„ner Seits läugnete zwar, sich auf diese Weise ge-
„äußert zu haben, wollte sich aber dem Mann, gegen
„den er namentlich obige Ausdrücke gebraucht hatte,
„nicht gegenüber stellen lassen, noch sich zu einer förm-
„lichen Zurücknahme einer solchen Ansicht erklären.

„Iferten, den 8ten September 1826.

„Theodor Franke.“

Dies war der Geist, in dem Hrn. Niederers Geneigtheit, alle Streitigkeiten zu beendigen, entsprochen
wurde; doch diesen Geist charakterisirt am Allerbesten
die neueste Pestalozzische Schrift selbst, die kurz nach
dem Abschluß des Vergleichs angefangen wurde, wenn
sie nicht vorher schon zum Theil entworfen war, wie
man aus dem unten S. 272 mitzutheilenden Briefe
schliessen sollte, und die ein offenbarer Bruch des Vergleichs selbst ist. 241)

Wir glauben, unsere Leser werden es uns Dank

---

241) Mit der Pestalozzischen Friedfertigkeit stand es eben
wie bei jenem Bauer, der, als ihm auf dem Todbette
der Geistliche zuredete, er solle seinem Nachbar, mit
dem er immer im Streit gelebt, vor seinem Ende noch
verzeihen, endlich sich dazu entschloß, und sagte: Nun,
so will ich ihm denn verzeihen; aber — sich zu
seinem Sohne wendend — Bub, denk du dran!

wissen, daß wir zur Widerlegung der vielen diesfallsigen Entstellungen der Wahrheit in der Pestalozzischen
Schrift es bei diesen wenigen Thatsachen bewenden
lassen, und sie werden uns eine ausführliche Darstellung aller dieser Hergänge eben so gerne erlassen, als
wir sie damit verschonen.

Ehe wir indessen die Vergleichsurkunde und den
Schiedspruch mittheilen, geben wir unsern Lesern
hier noch zu ihrer Belustigung sowohl als zu Urkund
eines der vielen Ultimaten von Schmid, die er in seiner Reformnoth während des Prozesses an Hrn. Niederer
erließ. Die Schreckhaften unter ihnen bitten wir aber
dringend, sich fein auf die Seite zu machen, indem
hier fürchterlich anzusehen ist, wie aus einem einzigen Schwein ganze Legionen ausfahren.

„Dieses ist, wie Sie leicht selber sehn werden,
„die letzte Warnung, die von uns an Sie gelangt und
„gelangen kann, nach dem, was zu thun nöthig ist.
„Aus Beylag No. 26 der Zürcher Zeitung und ange-
„schlossener Beylag, die in der allgemeinen Zeitung
„jetzt auch erschienen ist, sehen Sie ungefähr, was
„erfolgt, und von Seiten Pestalozzi's erfolgen muß,
„wenn dem Vertilgungszustand, in den Sie uns ver-
„setzten, so weit es in unserer Hand liegt, ein Ende
„gemacht werden soll. Daß auch ich zugleich fortfah-
„ren werde, zu thun, was mir immer möglich ist,
„diesem uns verheerenden Unglück Schranken zu setzen,
„das können Sie sich leicht vorstellen, und Sie haben
„gewiß einige Proben, und werden wenn es
„so fortgesetzt wird, in kurzer Zeit noch meh-

„rere in meinem Thun finden, die bis jetzt
„noch nicht an das Licht befördert (!) wurden;
„doch ich will Ihnen hierüber nicht viel sagen,
„Sie könnten dieses leicht wieder als eine
„Drohung (sic!) ansehn, und ihre Leidenschaft
„dann nicht mehr zu beherrschen im Stand sein, und
„uns wie immer geschehn ist, von einem Abgrund zum
„andern gegenseitig zu führen nöthigen, bis wir end-
„lich baide (?) uns selbst vor dem Publikum ausge-
„stellt finden, daß man mit vollem Recht mit den
„Fingern auf uns zeigen²⁴²) darf. Sie sehn also aus
„dem Vorliegenden, daß Pestalozzi öffentlich sprechen
„wird, will und muß. Auch können Sie sich die
„Art und Weise, wenn auf diesem Kriegsfuß
„fortgesetzt werden soll, das Sprechen und
„Handeln zum Theil zum Voraus schon vor-
„stellen. Zum Theil aber werden dennoch Er-
„klärungen und Dinge zum Vorschein kom-
„men, die Sie gewiß nicht erwarten (!) und
„vielleicht einige davon nicht einmal recht
„kennen (!!). — Ueberdieß werden Sie zu neuen
„Schritten und Maßregeln beide Theile führen, die
„auszuweichen, wenn es möglich ist, jedem, der das
„Unglück nicht mit Vorwissen befördert, will und
„sucht, seine Pflicht ist zu hindern. Von diesem Stand-
„punkt aus bitte ich also diese letzte Aufforderung in's

---

²⁴²) Das würde ihn noch kitzeln, wenn sich Jemand die
Mühe nähme. Es wäre doch immer eine Auszeichnung!
— „Große Männer, pflegte er, auf sich selbst deutend,
„zu sagen, haben große Schicksale!" —

„Auge zu fassen und zu beurtheilen — Damit Sie
„dieselben aber wenigstens von einer Seite richtig zu
„beurtheilen in den Stand gesetzt werden, so erlaube
„ich mir, einen Punkt des Inhalts dieser Erklärung
„Pestalozzi's und der Darlegung unserer Streitigkeit
„vor dem Publikum, durch einen für Sie wohlmeinen-
„den Wink (!!) zu berühren. Sie wissen wie wir
„die Rechnung und Kontrakt Ihrer Frau mit
„Pestalozzi ansehn und beurtheilen, und die-
„ses wird auf eine gehörige Weise in Pesta-
„lozzis Erklärung bestätigt.²⁴³) Auch wird

---

²⁴³) Da haben wir ja den Schlüssel zu den Lebensschicksalen.
Wenn er es bestätiget, so kann's nicht mehr fehlen.
In dem gleichen Geiste hat Hr. Pestalozzi auf die für
ihn wohlmeinende Aeußerung der Lausanner-Zeitung,
„ der Mensch, der schön Hrn. Pestalozzi's Anstalten zu
„ Grunde gerichtet, und ihm von aller Welt getrennt
„ habe, versuche jetzt, durch eine verleumderische Dar-
„ stellung seiner letzten 25 Lebensjahre, die seinen Na-
„ men trage, ihn zu kompromittiren, und die Meinung
„ der Nachwelt über ihn irre zu führen.“ — folgende
Antwort ertheilt:

„ Ihr Blatt vom 2ten dies enthält einen anonymen
„ Artikel, der über die geschichtliche Darstellung des
„ Gangs meiner Erziehungsanstalten in Burgdorf und
„ Iferten, die ich in Leipzig herausgegeben, ein dreistes
„ Urtheil fällt. Da dieses Urtheil geeignet ist, die Sache
„ sehr weit zu führen, so antworte ich darauf für den
„ Augenblick:

„ 1) Daß ich der Verfasser genannter Darstellung

„in dieser Schrift von Pestalozzi Ihnen sehr
„wahrscheinlich noch einmal die General-

„von der ersten bis zur letzten Zeile bin. Wer das Ge-
„gentheil behauptet, lügt.

„2) Ich wünsche eine strenge Prüfung derselben,
„und jeden Irrthum, den man darin nachweisen kann,
„werde ich öffentlich anerkennen und zurücknehmen.

„3) Ich werde nach Pflicht vor jedem kompetenten
„Richter einem Jeden antworten, der darin einen ihn
„betreffenden verleumderischen Ausdruck zu finden be-
„hauptet, und wenn dieser Ausdruck wirklich als solcher
„befunden wird, so werde ich mich mit Liebe zur Wahr-
„heit der strengsten Strafe unterwerfen, die auf einer
„solchen Handlung steht.

„Jeder, der sich freiwillig erbietet, eines Dritten
„Ehre zu retten, gleicht einem ungebetenen Gaste. Ich
„verlange Niemand, der die meinige rette; im Gegen-
„theil, ich weise ihn ab. Uebrigens ist es klar, daß der
„in Ihr Blatt eingerückte Artikel dahin zielt, bei'm
„Publikum das Interesse für mein Werk zu schwächen.
„Es liegt mir aber am Herzen, daß man es lese, und
„zwar in Verbindung mit dem 13ten Bande der neuen
„Ausgabe meiner Werke, so wie mit Allem, was ich
„noch zur Aufklärung des Zwecks meiner Lebensbestre-
„bungen herausgeben werde.

„Neuhof, den 10ten Juni 1826.

„Pestalozzi.“

Wir haben in Hrn. Pestalozzi's Schrift nicht nur
den Stof, sondern leider auch den Geist seiner letzten
Lebensjahre sogleich als den seinigen erkannt, und von
dieser Ansicht aus unsere gegenwärtige Schrift verfaßt.

„quittung öffentlich aber mit der bestimmten
„Aufforderung und Bedingung angeboten,
„dieses väterlich (!) wohlwollende (!!) Ge-
„schenk (!!!) durch Euer Thun und Benehmen
„kindlich zu erwiedern, und den Schaden und den
„Unsegen, welchen Ihr Pestalozzi durch Eure Ver-
„folgung zufügtet, auf dem kindlichen Weg dann
„wieder gut zu machen. Werdet Ihr dieses also öffent-
„lich nicht annehmen, nachdem man jetzt und zum

Wir sind aber Hrn. Pestalozzi dankbar, daß er selbst
durch diese öffentliche Erklärung uns gegen den Vorwurf gesichert hat, wir bürden ihm auf, was eigentlich
doch nur Schmids Werk sey.

Eben so glauben wir, in Hrn. Pestalozzi's Heraus-
forderung zu strenger Prüfung seiner Schrift liege die
beste Rechtfertigung der unsrigen. Daß er aber Alles,
was ihm Falsches nachgewiesen werden kann, öffentlich
zurücknehme, muthen wir ihm nicht zu, er müßte denn,
groß, wie er es vermag, über die Verirrungen seines
Lebens noch einmal sich erheben, und den um ihn trau-
ernden Menschenfreunden noch einmal die Wonne der
Auferstehung seines edlern Wesens bereiten. Eine sittliche Erhebung, die eben so bewundernswürdig wäre,
als seine gegenwärtige Versunkenheit tief und traurig ist.

So lange er dies nicht thut, glauben wir allerdings, daß wir für ihn ein ungebetener Gast seyn
werden. Wer aber das ganze Publikum auf solche Ge-
richte zu Gaste bittet, wie er in seiner Schrift gethan
hat, muß es sich gefallen lassen, daß ein Dritter dazu
etwas Senf anbiete. Senf aber und Wahrheit, besonders mit Salz angemacht, beißen in den Augen.

„Voraus Euch dieses auf dem Privatweg angezeigt
„hat — Erfolgt also öffentlich keine solche
„Annahme, so wird Pestalozzi dafür sorgen,
„daß seine Rechnungen und der Contrakt der
„Uebernahme des Instituts in ihrem ganzen
„Umfang geltend gemacht werden. Das, was
„Ihr ihm schuldig werdet, wird öffentlich
„zur unentgeltlichen Aufnahme armer Kin-
„der in seine Armenanstalt bestimmt (!), und
„hiefür verwendet werden. Seinen Enkel
„und mich wird Pestalozzi bürgerlich und
„moralisch (?) verpflichten, daß dieses wenig-
„stens nach seinem Tode geschehe. Daß dieses
„nach seinem Tode wirklich geschehn und die
„Rechnungsverhältnisse zu diesem Endzweck
„erst bereiniget und vollendet werden, ist
„einleuchtend, und Sie dürfen dieses von
„uns erwarten. Und wenn man sein Alter und
„seine sonstigen Geschäfte in Erwägung zieht, so
„könnt Ihr Pestalozzi nicht mehr zumuthen,
„daß er sich einem solchen Geschäft unter-
„ziehe. — Solltet Ihr also dieses Anerbie-
„ten von Pestalozzi nicht in einem kindlichen
„Sinne öffentlich annehmen, so wird er bei
„seinem Leben mit Euch, außer Ihr zwingt
„ihn, gerichtlich zu rechnen, auf keinen Fall
„es mehr thun, denn er kennt Eure (?) Weise
„auf dem Rechtsweg ihm nur Zeit und Ruhe durch
„unnütze Ausflüchte, die (sic, sic!) er so noth-
„wendig zu etwas Nöthigerm und Wichti-
„germ bedarf, zu rauben, nur zu gut. Auch wird
„er für diesen Fall öffentlich und privat

„Alles vorbereiten, daß nicht allenfalls (?)
„unterschriebene Rechnungen und andre In-
„strumente, die ihm nicht beim Leben als
„richtig vorgelegt wurden, und von ihm aus
„als gültig erklärt sich finden, zum Vor-
„schein kommen.[244] — Wie weit (!!) schon dieser
„Punkt allein in Pestalozzi's Erklärung führt, ist dem
„Blinden, und dem nicht ganz in Leidenschaft Befan-
„genen einleuchtend. Es sollte für Sie hinreichend
„sein, keine in diesem Geist abgefaßte Erklärung von
„Pestalozzi an das Publikum gelangen zu lassen. Ich
„verhehle nicht (!) es sollte genug sein, uns (?) schon
„also vor dem Publikum und vor den Gerichten aus-
„gestellt zu sehen. Man sollte mich endlich nicht
„noch zwingen, von dem letzten Mittel, (ne-
„ben!! der Gerechtigkeit) von Pestalozzi,
„von dem Glauben, den er verdient (?) und
„besitzt (!) und seinem Zutrauen selbst Ge-
„brauch (!!) zu machen. Auch habe ich es bis
„auf diese Stunde ausgewichen, hiervon Gebrauch zu
„machen; ich kann aber und darf diesen Ge-
„brauch nicht länger hinausschieben, wenn
„wir auf dem Kriegsfuß diesem Zustand ein Ende
„machen müssen (?). Für diesen Fall aber soll
„diese Erklärung Pestalozzi's, die zu einer
„Broschüre erwachsen wird, nicht nur in deut-
„scher sondern auch in französischer Sprache

---

[244] Merkt der Leser etwas? — Bei seinem Leben will er
nicht rechnen, und für seinen Tod Veranstaltungen
treffen

„erscheinen. Auch habe ich dann keinen Grund mehr,
„die Erscheinung der Schrift: „Wahrheit und Irr-
„thum," die Ihr verfolget, eine französische Er-
„scheinung (!!) derselben zu verhindern. Deß-
„gleichen eine Schrift, die nächstens (?) er-
„scheint: „Vater Pestalozzi und die Insti-
„tute in Jferten dargestellt, von Dr. J. P. [245])
„die Ihr Institut à la Meyer durch ihre
„Brille u. s. w. angesehn, und bis in ihre
„geheimsten Winkel verfolgt (!) — Was ich
„bisher verhinderte und unterdrückte, hab ich dann
„aber bei einem fernern kriegerischen Benehmen nicht
„mehr weiter zu hindern und zu unterdrücken. Selbst
„meine Schrift hier in Bewegung (!) zu se-
„tzen, und unser Mempir zu einer gehörigen
„Kenntniß hier zu bringen, wird unsre
„Pflicht (!!) werden. Diesem Verheerungssystem,
„welches unsre Existenz schon so lange gefährdet, und
„bedroht, einige Schranken (!) zu setzen, halten wir
„für unsere Pflicht. Ist Ihnen dieses nicht ge-
„nug, dem Kriegszustand ein End zu ma-
„chen, so wollen wir einander mit keinen
„Briefen und Versuchen weiter mehr pla-
„gen (!) — Als Ausgleichungsweg schlage ich Ihnen
„das vom 25ten Mai laufenden Jahres noch einmal
„vor, und sage Ihnen nur zum Voraus, ich will
„nichts von den Vorschlägen, die Sie uns auf diesen

---

[245]) Um den Lesern von dem Werth dieser Darstellung
einen Begriff zu geben, schreiben wir nur den Namen
des Verfassers aus; er heißt: Dr. Joachim Prati —!

„Brief machten, hören. Dieses waren keine ehrlich
„gemeinten Vorschläge von Ihrer Seite, und auch
„ich legte es darauf an, Sie mit diesen un-
„richtigen Rechnungsverhältnissen, die das
„Wesen unseres Streites sind, hinwieder in
„kein günstiges Licht zu setzen. [246]) Ich will
„jetzt einen wahren (!) und dauernden Frieden, oder
„einen Krieg, der den einen (!) oder an-
„dern (!!) oder uns beide (!!?) früher oder
„später vernichtet(!!). Indem ich ende, sage ich
„Ihnen noch, Pestalozzi's Erklärung an das Publi-
„kum ist nun öffentlich vorbereitet, kommt der Frie-
„den zu Stande, so kann er dieselbe (?) noch be-
„nutzen, unsre gegenseitige (?) Ehre (!!) zu ret-
„ten (!) und wird in sofern ein solches Ziel erreicht
„wird, es auch herzlich gern thun.

„Iferten, den 3ten Juli, 1823.

„Joseph Schmid.“ [247])

Nach diesem Aktenstück werden sich unsere Leser
nicht wundern, daß die Friedensvorschläge zu
keinem Frieden führen wollten. Dies wurde erst möglich nachdem Schmid sich durch einen dreijährigen Pro-

---

[246]) Der Fuchs! er beißt sich den Schwanz ab, um aus
der Falle zu kommen! — Nun, es ist immer ein Hinderniß
weniger in gewissen Fällen, in die ein solcher Ehren-
mann noch kommen kann!

[247]) . . . . Non spuma canum, quibus unda timori est,
Viscera non lyncis, non dirae nodus hyenae
Defuit . . .

zeß überzeugt hatte, daß er nach noch dreimal drei Jahren seine Ehre doch nicht gewinnen würde, und ihm selbst das Reformiren anfing sauer zu werden.

Wir geben hier zum Schluß des dritten Abschnitts noch den von Hrn. Niederer schon früher und auch jetzt wieder angebotenen Vergleich, der nun unter Vermittelung der Regierung unterzeichnet wurde, und der, da er sich unter solchen Umständen selbst erklärt, keines Kommentars bedarf.

Die Endsunterzeichneten, Herr Doktor Heinrich Pestalozzi, Gründer und Vorsteher seiner Erziehungsanstalt in Iferten, ferner, einerseits Herr Hermann Krüsi, Direktor der Appenzellischen Kantonsschule in Trogen, Herr Konrad Näf, Vorsteher einer Taubstummenanstalt, und Herr Doktor Johannes Niederer, V. D. M., und Vorsteher einer Töchteranstalt, und andererseits Herr Joseph Schmid, entschlossen, ihre Streitigkeiten freundschaftlich und auf eine dem persönlichen Charakter, der Würde und der bürgerlichen und gesellschaftlichen Stellung der betheiligten Personen angemessene Weise zu beendigen;

Sind über folgende Punkte übereingekommen:

1°. Erklären sie alle in Folge von Mißverständnissen seit der Rückkehr des Herrn Joseph Schmid in die Pestalozzische Anstalt im Jahr 1815 und besonders seit Anfang des Jahres 1816 Statt gehabten und mündlich, schriftlich und durch den Druck verbreiteten Miß-

deutungen, üblen Nachreden und Anschuldigungen als
der Wahrheit und besserm Wissen und Gewissen zuwider, wie sie nun auch heissen, und von wem sie
herrühren mögen.

Insbesondere erklären sie förmlich die auf ein un-
beendigtes Rechnungsverhältniß gestützten Beschuldigungen und Gegenbeschuldigungen als ungültig, unge-
gründet, und auf leidenschaftlich gewordenem Irrthum
beruhend, insofern sie die Ehre und Rechtschaffenheit der
betreffenden Personen kränken.

2°. Die vor Gericht anhängigen Klagen werden
von jedem Theile, insoweit es ihn angeht, zurückgezogen, jeder Theil trägt seine Kosten.

3°. Das streitige Rechnungsverhältniß soll vier
Schiedsmännern übergeben werden, die im Fall der
Stimmengleichheit einen Oberschiedsmann wählen, der
alsdann entscheidet. Jeder Theil wählt zwei Schiedsmänner, deren Wahl beiden völlig frei steht; ihre
Entscheidung kann, wenn man will, öffentlich gemacht
werden.

4°. Da es wesentlich ist, daß einerseits die innere
Harmonie der Anstalten und die freie Bewegung der
sie leitenden Personen nicht gestört werde, und andererseits alle für die Pestalozzische Unternehmung vorhandenen Mittel so viel als möglich in Anwendung gebracht werden können, so erbieten sich die Herren Näf
und Niederer Herrn Pestalozzi für die Beförderung
des Zwecks seiner Bestrebungen, insofern sie ihm nöth-

lich seyn können, und er sie dazu persönlich auffordern wird. Wohl verstanden, daß von nichts weniger die Rede ist, als sich in die innern Verhältnisse der Pestalozzischen Anstalt und ihrer Leitung zu mischen, so wie auch Herr Pestalozzi nie daran denken könnte, sich in die Leitung ihrer Anstalten zu mengen.

5°. Falls hinsichtlich der Wünsche und Forderungen Herrn Pestalozzi's in Beziehung auf obgenannte Personen und ihre Anstalten (was wir jedoch bei weitem nicht fürchten) neue Mißverständnisse und Zerwürfnisse entständen, sollen in Iferten selbst zu ernennende Schiedsrichter diese Anstände nach einer freien und edeln Ansicht schlichten.

6°. Falls Herr Pestalozzi Bedenken trüge, den ganzen Inhalt dieser Uebereinkunft in die öffentlichen Blätter einrücken zu lassen, werden sich die Herren Krüsi, Näf und Niederer mit der Bekanntmachung des ersten Punktes oder der drei ersten begnügen.[248])

Iferten, den 31. December 1823.

Pestalozzi.　　　　　　　p. H. Krüsi.
J. Schmid　　　　　　　H. K. Näf.
　　　　　　　　　　　　Joh. Niederer.

---

[248]) Nicht einmal von diesem Rechte haben sie Gebrauch gemacht. Wir geben hier das ganze Aktenstück, da es Hr. Pestalozzi in der Vorrede zum 12ten Band seiner Schriften bereits gegeben hat.

Der Schiedsspruch.

Die neun ersten Monate des Jahres 1824 vergiengen abermals, ohne daß das Rechnungswesen weiter in Anregung kam; endlich aber wurde auf Hrn. Niederers dringendes Ansuchen von den erbetenen Herren Schiedsrichtern der 15. November 1824 als Schiedstag anberaumt, nachdem 2 Monate vorher beide Theile zu Einsendung ihrer Rechnungen und Dokumente binnen 8 Tage Frist aufgefordert worden waren. Folgendes ist das, den Gang der Verhandlungen selbst auch summarisch in sich fassende Urtheil:

In einem am 31. December 1823 zwischen den Herren Pestalozzi und Schmid einer- und den Herren Näf, Niederer und Krüsi andererseits abgeschlossenen Vergleich findet sich der Artikel Nro. 3, der nur die zwischen Herrn Pestalozzi am einen und Herrn Niederer am andern Theil obwaltenden Rechnungsverhältnisse betrifft:

„Art. 3. Das streitige Rechnungsverhält-
„niß soll vier Schiedsmännern übergeben
„werden, die im Fall der Stimmengleichheit
„einen Oberschiedsmann wählen, der als-
„dann entscheidet. Jeder Theil wählt zwei
„Schiedsmänner, deren Wahl beiden völlig
„frei steht; ihre Entscheidung kann, wenn
„man will, öffentlich gemacht werden.

In Folge dieses Artikels hat Herr Pestalozzi den Herrn Staatsrath Soulier, und den Herrn Professor

Charles Secretan, und Herr Niederer den Herrn Staatsrath de la Harpe und den Herrn Doktor Louis Pellis
zu Schiedsrichtern ernannt.

Beide Theile haben den Vergleich und die Ernen-
nung der Schiedsrichter genehmiget und zu bleibender
Urkund deß Gegenwärtiges unterzeichnet. Ueberdies hat
auch Frau Niederer, die bei dieser Rechnungsbereini-
gung betheiligt ist, Gegenwärtiges unterzeichnet mit
der Erklärung, daß sie auch für ihren Theil in das
Schiedsgericht willige. Weitere Berichtigung wird,
wenn nöthig ist, nachfolgen; inzwischen berechtiget
Herr Niederer seine Frau und verbürgt sich für sie. —
Geschehen zu Lausanne, zum Original des schiedsrichterlichen Vergleichs, das von den Herren Schiedsrichtern in der Distriktskanzlei von Lausanne niedergelegt
werden soll, wo dann beide Theile davon, so wie von
dem zu erfolgenden und auf gegenwärtiger Urkunde
niederzuschreibenden Urtheil Abschrift nehmen können.
Den 15. November 1824.

Pestalozzi.

Unterzeichnet: N. Niederer.

J. Niederer,
sowohl für mich als für meine Frau.

Um sich ihres Auftrags zu entledigen, haben die
obgenannten Schiedsrichter jeden Theil eingeladen,
seine Rechnung mit den nöthigen Belegen einzusenden.
Als dieses erfolgt war, haben die Schiedsrichter die
beiderseitigen Anforderungen sorgfältig untersucht und
über jeden Artikel die Anforderung selbst, ihren Gegen-

stand, die Gründe für und wider, und die zur Ergründung der Wahrheit aufzuhellenden Punkte aufgezeichnet. Hierauf haben sie beide Theile eingeladen, sich den 15. November nach Lausanne zu begeben, und sich mit allen Aktenstücken zu versehen, die sie ein- und andererseits für dienlich erachten würden; sie sind auch wirklich erschienen, nämlich Herr Pestalozzi, begleitet von Herrn Schmid, Lehrer seiner Anstalt, und Herr und Frau Niederer, begleitet von Herrn Biber, Lehrer in ihrer Anstalt,[249]) und in einer Conferenz die ununterbrochen über sechs Stunden gedauert, haben die Schiedsrichter beide Theile contradictorisch angehört, indem sie jeden Artikel ihrer Rechnungen besonders nahmen, und ihre beiderseitigen Behauptungen Schritt für Schritt aufzeichneten. — Doch hat diese Conferenz nicht hingereicht, weil beide Theile neue Akten zu liefern wünschten; sie haben versprochen, sie binnen acht

---

[249]) Um jedem Mißverständnisse, das aus dieser irrigen Bezeichnung des Verfassers für die gegenwärtige Schrift selbst hervorgehen könnte, zu begegnen, sieht er sich veranlaßt, zu erklären, daß er als Mitglied des Vereins für Menschenbildung und Mitvorsteher der Krüsischen Anstalt zwar damals mit Hrn. Niederer verbunden war, jetzt aber, im Gefolge widerstreitender Ansichten, aus der Verbindung zurückgetreten ist, und in Kurzem die Anstalt verlassen wird. Daß er bei dem Schiedsgerichte mit erschien, rührt daher, daß Hr. Niederer, der eine Reise nach Deutschland zu machen hatte, ihn für den Fall, daß er noch vor dem Schiedstage abreisen müßte, bevollmächtigt, und ihm dann natürlich auch die Vorbereitung des Geschäftes überlassen hatte.

Tagen einzusenden, nach gegenseitiger abschriftlicher Mittheilung, damit jeder Theil in der gleichen Frist seine Bemerkungen über die Akten des Gegentheils einsenden könne. Nach geschehener Einsendung haben sich dann die Schiedsrichter unter heutigem Datum versammelt, und folgenden Spruch gefällt, wobei sie jeden Artikel der beiderseitigen Rechnungen besonders genommen, und ihr Urtheil über alle Artikel auf die Rechtsprincipien gebaut haben. [250])

I. Herr Niederer hat eine am 28. Mai 1817 abgeschlossene Rechnung vorgelegt, nach der ihm ein Saldo von 233 Fr. 15 Ss. zu gut kommt.

Herr Pestalozzi gab zu, daß diese Rechnung von ihm ausgestellt sey, und die Schiedsrichter überzeugten sich, daß sie seinen Büchern entnommen worden ist. Er anerkannte, daß er diesen Saldo schuldig gewesen, aber er behauptete, er habe ihn bezahlt, und versprach, entweder eine Quittung oder irgend ein anderes Aktenstück vorzulegen, das nach der Schiedsrichter Urtheil beweiskräftig wäre, oder aber obige Summe zu bezahlen.

---

[250]) Herr und Frau Niederer setzten am Schluß ihres Begleitschreibens zu den vor dem Schiedstag eingesandten Akten: „Einerseits die übertriebenen Forderungen, „die nicht vorgelegt, sondern durch's Gerücht verbreitet „wurden, und andrerseits die großmüthig sein sollende „in der That aber erniedrigende Generalquittung, die „Hn. Pestalozzi Herrn und Frau Niederer anbot, in's „Auge gefaßt, sehen sich die Letztern zu der Forderung „genöthigt, daß diese Sache gründlich untersucht und „nach strengstem Recht beurtheilt werde." —

Er hat eine ihm seiner Zeit vom Haus Amiet und Perceret in Yverdon ausgestellte Currentrechnung vorgelegt, aus der hervorgeht, daß dasselbe den 26. Juni 1817 Hrn. Niederer aus Auftrag Hrn. Pestalozzi's 233 Fr. 15 Sß. bezahlt hat.

Herr Niederer anerkannte, daß diese Zahlung den Saldo seiner Rechnung betroffen, und er also von seiner Forderung zurückstehe. Er hat nachgewiesen, daß die empfangene Summe auf seinem Journal und seinem Hauptbuch eingetragen war, aber auf seiner persönlichen Rechnung gegenüber seiner eigenen Anstalt, die sein Rechner bei Stellung der vorgelegten Rechnung nicht zu Rathe gezogen, und woran Hr. Niederer selbst nicht gedacht hat.[251]

II. In obiger Rechnung ist der Gehalt des Hrn. Niederer, als Lehrers der Pestalozzischen Anstalt bis 1. Jänner 1817 zu 400 Fr. jährlich eingetragen. Er behauptet seine Dienste bis Mitte folgenden Maimonats fortgesetzt zu haben, und fordert die Nachzahlung von 4 ½ Monat mit 150 Fr.

---

[251]) Dieser ganze Artikel beruhte auf einem Irrthum des Rechners. Auf den Büchern hatte Hr. Niederer seinen Gehalt Hrn. Pestalozzi nie weder zur Last noch zu gut geschrieben; er erschien auf diesen nur in seiner persönlichen Rechnung, und da der Rechner diese nicht zu Rathe zog, ließ er sich durch die nicht saldirte vom Schloß ausgefertigte Rechnung verleiten, sie auch für nicht bezahlt zu halten, und also den Saldo derselben unter den rückständigen Anforderungen Hrn. Niederers mit aufzuführen.

Herr Pestalozzi gab zu, daß Hr. Niederer bis Mitte
Mai 1817 an seiner Anstalt gestanden, und daß er die
150 Fr. schuldig sey; er behauptete aber, sie seyen auf
eine nachfolgende Rechnung getragen worden. Er machte
sich anheischig, entweder den Beweis zu liefern, daß
er Hrn. Niederer diese Summe vergütet, oder aber,
wenn die Schiedsrichter die vorzulegenden Akten nicht
zulänglich finden, sie zu bezahlen.

Herr Pestalozzi hat einen Brief von Hrn. Niederer
vom 22. Jänner 1817 vorgelegt, in dem er ihm an-
zeigt, er könne seine Dienste in der Anstalt nicht fort-
setzen, und er verzichte auf seinen Gehalt vom 1. des
Monats an. Hr. Niederer seinerseits behauptet, auf
Hrn. Pestalozzi's dringendes Bitten habe er sich dazu
verstanden, fortzufahren, und er legt einen Brief von
demselben ohne Datum vor, worin ihm Hr. Pestalozzi
dankt, daß er so gut gewesen, noch einige Zeit
seine Kinder nicht ganz zu verlassen und von
Zeit zu Zeit auch eine Predigt zu halten.
Hr. Niederer fügt hinzu, er habe seine Dienste mit
Ausnahme der Religionsstunden für die untern Klassen
fortgesetzt. Hr. Pestalozzi entgegnet, er habe nur noch
den Confirmations-Unterricht gegeben, für den er bezahlt worden sey, und sein Brief könne von einer früheren [252] Zeit seyn, wo Hr. Niederer schon austreten
wollte.

---

[252] Man sieht auch hier wieder die Zweideutigkeit, mit
der er durch leere Ausflüchte dem Recht auszuweichen
sucht. Jetzt giebt er zu, er sey es schuldig gewesen,
er habe es aber bezahlt; da es sich findet, daß dem

In ihrem Urtheil hierüber haben die Schiedsrichter erwogen:

1) daß Hr. Niederer die Dienste zu beweisen hat, für die er die Bezahlung fordert; 2) daß er diesen Beweis durch den Brief Hrn. Pestalozzi's geleistet hat, der obwohl ohne Datum sich vermöge seines Inhalts auf den Umstand bezieht, von dem hier die Rede ist; 3) daß überdies Hr. Pestalozzi die Wirklichkeit dieser Dienste nicht in Abrede gestellt, sondern nur behauptet hat, sie seyen vergütet worden. Andererseits aber erwägend, daß Hrn. Niederers Dienste während dieser Zeit nicht so groß waren als zuvor:

Erkennen die Schiedsrichter aus diesen Gründen, daß diese Forderung für die Hälfte ihres Betrags gegründet ist.

III. Herr Niederer behauptet, sein Gehalt habe sich auf 800 Fr. jährlich belaufen, und sey ihm erst vom 1. Juli 1815 an auf 400 Fr. gesetzt worden. Er spricht die Differenz von diesem Tage bis 15. Mai 1817 an, also für ein Jahr zehn und einen halben Monat zu 400 Fr. jährlich — 750 Fr.

---

nicht also ist, so behauptet er, er sey es nicht schuldig gewesen; man legt ihm einen Brief von seiner eigenen Hand vor, der sich offenbar hierauf bezieht, und er meint, der könnte etwa auch aus einer frühern Zeit seyn. Kann man es weiter treiben! Und das ist der Mann, der seinen Gegnern in seiner Schrift (S. 467) vorwirft: „sie haben mit der armen Gerechtigkeit ihren „Spott getrieben"!

Aus der darüber Statt gehabten Verhandlung und der Untersuchung der Bücher des Hrn. Pestalozzi hat sich als Thatsache ergeben,

1) Daß vom 1. Juli 1815 an der Gehalt aller Lehrer der Anstalt wegen der Geldnoth der Anstalt auf die Hälfte herabgesetzt wurde, mit Ausnahme eines Einzigen, der nur ein Viertheil nachzulassen bewilligte; 2) daß alle Lehrer auf den Fuß dieser Herabsetzung hin besoldet wurden; 3) daß in drei seitdem Hrn. Niederer ausgestellten Rechnungen sein Gehalt in Folge dieser Herabsetzung zu 400 Fr. angesetzt wurde.

Herr Niederer giebt diese Thatsachen zu, behauptet aber, in der Versammlung, wo diese Herabsetzung gefordert und bewilligt wurde, habe Hr. Pestalozzi versprochen, es solle dies nur ein Anleihen seyn, das er zurückbezahlen werde, sobald bessere Vermögensumstände es ihm zuließen.

Als Beleg für diese Behauptung hat er eine Privaterklärung von Hrn. Näf, Vorsteher der Taubstummenanstalt, vom 12. November 1824 vorgelegt, des Inhalts, Hr. Krüsi (im Augenblick der Herabsetzung Lehrer der Anstalt) habe ihm gesagt, Hr. Pestalozzi habe dieses Versprechen ausdrücklich und förmlich gethan. — Hr. Niederer fügte hinzu, er hätte die Erklärung des Hrn. Krüsi selbst vorgelegt, wenn dieser nicht abwesend gewesen wäre. Er hat dann später diese Erklärung, von Trogen am 26. Oktober 1823 datirt, noch vorgelegt. [253]

---

[253] Die Erklärung Hrn. Krüsi's hatte Hr. Niederer bei

Herr Pestalozzi erhob sich gegen Hrn. Niederers
Behauptung, und verneinte, daß er, wie dieser behauptet, ein solches Versprechen gethan habe;[254] er verwarf die Erklärung Hrn. Krüsi's, der dabei betheiligt
sey, und seit neun Jahren keine Forderung gemacht
habe.

In ihrem Urtheil über diesen Punkt haben die
Schiedsrichter erwogen:

1) Daß Hr. Niederer das Versprechen Hrn. Pestalozzi's zu beweisen hat; 2) daß ihm dies um so mehr
obliegt, als er mehrere Rechnungen über seine Dienste
nacheinander mit Hrn. Pestalozzi abgeschlossen, und
also implicite anerkannt hat, daß er nichts zu reklamiren habe; 3) daß die Erklärung Hrn. Krüsi's als
Beweis des angeblichen Versprechens nicht zugelassen
werden kann, da er der einzige Zeuge und überdies
bei der Sache betheiligt ist.

Aus diesen Gründen erkennen die Schiedsrichter,
daß diese Forderung nicht gegründet ist.

IV. Herr Niederer behauptet, seit dem 1. Juli
1814 habe er Kost und Wohnung in seinem Hause

---

der Einsendung der Rechnung nicht bei der Hand; sie
fand sich aber noch vor dem Schiedstage vor. Wir haben
sie unsern Lesern schon oben (Note 182) mitgetheilt.

[254] Die Lehrer, die am 24. Juli 1817 die Versprechungen,
die Schmid im Namen Pestalozzi's machte, schriftlich
forderten, hatten, wie es scheint, nicht so ganz Unrecht (s. S. 109 f. Schrift.).

gehabt. — Er spricht Vergütung für diesen Gegenstand
an, den Hr. Pestalozzi hätte bestreiten sollen; von
gedachtem Tag bis zum 15. Mai 1817, d. h. für zwei
Jahre zehn und einen halben Monat, zu 24 Louisd'or
jährlich berechnet, also den Betrag von . . 1104 Fr.

Hr. Pestalozzi hat zugegeben, daß seit dem 1. Juli
1814 Hr. Niederer Kost und Wohnung selbst bestritten hat.

Der Verhandlung zufolge handelt es sich dieses
Punkts wegen eigentlich um die Frage: ob Hr. Niederer vom 1. Juli 1814 an Hrn. Pestalozzi dieselben
Dienste geleistet wie vorher? Einerseits behauptete
Hr. Niederer, er habe viele Stunden gegeben; doch
sey sein eigentlicher Beruf in der Anstalt dies nicht
gewesen, sondern sich mit den Berichten an die Aeltern
der Zöglinge zu beschäftigen und Hrn. Pestalozzi in
seiner litterarischen Correspondenz zu unterstützen, und
für diese beiden Gegenstände habe er nicht weniger
gethan, seitdem er die Kost in seinem eigenen Hause
genommen. — Andererseits behauptete Hr. Pestalozzi,
Hr. Niederer sey wesentlich mit seiner eigenen Anstalt
beschäftigt gewesen, und habe für die Pestalozzische
Anstalt weniger gethan als zuvor; mit dem Beifügen,
er habe sich über die litterarische Correspondenz
Hrn. Niederers während eines Theils der fraglichen
Zeit zu beschweren. [255]

---

*) Weil sie Hr. Niederer nicht im Geiste der jetzigen An-
sichten Hrn. Pestalozzi's führte. Das wird ihm Niemand
verdenken!

In ihrem Urtheil über diesen Punkt haben die Schiedsrichter erwogen:

1) Daß seit dem Zeitpunkte, wo Hr. Niederer seine Kost bei sich gehabt, mehrere Rechnungen, die den Preis seiner Dienstleistungen betreffen, von ihm gutgeheißen wurden, namentlich die letzte, wovon er die Zahlung bezogen; 2) daß durch Gutheißung dieser Rechnungen Hr. Niederer anerkannte, daß der von ihm selbst bestrittene Unterhalt compensirt sey; [256]) 3) daß er nicht in Abrede gestellt hat, daß er in der Pestalozzischen Anstalt weniger Stunden gegeben, seitdem er in seiner eigenen Anstalt zu thun hatte.

Aus diesen Gründen erkennen die Schiedsrichter, daß diese Forderung nicht gegründet ist. [257])

---

[256]) Diese Compensation lag eben in Hrn. Pestalozzi's Versprechen, die Lehrerrechnung dagegen aufzuheben.

[257]) Unsere Leser haben aus der Geschichte der Rechnungsstreitigkeiten gesehen, daß Hr. Niederer für seine persönliche Rechnung damals durchaus keine Ansprüche machte, indem Hr. Pestalozzi ihn für das, um was er durch Herabsetzung seines Gehalts und seine ökonomische Trennung von der Anstalt verkürzt wurde, in den Rechnungsverhältnissen mit Frau Niederer entschädigen würde. Auch wäre die Verzichtleistung auf seine Lehrerrechnung von 843 Fr. 8 Bz. nicht zu groß gewesen in Vergleichung mit dem Betrag dieses und der beiden vorhergehenden Artikel, die zusammen sich auf 2004 Fr. beliefen; dabei hätte Hr. Pestalozzi noch immer eine hinreichende Schadlosbaltung gehabt für das, was

V. Frau Niederer hat eine Rechnung vorgelegt, in der sie sich ihren Gehalt für dem Institut des Hrn. Pestalozzi geleisteten Dienste vom 1. April 1809 bis zum 14. November 1813 zu gut schreibt, also für 4 Jahre und 10½ Monate zu 24 Louisd'or jährlich 1776 Fr. Sie schreibt sich zur Last an 13 Artikeln an

Baarlieferungen den Betrag von . . . 444 .

Sie fordert als Saldo . . . . 1332 Fr.

Herr Pestalozzi hat zwei Rechnungen dagegen gestellt.

Die erste, am 14. April 1814 abgeschlossen, schreibt der Frau Niederer in vier Artikeln 433 Fr. 17 Ss. zur Last, die durch eine gleiche Summe, als Saldo ihrer Rechnung, anstatt Gehalts, für die von ihr geleisteten Dienste bilanzirt sind.

Die zweite, am 14. Februar 1815 abgeschlossen, enthält verschiedene an Frau Niederer gelieferte, oder von ihr empfangene Gegenstände. Diese Rechnung ist durch 33 Fr. 16 Ss. bilänzirt, die sie heraus schuldig ist, und wie es in der Rechnung heißt, bezahlt hat.[258]

Hr. Niederer, der allerdings durch die Töchteranstalt auch in Anspruch genommen wurde, der Knabenanstalt weniger seyn konnte. Vor dem Schiedsgericht konnten natürlich diese Forderungen nicht anders geltend gemacht werden, als so, wie sie hier erscheinen, obgleich vorauszusehen war, daß, da Hr. Pestalozzi seine diesfallsigen Versprechungen in Abrede stellte, wenigstens der Art. 5. Hrn. Niederer würde abgesprochen werden.

[258] Man vergleiche diese Rechnungen und unsere Erläuterungen dazu (S. 229 u. folg.)

Nach diesen beiden Rechnungen wäre Hr. Pestalozzi nichts schuldig, da hingegen Frau Niederer die Summe von 1332 Fr. von ihm ansprицht. Diese Summe macht also die Differenz.

Aus der Verhandlung hat sich ergeben : 1) hinsichtlich der Zeitdauer der von Frau Niederer geleisteten Dienste, hat Hr. Pestalozzi anerkannt, daß sie die von ihr angegebene Zeit hindurch seiner Anstalt gedient; 2) über den Preis dieser Dienstleistungen hat Herr Pestalozzi zugestanden, daß er ihr Gehalt versprochen, ohne sich jedoch über den Betrag nur etwas weiter besinnen zu können, als daß er alles eingeräumt, was Frau Niederer, damals Jungfer Kasthofer, ihm gefordert. [259] Ihrerseits hat diese, ein in guter Ordnung geführtes Hausbuch, [260] vorgelegt, worin unterm Datum vom 1. April 1809 folgender Artikel steht: Von jetzt an habe ich von Hrn. Pestalozzi jährlich 24 Louisd'or zu beziehen; auch legte sie einen Brief ihres Bruders von Aarau [261] vom

---

[259] Das sollte zum Beweise seiner damaligen Großmuth gegen Jgfr. Kasthofer dienen; es dient dann aber auch zum Beweise des äußerst bescheidenen Gebrauchs, den sie davon machte, wenn sie sich mit 24 Louisd'or jährlich begnügte.

[260] Es ist dasselbe, auf das sich alle Rechnungsangaben der Frau Niederer gründen, und dessen wir daher schon öfters Erwähnung gethan.

[261] Sollte heißen von Unterseen; es ist der S. 55 unserer Schrift angeführte.

Jahr 1811 vor, worin er ihr von diesem Preise spricht; 3) über die Bezahlung behauptete Hr. Pestalozzi, er habe ihr alles, was er ihr schuldig gewesen, und darüber 202) bezahlt durch viele Geldlieferungen aus einer Privatkasse, worüber er in unbegrenztem Vertrauen zu Jgfr. Kasthofer keine Rechnung geführt.

Ihrerseits versicherte Frau Niederer, sie habe nichts erhalten, als was sie auf ihre Rechnung getragen.

Dieser Widerspruch über die Zahlung hat die Erörterung der Rechenumstände nothwendig gemacht, und aus der diesfallsigen Verhandlung hat sich ergeben:

1) Daß die zweite Rechnung Hrn. Pestalozzi's, die sich mit 33 Fr. 13 Ss. bilanzirt, im Jahr 1815 unter den Betheiligten in Ordnung gebracht, und dieser Saldo von Frau Niederer bezahlt wurde. Sie hat aber bemerkt, es sey dieß eine vom ihrem Gehalt durchaus unabhängige Currentrechnung, durch deren Abschluß sie auf jenen nicht verzichtet;

2) daß die Elemente der Rechnung von Frau Niederer sich unter dem betreffenden Datum auf ihrem Hausbuche finden, und daß Hrn. Pestalozzi's Rechnung

---

202) Unübertrefflich! er kann sich durchaus nicht erinnern, was er ihr versprochen; daß er ihr aber mehr gegeben, als er ihr versprochen, das weiß er ganz bestimmt! Das ist eine Aufgabe für die höhere Algebra! Man vergleiche übrigens unsere Noten 220 und 228.

seinen Büchern entnommen ist, die damals von einer ökonomischen Kommission unter dem Vorsitze des Herrn Doxat von Turin in Ordnung gebracht wurden; beiderseits wurden also die Artikel beider Rechnungen, unter dem betreffenden Datum, von den Betheiligten auf ihre Bücher getragen;

3) daß jeder Theil den Eintrag auf seine Bücher ohne Mittheilung an den andern gemacht hat. Hr. Pestalozzi sagt jedoch, seine Rechnungen seyen damals von dem Neffen des Hrn. Niederers eingeschrieben worden, und durch diesen habe sie ohne Zweifel von ihrer Rechnung Kenntniß gehabt; Frau Niederer hat es aber verneint, daß sie damals davon Kenntniß gehabt habe;[263]

4) daß Frau Niederer erst im Jahre 1817 Hrn. Pestalozzi ihre Rechnung eingab, und erst nach Empfang dieser Hr. Pestalozzi ihr die seinige sandte.

In ihrem Urtheil über diesen Punkt haben die Schiedsrichter erwogen:

1) Daß unabhängig von Hrn. Pestalozzi's Anerkennung der Beweis der von Frau Niederer geleisteten Dienste durch die seiner Zeit von ihr in ihr Hausbuch getragene Note geliefert ist, um so mehr als eine offenkundige Thatsache das Eingeschriebene unterstützt.

---

[263] Man vergleiche darüber die S. 286 u. folg. gegebenen Erläuterungen.

2) daß eben diese Note auch den Beweis über den Preis ihrer Dienstleistungen liefert, um so mehr, als sie mit der seiner Zeit von Frau Niederer ihrem Bruder gemachten Mittheilung übereinstimmt, und der Preis zu den geleisteten Diensten im Verhältniß steht;

3) daß auf diese Grundlagen hin Hr. Pestalozzi die geforderten 1776 Fr. schuldig ist, und daß, wenn er mehr, als die in Abzug gebrachten 444 Fr. bezahlt zu haben behauptet, es an ihm ist, es zu beweisen, was er nicht bewerkstelligt hat;[264]

4) daß Hrn. Pestalozzi's Behauptung ihn von dieser Schuld nicht befreien kann, insofern sie von der Anerkennung der Schuld untrennlich wäre, da seine Schuld auf einer andern Grundlage beruht, als diese Anerkennung.

Aus diesen Gründen erkennen die Schiedsrichter, daß die Forderung der Frau Niederer gegründet ist.

VI. Herr Pestalozzi spricht die Bezahlung der von den Lehrern seiner Anstalt, von Mitte November 1813 bis 4. April 1816 den Töchtern in der Anstalt der Frau Niederer gegebenen Stunden an, in Folge der bei der Uebergabe der Anstalt getroffenen Uebereinkunft. — Er legt über diese Stunden eine Detailrechnung vor,

---

264) Man müßte denn die obige Schlußfolge (Note 248) für einen Beweis gelten lassen wollen. — Sie ist auch in der That einer!

nach der in Allem 2064 Stunden verschiedener Art gegeben wurden, die von 3½ Bz. bis zu 7½ Bz. angeschlagen sind;

Diese Rechnung beläuft sich auf 1003 Fr.

Herr Niederer hat diese Rechnung sowohl hinsichtlich der Stunden die gegeben wurden, als des Preises derselben anerkannt, und sich für den Betrag derselben als Schuldner erklärt, jedoch mit Abzug dessen, was er einem der Lehrer, Hrn. *** selbst bezahlt, laut folgenden auf seinem Hauptbuch Fol. 63 eingetragenen und von ihm vorgezeigten Posten:

96 Fr. bezahlt den 31. Dez. 1815 für 120 Stunden.
63 Fr. 4 Sß. bezahlt den 31. Dez. 1816 für 79 Stunden.

Herr Pestalozzi hat in diesen Abzug gewilliget, sich jedoch vorbehalten, das was er Hrn. *** für diese Stunden bezahlt, von ihm zu reklamiren, oder die Rückzahlung der beiden obigen Summen, die derselbe doppelt bezogen, von ihm zu fordern.

Beide Theile sind also darüber einig:

	Fr.	Sß.
daß Hr. Niederer schuldig ist	1003	—
daß abzuziehen sind	159	4
daß er als Saldo dieses Artikels schuldig ist	Fr. 843	16

VII. Herr Pestalozzi hatte Frau Niederer, damals Jgfr. Kasthofer, drei Klaviere übergeben. Für das eine begehrt er keinen Miethzins; für die beiden andern fordert er fünf Franken monatlich Miethzins, also für 19½ Monat . . . . . . 97 Fr. 10 Sß.

Frau Niederer giebt zu, daß sie diese Klaviere gehabt; sie williget ein, den Miethzins für das Eine für die Zeit und zu dem Preis, wie Hr. Pestalozzi verlangt, zu bezahlen; das andere aber, für das man sie will bezahlen machen, sagte sie, habe sie nicht gebraucht, sondern auf Hrn. Pestalozzi's Ansuchen aufbewahrt.

Dieser sagte, er erinnere sich dieses Ansuchens nicht, und bestand auf seiner Forderung. [265])

In ihrem Urtheil über den streitigen Miethzins des einen Klaviers haben die Schiedsrichter erwogen:

1) Daß laut der Uebereinkunft die Klaviere der Frau Niederer zur Miethe übergeben worden waren;

2) daß ihr der Beweis obliegt, daß dieser Uebereinkunft zuwider eines der Klaviere bei ihr in Verwahrung und nicht zur Miethe war, und daß sie diesen Beweis nicht geliefert hat.

Aus diesen Gründen erkennen die Schiedsrichter, daß diese Forderung ihrem ganzen Betrag nach gegründet ist.

VIII. Herr Pestalozzi spricht den Miethzins von acht Betten an, die der Frau Niederer, damals Jgfr. Kasthofer, im November 1813 übergeben wurden, zu 10 Fr. für's Bett, auf 10 Jahre 10½ Monat, 867 Fr.

---

265) Man vergleiche hierüber Note 73 und besonders Note 172.

Aus der Verhandlung hat sich als Thatsache ergeben:

1) Daß diese Betten (ausgenommen 17 Bettstellen, die bezahlt worden sind) aus 8 Matratzen, 7 Decken, 8 Ohrkissen, 7 Pfühlen und schlechten Strohsäcken bestehen; [266])

2) daß diese Gegenstände der Frau Niederer übergeben wurden;

3) daß sie sie nicht zurückgegeben hat;

4) daß in der Uebereinkunft wegen der Uebergabe der Töchteranstalt der jährliche Zins zu 10 Fr. für's Bett festgesetzt wurde.

Frau Niederer verweigert aber die Bezahlung der geforderten Miethsumme auf die Behauptung hin, diese Betten seyen ihr für 286 Fr. verkauft worden, für die sie Rechnung zu tragen erbötig ist, und sie stützt sich auf ein vorgelegtes Aktenstück, nämlich eine Schätzung der Betten, vom 6. Dezember 1813, geschrieben und unterzeichnet vom Tapezier Lavanchy, [267]. der erklärt, er habe diese Schätzung in Gegenwart von Jgfr. Kasthofer und Hrn. Pestalozzi vorgenommen; was er durch eine neue Erklärung vom 18. November l. J. bestätiget hat. Seinerseits hat Hr. Pestalozzi gesagt, er könne sich dessen gar nicht entsinnen, und er habe

---

[266]) Man vergleiche damit das Inventarium, das Frau Niederer im J. 1817 erhielt, S. 233 u. 234, und unsere Erläuterungen über die Betten, S. 56 u. 57.

[267]) Wir haben dieselbe oben Note 93 gegeben.

bei der Schätzung gegenwärtig seyn können, ohne ihr seine Zustimmung zu ertheilen. [268])

Es waren Frau Niederer noch andere Effekten übergeben worden, und in den von ihr vorgelegten Aktenstücken findet sich eine Schätzung derselben in deutscher Sprache, von Hrn. Pestalozzi am 22. Februar 1814 unterzeichnet, im Betrag von 273 Fr. 3 S., die ihr in einer am gleichen Tage ebenfalls von Hrn. Pestalozzi unterzeichneten Rechnung zur Last geschrieben sind. — Frau Niederer wurde gefragt, warum der Preis der Betten nicht in diese Rechnung aufgenommen worden sey? — Sie hat darauf durch Vorweisung ihres Hausbuchs geantwortet, in dem S. 36 unterm 22. Februar 1814 die Abrechnung im Betrag von 1012 Fr. 3 S. 2 Rp. eingeschrieben ist, und am Schlusse folgende Note: wodurch alles bilanzirt ist, was ich von Pestalozzi erhalten habe, ausgenommen die von Hrn. *Lavancky* tarirten Betten, die an meinem Gehalt abgerechnet werden sollen, mit Abzug jedoch des Werths der Bettstellen, die in der heute bezahlten Rechnung inbegriffen sind.

Frau Niederer fügte hinzu, sie habe den Werth der Betten an ihrem Gehalt abzurechnen gedacht, und zwar auf Anrathen ihres Bruders, dessen damals geschriebene Briefe sie vorgelegt hat. [269])

---

[268]) Hört! Hört! — Hat er etwa sein neuestes Buch auch geschrieben, ohne gerade zu dem stehen zu wollen, was es enthält!?

[269]) Es sind die beiden von uns oben S. 52 u. 56 ange-

In ihrem Urtheil über diesen Punkt haben die Schiedsrichter erwogen:

1) Daß vermöge des Vertrags die Betten miethweise und zu dem von Hrn. Pestalozzi geforderten Preise übergeben wurden, und daß Frau Niederer gehalten ist, diese Miethe zu bezahlen, so lange die Betten nicht zurückgegeben oder angekauft sind;

2) daß ihr der Beweis obliegt, daß sie dieselben angekauft habe, und daß die Schätzung des Hrn. Lavanchy nur die Schätzung und nicht den Ankauf beweist;

3) daß der Umstand, daß die andern ihr übergebenen Mobilien verkauft und der Betrag derselben in einer abgeschlossenen Rechnung angesetzt wurde, im Gegentheile die Vermuthung begründet, die Betten seyen nicht verkauft worden;

4) daß die Meinung, in der Frau Niederer stand, den Betrag dieser Betten an ihrem Gehalt abzurechnen, die ihr vermöge des Vertrags obliegenden Verpflichtungen nicht aufheben kann.

---

führten. Wir wissen nicht, durch welchen Zufall der Beweis der Zustimmung Hrn. Pestalozzi's, der in dem Schreiben Hrn. Kasthofers an ihn selbst (S. 56) enthalten ist, unbemerkt blieb; wie daraus hervorgeht, daß in dem durchaus so genau in's Einzelne gehenden Schiedsspruch dessen keine Erwähnung geschieht.

Aus diesen Gründen erkennen die Schiedsrichter, daß diese Forderung gegründet ist. Weiter erkennen sie, um diesen Gegenstand zu erledigen, daß Frau Niederer Hrn. Pestalozzi den Werth der Betten bezahlen soll, den sie in Rücksicht des seitherigen Gebrauchs auf den vierten Theil der vor eilf Jahren vorgenommenen Schätzung anschlagen, was einen Betrag macht von . . . . 71 Fr. 10 Sß.[270])

IX. Herr Pestalozzi hatte Frau Niederer vier Tischtücher übergeben, deren Preis in der am 22. Febr. 1814 abgeschlossenen Rechnung nicht inbegriffen ist.

Er fordert davon die Miethe mit . 10 Fr. 16 Sß.

In der Verhandlung sind beide Theile übereingekommen:

1) Daß diese Tischtücher der Frau Niederer übergeben worden;

2) daß sie weder zurückerstattet noch bezahlt worden sind;

---

270) Unsere Leser werden sich durch Vergleichung der oben aufgeführten Aktenstücke und Thatsachen leicht überzeugen, daß Frau Niederer bei diesen Betten im Nachtheil ist. — Wir sind aber weit entfernt, daraus dem Schiedsspruche einen Vorwurf zu machen, dem wir, als einem Muster von eben so weiser als unpartheischer Schlichtung einer, äußerst schwierig und verwickelt gewordenen Rechtssache, die höchste Bewunderung zollen.

3) daß Frau Niederer Hrn. Pestalozzi 10 Fr. als Preis dieser Tischtücher bezahlen wird.

	Fr.	S.
X. Frau Niederer legt eine Rechnung vor über Auslagen, die sie im Jahr 1815 für Hrn. Pestalozzi gemacht, im Betrag von	351	19
In der schriftlichen Verhandlung ist die Tilgung zweier Artikel [271]) von Hrn. Pestalozzi verlangt und von Frau Niederer bewilligt worden; sie betragen .	113	12
Weiter verwirft Hr. Pestalozzi einen dritten Artikel, von dem sogleich die Rede seyn wird, im Betrag von . .	165	6
	278	18
	Fr. 73	1

Beide Theile scheinen also nur über diesen Frau Niederer zukommenden Saldo von 73 Fr. 1 Sß. einig zu seyn.

In der Verhandlung ist dies zugestanden worden, und Hr. Pestalozzi hat anerkannt, daß er diesen Betrag schuldig sey. [272])

---

[271]) Man sehe oben Note 91.

[272]) Man vergleiche für die Artikel 10 und 11 den zweiten Theil der von Frau Niederer am 20. Juli ausgestellten Rechnung, S. 198 u. 199.

XI. Frau Niederer sagt, sie habe in ihrer Anstalt eine Jgfr. *** aus *** gehabt, und Hr. Pestalozzi habe ihr versprochen, eine jährliche Zulage von sechs Louisd'or zu ihrer Pension zu geben. Sie verlangt die Erfüllung dieses Versprechens für 1 Jahr, 8 Monate und 20 Tage, nämlich vom 10. Juli 1814 bis 1. April 1816 . . . . 165 Fr. 6 St.

In Folge der darüber Statt gehabten Erklärungen hat Hr. Pestalozzi versprochen, obige Summe an Frau Niederer zu bezahlen, unter dem Vorbehalt, daß er dem Vater des Mädchens, der reich ist, zu wissen thun werde, welches Opfer er für ihn gebracht.

XII. Herr Pestalozzi spricht an und fordert für die Gegenwart und für die Zukunft alle seine väterlichen, moralischen, pädagogischen und bürgerlichen Rechte, die ich an meine unter der Leitung der Frau Niederer stehende Töchteranstalt habe und die mir zustehen. [273] Dieser Anspruch gründet sich auf einen Vertrag vom November 1813, vermöge dessen die Töchteranstalt an Jgfr. Kasthofer übergeben wurde; dieser Vertrag scheint zwar nicht unterzeichnet worden zu seyn, es ist aber eine von beiden Theilen anerkannte Abschrift desselben bei den Akten.

Auf die Einladung der Schiedsrichter, die Gegenstände dieses Anspruches genau zu bestimmen, hat

---

[273] Dicam insigne, recens, adhuc.
Indictum ore alio.

Hr. Pestalozzi erkannt, sie beschränkten sich [274]) auf zwei:

1) Das Recht, laut Artikel 6 der Uebereinkunft, durch die Lehrer seiner Anstalt [275]) Stunden in der Töchteranstalt geben zu lassen, — gegen eine übereinkünftliche Entschädigung, und er hat die Bemerkung gemacht, daß bei dieser Einrichtung für beide Anstalten ein offenbarer Vortheil sey, da dieselben gemeinschaftliche Lehrer mit geringern Kosten anstellen könnten, als wenn jede Anstalt ihre eigenen habe; er hat aber erkannt, daß dieses Verhältniß zwischen beiden Anstalten jetzt nicht Statt haben könne, und daß man eine bessere Stimmung abwarten müsse; in Folge dessen ist er von diesem Punkt abgestanden; [276])

2) das Recht, laut Art. 8 der Uebereinkunft, während seinen Lebzeiten den zwanzigsten Theil der von den Töchtern der Anstalt bezahlten Pensionsgelder zu beziehen, wenn dieselben wenigstens 20 an der Zahl seyen, die im Durchschnitt 25 Louisd'or bezahlen.

Er hat sich erklärt, [277]) er spreche die Vollziehung dieses Artikels in seinem ganzen Umfang an.

---

[274]) Nascetur ridiculus mus!

[275]) Um die ganze Wichtigkeit dieser Forderung zu fühlen, muß man wissen, daß sechs Wochen nachher seine Anstalt als aufgehoben erklärt wurde, und daß sie schon damals nicht mehr Zöglinge hatte als Lehrer, und nicht mehr Lehrer als Zöglinge.

[276]) Spectatum admissi risum teneatis, amici?

[277]) Quem sese ore ferens!

Zur Erörterung der diesfälligen Frage war es nöthig, die frühere Zeit von der Folgezeit zu unterscheiden, und von diesem Gesichtspunkte aus wurde die Verhandlung geleitet.

Für die frühere Zeit hat Frau Niederer eine Uebersicht ihrer Anstalt vom 13. November 1813, als dem Tag der Uebergabe, bis zum 1. Oktober 1815 vorgelegt, um welche Zeit die meisten Lehrer der Pestalozzischen [278]) Anstalt aufhörten, in der ihrigen Stunden zu geben. Aus dieser Uebersicht, in der die Zöglinge namentlich aufgeführt sind, und der Gesammtbetrag der Pensionen angezeigt ist, geht hervor, daß zur Zeit der Uebergabe 17 Zöglinge waren, die im Durchschnitt 346 Fr. bezahlten; daß späterhin die höchste Zahl der Zöglinge 18 und der höchste Durchschnittsbetrag der Pensionen 391 Fr. war. Auf diese Uebersicht [279]) sich stützend, glaubt Frau Niederer für diese Zeit Nichts schuldig zu seyn. — Hierauf antwortete Hr. Pestalozzi, er habe kein Mittel in Handen, die vorgelegte Uebersicht anzugreifen. — Da dieser erste Zeitraum mit dem 1. Oktober 1815 schließt, so beginnt die Folgezeit, von der jetzt die Rede seyn wird, mit diesem Tage.

---

[278]) Sie gieng eigentlich, da vom 1. Oktob. bis 31. Dez. keine Veränderungen mehr Statt hatten, bis zum Ende des Jahrs 1815.

[279]) Es ist dieselbe, die wir zu Anfang des dritten Abschnitts erwähnt und fortgesetzt, und darauf die Rechnungsdarstellung gegründet haben.

Hinsichtlich der Folgezeit behauptete Frau Niederer, sie sey der gegen Hrn. Pestalozzi eingegangenen Verpflichtungen von dem Augenblick an enthoben, da er aufhörte, die seinigen zu erfüllen. Sie behauptete als Thatsache, er sey es, der aufgehört, seine Lehrer zu schicken; und zum Beweis dieser Behauptung führte sie die Broschüre des Herrn Schmid „Wahrheit und Irrthum“ an; mit dem Beifügen, das Aufhören des Unterrichts von den Lehrern der Pestalozzischen Anstalt habe sie wegen der Ersetzung dieser Stunden in große Verlegenheit gesetzt. Seinerseits stellte Hr. Pestalozzi nicht in Abrede, daß er seine Lehrer die Stunden in der Anstalt der Frau Niederer einstellen ließ; es sey aber auf ihre Beschwerde wegen des allzuhohen Preises geschehen (was Frau Niederer verneinte). Weiter sagte er, die Einstellung dieser Stunden sey nicht aus freiem Willen geschehen, sondern in Folge des Ausbruchs der Streitigkeiten, die keine Verbindung mehr zwischen den beiden Anstalten gestattet.[280] Endlich sagte er, die Abgabe, die er anspreche, sey ganz rein und einfach, unabhängig von dem Versprechen stipulirt, der Anstalt der Frau Niederer Lehrer aus der seinigen zu senden.

In ihrem Urtheil hierüber haben die Schiedsrichter folgende zwei Fragen bestimmt unterschieden.

---

280) Man halte mit diesen Behauptungen Schmids Erzählung zusammen, die wir schon oben S. 113 bis 117 mitgetheilt, und man wird erstaunen über die Frechheit, den Schiedsrichtern, die die Broschüre Wahrheit und Irrthum in Handen hatten, gegen seine eigenen Worte in's Gesicht zu lügen. Es geht in's Unglaubliche!

Hinsichtlich der frühern Zeit, die mit dem 13. Nov. 1813 anfängt und mit dem 1. Okt. 1815 aufhört, haben sie erwogen, daß nach der von Frau Niederer vorgelegten Uebersicht, deren Wahrheit Herr Pestalozzi nicht bestritten hat, niemals 20 Zöglinge waren, die im Durchschnitt 35 Louisd'or bezahlten; daß also die Thatsache, von der die versprochene Abgabe abhängig war, nicht Statt hatte.

Aus diesen Gründen erkennen die Schiedsrichter, daß Frau Niederer für die frühere Zeit keine Abgabe schuldig ist.

Hinsichtlich der Folgezeit, die mit dem 2. Okt. 1815 beginnt, haben die Schiedsrichter erwogen:

1) Daß die versprochene Abgabe sich nicht auf die dazumaligen Vortheile der Anstalt gründete, da aus den Schreiben des Hrn. Pestalozzi hervorgeht, daß er sie als eine Last betrachtete; daß überdies die Uebereinkunft, indem sie eine größere Zahl von Zöglingen und höhere Pensionen als wie sie im Augenblicke der Uebergabe waren, als Grundlage der Abgabe festsetzt, beweist, daß die Anstalt dazumal diese Last nicht tragen konnte;

2) daß bei Stipulirung dieser Abgabe beide Theile eine gehoffte Verbesserung im Auge hatten, auf die beide hinarbeiten sollten, da sie auch beide davon den Genuß haben würden; indessen aber die bald nachher erfolgten Zwistigkeiten die Anstalt der Mitwirkung Hrn. Pestalozzi's beraubt haben, und das Gedeihen derselben allein der Frau Niederer zuzuschreiben ist; daß außer dieser dem Vertrag inwohnenden Verbind-

 keit Herr Pestalozzi sich verpflichtet hatte, der Töchteranstalt Lehrer aus der seinigen zu schicken, und daß
diese Verpflichtung in der Zeit, von der hier die Rede
ist, nicht erfüllt wurde;

3) daß Hr. Pestalozzi, da er die wesentlichen, aus
dem Vertrag hervorgehenden Verbindlichkeiten nicht
erfüllt hat, auf die Vortheile desselben keinen Anspruch
machen kann.

Aus diesen Gründen erkennen die Schiedsrichter,
daß Hr. Pestalozzi nicht berechtiget ist, die Abgabe
vom 1. Oktober 1815 bis heute anzusprechen, und
eben so wenig für die Folgezeit.

Die verschiedenen durch Anerkennung oder Spruch
erledigten Punkte zusammengenommen hat Hr. Pestalozzi zu fordern:

	Fr.	Bz.	Rp.
Für die von den Lehrern seiner Anstalt gegebenen Stunden	843	8	—
Für Bettmiethe	867	—	—
Für den Preis der Betten	71	5	—
	938	5	—
Für die Tischtücher	10	—	—
Für die Klaviermiethe	97	5	—
Fr.	1889	8	—

Herr und Frau Niederer haben zu fordern:

	Fr.	Bz.	Rp.
Für den Gehalt der Frau Niederer	1332	—	—
Für den Gehalt des Hrn. Niederer	75	—	—
Für anerkannten Rechnungssaldo	73	—	5
Für die Pension von Jafr. ***	165	3	—
	1645	3	5
Unterschied Fr.	244	4	5

Also haben Herr und Frau Niederer als Saldo an Herrn Pestalozzi zu bezahlen Zweihundert Vierzig Vier Franken, vier Batzen, und fünf Rappen, mittelst deren alle ihre Rechnungen berichtiget und erlediget sind, und Keiner dem Andern schuldig bleibt. Was die durch dieses Schiedsgericht veranlaßten Kosten betrifft, so trägt jeder Theil die seinigen, die Schiedsrichter verlangen keine Entschädigung.

Lausanne, den 30. November 1824.

Unterzeichnet:
Soulier.
de la Harpe.
Secretan, Professor.
Louis Pellis, Doktor der Rechte.

Die Gleichförmigkeit dieser Abschrift mit dem auf meiner Kanzlei niedergelegten Originale bescheint,

Lausanne, den 7. Dezember 1824.

G. Rouge, Gerichtsschreiber.

Dies war das Resultat eines Streites, in den sich Hr. Pestalozzi nicht nur ohne alle Noth, sondern durch eine vorsätzliche Verläugnung des Rechts und der Wahrheit gestürzt, den er über sieben Jahre mit der größten Hartnäckigkeit fortgeführt hat, und zwar gegen diejenigen, die ihm mit der edelsten Uneigennützigkeit Jahre lang gedient hatten, und deren Verbindung mit ihm in der Geschichte seines Herzens die erhabenste und schönste, in der Geschichte seines äußern Wirkens die segensreichste und glänzendste Periode bezeichnet. Statt aller weitern Betrachtungen über diesen unseligen

Streit setzen wir hierher die 161ste Fabel seines
Abc-Buchs (S. 148):

"Unfühlend ist die Natur.

Göthe.

„Ellwich war seinen Söhnen Muttergut schul-
„dig, aber er haßte den Gedanken, daß ein Vater
„seinen Kindern je etwas schuldig seyn könne, und
„gab ihnen ihr Gut nicht. Darüber beklagten sich
„die verkürzten Kinder, wo sie konnten und mochten.

„Aber Ellwich zürnte hierüber gewaltig, und
„verdarb sich in seiner Leidenschaft jedes gute Gefühl
„seines Vaterherzens. — Er sahe von nun an seine
„Söhne als seine Feinde an, und suchte den Nieder-
„trächtigsten unter ihnen aus, um alle Tage zu ver-
„nehmen, was diejenigen, die sich am lautesten beklagt
„hatten, etwan gegen ihn vorhaben möchten, und zu-
„gleich ihnen durch diesen schönen Kanal mit jeder
„Art Drohung beikommen zu können.

„Damit brachte er es freilich dahin, daß er bis
„an sein Ende im Besitze des Mutterguts blieb, aber
„auf dem Todbette gestand er seinem Geistlichen den-
„noch: er hinterlasse ein zerrüttetes Haus,
„und er hätte ein gesegnetes hinterlassen
„können."

Schlußwort.

Thun wir nun einen Blick zurück auf Hrn. Pestalozzi's neueste Schrift, und auf die Darstellung seines Verhältnisses zu Herrn und Frau Niederer, das er eigentlich zum Mittelpunkt aller seiner Entstellungen gemacht hat, so ergeben sich unwidersprechlich folgende Resultate:

Es ist eine Verleumdung, wenn er sagt, seine ersten Gehülfen, und unter ihnen namentlich Hr. Niederer haben seinen Anstalten durch Ruhmsucht und Haschen nach eiteln Erfolgen den Keim des Verderbens eingepflanzt; denn eben sie waren es, die diesem Keim aus allen ihren Kräften entgegenarbeiteten; eben Hr. Niederer war es, der gegen diesen sich immer mehr entwickelnden Keim in ihm selbst den langen und schweren Kampf bestanden, durch den er sich von ihm so viele Mißhandlungen zuzog.

Es ist eine Verleumdung, wenn er sagt, Hr. Niederer habe von ihm und seiner Anstalt ökonomischen Vortheil gezogen, und ihn und seine Anstalt ökonomisch zu Grunde gerichtet; denn im Gegentheile hat sich Hr. Niederer für ihn ökonomisch aufgeopfert, er hat selbst durch Hrn. Pestalozzi's schlechte Wirthschaft Schaden gelitten, ohne an derselben je den mindesten Antheil, oder die mindeste Schuld gehabt zu haben.

Es ist eine Verleumdung, wenn er sagt, Hr. Niederer habe die Regierung seines Hauses an sich gerissen; denn er selbst hat Hrn. Niederer bei seiner Liebe zu ihm und seinem Werk auf's Heiligste verpflichtet, Ordnung, Zusammenhang und Gleichgewicht, die er selbst ihm nie geben konnte, in demselben herzustellen; Hr. Niederer hat ja eben dadurch seine Leidenschaft und seine Feindseligkeit auf sich geladen, daß er nicht selbst dem Hause vorstehen, sondern Hrn. Pestalozzi dahin führen wollte, daß er ihm mit Gerechtigkeit und Würde vorstünde.

Es ist eine Verleumdung, wenn er sagt, daß er durch Einflüsterungen über die vorgeblichen Talente der Jgfr. Kasthofer dahin gebracht worden sey, sie an seine Töchteranstalt zu rufen; denn nicht nur hatte er selbst durch die genaueste Bekanntschaft mit ihr sie geprüft, und von ihrem wahren Werthe für seine Sache sich überzeugt, sondern sie kam auch in keiner andern Absicht zu ihm, als um von ihm und bei ihm zu lernen, und er selbst war es, der sie bald darauf nöthigte, sich der Leitung der Anstalt zu unterziehen.

Es ist eine Verleumdung, wenn er sagt, Jgfr. Kasthofer habe seine Güte mißbraucht, und eigennützigen Zwecken bei ihm gedient; im Gegentheile hat sie aus Liebe zu ihm und seiner Sache Jahre lang jede Entbehrung, die seine Armuth ihr auferlegte, still und freudig getragen, und durch keine Aussicht auf ein äußerlich besseres Loos von ihm und seiner Sache sich scheiden lassen.

Es ist eine Verleumdung, wenn er sagt, er sey durch vielseitige Einflüsterung dahin gebracht worden, ihr seine Anstalt zu übergeben; wenn er von Kapitalien

und Eigenthum spricht, die dabei in ihre Hand übergegangen, wenn er sie des Undanks für die ihr dadurch erwiesene Wohlthat und der Unrechtlichkeit be-
schuldiget, daß sie bis jetzt ihre Schuldigkeiten gegen
ihn nicht erfüllt habe; denn er übergab ihr seine Anstalt als eine Last, die sie für ihn gewesen war, und
für sie ebenfalls seyn mußte; — was von seinem Eigenthum an sie übergegangen, hat sie ihm theils auf der
Stelle bezahlt, theils oft und viel von ihren Forderungen an ihn abzurechnen sich erboten, ohne je zu dieser
Abrechnung gelangen zu können; er selbst hat seine
Versprechungen, die er ihr gethan, unerfüllt gelassen,
und den Vertrag, den er mit ihr geschlossen hatte,
gebrochen; — er selbst hat durch die schnödeste Mißhandlung die kindliche Liebe und Treue, mit der sie
ihm fortwährend entgegenkam, von sich gestoßen; —
sie hat sich aller und jeder Schuldigkeit gegen ihn
entlediget, und wenn es nicht früher geschah, und
nicht anders als durch richterliche Dazwischenkunft
geschehen konnte, so war das nicht ihre, sondern
seine Schuld.

Es ist eine Verleumdung, wenn er die Verbindung
Hrn. Niederers mit Jgfr. Kasthofer als eine Folge
selbstsüchtiger Absichten, und als ein Mittel zur Beein-
trächtigung seiner Rechte in seinem eigenen Hause
darstellt; denn er selbst weiß, daß diese Verbindung
aus der innigsten Vereinigung in den Zwecken seines
Unternehmens hervorgegangen war, er selbst betrachtete
sie als eines der glücklichsten Ereignisse seines Lebens,
und beförderte sie auf's Eifrigste; — er lud auf seine
so verbundenen Freunde die ganze Last seines durch

innere Zerwürfniß mit sich selbst gedrückten geistigen und gemüthlichen Daseyns; — äußerlich leistete er ihnen nicht nur die Hülfe nicht, die er ihnen zugesagt hatte; sondern er nahm sie sogar für Leistungen in Anspruch, die er von ihnen zu fordern kein Recht hatte; — endlich war Hr. Niederer nicht nur weit entfernt, seine bürgerlich selbstständige Stellung zu anmaßlichen Eingriffen in Hrn. Pestalozzi's Rechte zu mißbrauchen, sondern er wollte selbst diese seine Stellung dem Frieden und den Wünschen Hrn. Pestalozzi's aufopfern.

Es ist eine Verleumdung, wenn er sagt, Hr. Niederer habe seiner Eifersucht gegen Schmid die Liebe zu ihm aufgeopfert; denn aus Liebe zu ihm hatte Hr. Niederer diesen Menschen in die Anstalt zurückgerufen, und aus Liebe zu ihm trat er mit so entschiedenem Widerstand gegen den auf, der zu Hrn. Pestalozzi's Selbstentwürdigung so willig die Hand bot, anstatt um die Krone seiner Rettung und Erhaltung für die heiligsten Zwecke seines Lebens zu werben.

Es ist eine Verleumdung, wenn er sagt, seine Gehülfen haben auf seine Kosten sich Häuser errichtet, und sich vereinigt, um ihn und sein Haus durch öffentliche Verschreiungen und durch Anschwärzungen bei den Behörden zu Grunde zu richten; denn erst als sie ihm in der Wahrheit nicht mehr dienen konnten, haben sich seine Freunde von ihm getrennt; sie haben ihn eben so arm oder noch ärmer verlassen, als sie sich an ihn und seine Armuth angeschlossen. — sie haben ihm ihre Häuser als die seinigen angeboten, und ihn nach allen Mißhandlungen in ihre Mitte eingeladen — von seinem

Haus sind die ersten Verleumdungen ausgegangen, die sie nöthigten, ihre bürgerliche Stellung gegen ihn zu vertheidigen — er hat die ersten Schritte gethan, die entstandenen Zerwürfnisse zum Gegenstand eines öffentlichen Scandals zu machen — er hat die ersten Schritte gethan, die Behörden auf diese Zerwürfnisse aufmerksam zu machen, er hat von ihnen Hülfe verlangt gegen seine vorgeblichen Feinde; — nicht gegen ihn, sondern nur gegen das Werkzeug seiner Umtriebe haben sich die Angegriffenen vertheidigt — er hat seinen Namen gemißbraucht, um ihre Bestrebungen zu hemmen, und ihnen zwischen Untergang oder Unterwerfung unter seine Ungerechtigkeit und Willkühr die Wahl zu bereiten — sie haben alle die Mittel, die sie in Handen hatten, ihn selbst anzugreifen, und seine Schande aufzudecken, während Jahre langer Verfolgungen nicht gebraucht, — er aber hat, auf diese Großmuth, die er bei ihnen vorauszusetzen unfähig war, in stolzer Sicherheit bauend, immer schwerer gesündigt, und dadurch seine Schande mit Gewalt an den Tag gebracht.

Es ist endlich — denn wer wollte das Zahllose aufzählen und das Maßlose messen — eine Verleumdung, wenn er den von ihm so schwer Mißhandelten Schuld giebt, sie haben den Streit erneuert, während sie — wie wir aus eigener Kenntniß der seitherigen Vorgänge versichern können — mehrere Versuche, die er machte, um neue Feindseligkeiten zu beginnen, mit ruhiger Würde von sich wiesen; — wenn er ihnen die Wegweisung Schmids und die Zerrüttung seiner Anstalt Schuld giebt; denn die Zerrüttung seiner Anstalt hatte ihren Grund in sich selbst, und war lange vor Schmids

Wegweisung unvermeidlich, und diese Wegweisung selbst hatte ebenfalls ihre Gründe, über die wir aber, da die Behörde sie nicht bekannt zu machen für gut fand, hier zu schweigen haben.

Um aber allen diesen Verleumdungen die Krone aufzusetzen, bedeckt er sich am Ende seines Werks mit dem Heuchelschein der Liebe und Versöhnlichkeit durch einen Brief, den er künstlich auf alle Ereignisse folgen läßt, ob er gleich aus einer viel frühern Zeit herrührt; diesen Brief, der bei Anlaß eines durch seine Schuld mißlungenen Vergleichsversuches während des Prozeßes geschrieben wurde, stellt er als eine Bitte um Erbarmen und Versöhnung nach Erzählung alles Unglücks hin, davon er ihnen die Schuld durch ein Heer von Verleumdungen aufgebürdet hat.[281]

---

[281] Um auch von dieser Seite unsere Akten vollständig zu geben, theilen wir hier noch einen Versöhnungs-brief mit, der wirklich der letzte ist. Hr. Niederer erhielt ihn etwa vier Wochen ehe die Pestalozzische Schrift in Iferten ankam und auch sonst im Buchhandel zu haben war, und ließ ihn, wie sich von selbst versteht, unbeantwortet; aus ihm mögen die Leser die Lust zu Wiederanknüpfung gänzlich beigelegter Streitsachen und den Geist Pestalozzisch-Schmidischer Versöhnung kennen lernen:

„K. Aargau, durch Wildegg, Neuhof den 16. März 1826.

„S. T.

„Werde ich auch noch einmal von Ihnen mißver-standen, dieses darf mich nicht hindern, den letzten

Doch wir wollen das Gewebe dieser Unwürdigkeiten nicht weiter verfolgen, und anstatt dessen die Pesta-

---

„Versöhnungsversuch, der noch in meiner Hand ist,
„zu wagen, und alles auf die Seite zu setzen, was
„mich nach so vielem Fehlschlagen heute abhalten sollte.

„Ich bin dieses Pestalozzi, ich bin es seiner Sache,
„ich bin es der Menschheit, ich bin es seinem Vater-
„land, ich bin es mir und auch seinen Feinden, inso-
„fern sie gerne seine Freunde werden möchten, schuldig.
„Ich fühle meine Pflichtstelle ganz und möchte gerne
„einst die Hände waschen und aussprechen können:
„Ich habe keinen Theil und keine Schuld an diesem
„letzten Unglück.

„Doch Sie werden mir antworten, Alles dieses
„und noch viel mehr wissen und fühlen auch Sie und
„fragen einmal bestimmt, wie anderst machen, wenn
„gegenseitig mit gesichertem und ruhigem Erfolge zu
„einer wirklichen Näherung geschritten werden dürfte;
„Sie werden weiter bemerken, Sie sehen nicht ein,
„warum gerade jetzt eine solche Aufweckung aus dem
„Schlafe von mir ausgehen könne und solle. Ich
„antworte hierüber in Kürze nur Folgendes: die Zeit
„mußte heilen, die Augen öffnen und die Hoffnungen
„verschwinden machen, damit der im Eifer sich befin-
„dende Mensch zu Segen bringenden Schritten reif
„werde.

„Noch vor Ostern wird der Druck einer Schrift von
„Pestalozzi, betitelt: „Pestalozzi's Lebensschicksale ꝛc.“
„vollendet werden, und auf Ostern dann auch sogleich
„im Buchhandel erscheinen. Gleichzeitig wird Pestalozzi
„in den gegenwärtigen Umständen, in der öffentlichen

lozzische Schrift ihrer moralischen Zusammenhangs-
losigkeit nach in's Auge fassen, da sie ein merkwürdiger

„Meinung eine Stellung und einen Wirkungskreis
„wieder einzunehmen sich bemühen müssen, der ihm
„und seinem Leben entsprechend und ihm noch möglich
„ist. Auch wird seine Rede, die er als Vorstand einer
„Gesellschaft in wenigen Wochen zu halten verpflichtet
„ist, hiefür einen schicklichen Anlaß darbieten. Wird
„diese Schrift aber im Publikum in Circulation sich
„befinden, und Pestalozzi diesem gemäß eine Stellung
„eingenommen haben, so ist der Wurf des Schicksals,
„von dem so Vieles abhängt, weder in unserer noch
„in ihrer Hand mehr. Wünschen Sie aber in den
„Gang dieses Schicksals nicht weiter einzugreifen, so
„betrachten Sie diese wieke Worte als nicht geschrieben,
„und beantworten Sie diesen Brief mit keiner Silbe.

„Im entgegengesetzten Fall mache ich Ihnen aber
„das Anerbieten, durch eine persönliche Zusammenkunft
„mit Ihnen und wenn Sie wollen, mit Ihnen und
„Ihrer Frau Gemahlinn etwa in Neuenburg, oder wo
„Sie wünschen mögen (nur kann ich weiter als bis
„etwa Neuenburg nicht kommen, weil schriftstellerische
„Arbeiten mich zu sehr hier fesseln) diesem unheil-
„bringenden Zustand suchen, einmal auf eine gegen-
„seitig befriedigende Weise ein Ende zu machen.

„Bei dieser Zusammenkunft würde ich mich bemühen,
„eine endliche Bereinigung und Abschließung aller
„unserer Verhältnisse zu Stande zu bringen, und
„würde mit der nöthigen Vollmacht versehn, mich
„hiezu einfinden und das Gleiche von Ihnen erwarten.
„Ist Herr Näf nothwendig, so mögen Sie ihn auch

und gewiß einziger Beweis ist, wie neben dem vollkommensten Zusammenhange der Phantasie der moralische Widerspruch von Wort zu Wort bestehen kann.

„dahin bringen, oder sich mit einer Vollmacht dieß-
„falls versehn.

„Soll aber auf diesem Wege die Sache einmal zu
„ihrem Ziele geführt werden, so muß ich bitten, daß
„es auf der Stelle geschehe, denn auf Ostern erscheint
„die oben angezeigte Schrift in der Mitte Deutschlands
„und kann später dann nicht mehr als in unsern Hän-
„den liegend angesehen werden.

„Daß dieses so weit vorgerückt sei, ist uns so eben
„mitgetheilt worden; sonst hätte ich früher geschrieben.
„Werden Sie mich nicht mißverstehen, so kann noch
„Vieles gut gemacht werden, welches Sie gewiß schon
„lange für verloren hielten. Werden Sie diesen mei-
„nen letzten Schritt aber mißdeuten, so mögen Sie
„sich die Folgen dann selbst zuschreiben. Ich habe mich
„dadurch dann aber einer meiner höhern Pflichten als
„Mensch und als Christ entledigt. Wünschen Sie aber
„diesen Versöhnungsversuch zu machen, so bestimmen
„Sie Zeit und Ort näher. Geschieht es aber nicht
„gleich, so ist diese Schrift nicht mehr in unsern
„Händen und später kann es dann nicht geschehen, und
„auch werde ich mich nicht mehr damit befassen. —

„Joseph Schmid.“

Wenn nun unsere Leser bedenken, daß Hr. Niederer
schon zu Ende des Jahres 1825 durch den oben abge-
druckten Vergleich es ihnen möglich gemacht hätte,
ihren muthwillig angefangenen und so von einer

Herr Pestalozzi geht in seiner Schrift von dem Axiom aus, daß er ein Mann sey, der etwas Ausserordentliches sein ganzes Leben hindurch gesucht und jetzt endlich gefunden habe; und auf diese Voraussetzung hin stellt er in seiner Schrift die Hindernisse dar, die sich ihm in Burgdorf und Iferten in den Weg gestellt haben sollen.

Daß er dieses als Axiom, das keiner Bewährung durch Wort und That bedürfe, voraussetzt, erhellt daraus, daß er in der Schrift eben das, woran die Welt wirklich den ausserordentlichen Mann in ihm erkannt hat, verwirft, und doch auf das Ausserordentliche in seinem Leben und Streben die Anmaßung seiner ganzen Schrift als ein Recht gründet.

Gleich zu Anfang des Buchs stellt er sich selbst als einen in Genuß, Freude, Ehre und Hoffnung taumelnden, sich selbst täuschenden, leichtsinnigen und übermüthigen, überdies zur Leitung einer Anstalt untüchtigen und über das Wesen seiner Zwecke im Finstern tappenden Menschen dar; er entwirft von sich ein solches Bild, daß man nicht umhin kann, sich zu fragen:

_____

Verlegenheit in die andere stürzenden Prozeß mit bürgerlichen Ehren aufzugeben, daß ferner durch den Schiedsspruch alle Rechnungsverhältnisse sich beendigt fanden, und Hr. Niederer und seine Freunde seitdem ihren Weg still und ruhig ihrem Berufe lebend fortgegangen waren: so werden sie nicht begreifen, zu was dieser auf Drohungen gestützte Versöhnungsvorschlag führen sollte? —

Warum unterließ aber doch dieser Mann, da er bis in sein hohes Alter weder in sich klar, noch über sich Meister geworden war, jeden Versuch; warum blieb er nicht ruhig im Kreise des Privatlebens, und wie kam er dazu, sich zum Erzieher der Menschen und zum Gesetzgeber auf dem Gebiete der Kultur aufzuwerfen?

Er ergießt sich dann über den Mißbrauch, den seine Gehülfen in jeder Hinsicht von seiner Regierungsunfähigkeit gemacht, und es ist wiederum dem Leser unbegreiflich, wie ein Mann, der so ganz ohne innern Ernst war und bloß an dem äußern Glanz und Schein seines Werkes hieng, dadurch nicht im ersten Jahre schon mit denen in Zerwürfniß gerieth, die bei ihm ein unnützes Wohlleben führten, nur seine Genüsse mit ihm zu theilen trachteten, und ihn selbst dabei benachtheiligten.

Er erklärt hierauf seine pädagogischen Schriften als unreife Früchte der mit ihm in Gedankenlosigkeit und Genußsucht hintaumelnden Menschen, und begiebt nicht nur sich selbst alles Antheils an denselben, sondern sagt, sie seyen mit seiner Eigenthümlichkeit völlig heterogen gewesen, und er habe sich unter diesen Umständen höchst unbehaglich gefühlt. Wie geht es nun aber zu, daß seine selbstsüchtigen Gefährten ihm die Ehre davon aufdrangen, und daß er sich dieser Erklärung ungeachtet durch das Werk hin als denjenigen behauptet, von dem die Unternehmung ausgegangen, als deren erste öffentliche Grundlage jene Schriften zu betrachten sind?

Jetzt kommen auch die Aeltern seiner Zöglinge an die Reihe, denen er vorwirft, sie haben durch ihre geringen Forderungen die Liederlichkeit und Anmaßung seines Hauses befördert. Man sollte denken, er habe seine Anstalt unter Halbwilden eröffnet, sonst wären doch einem so schlecht geleiteten, den Unterricht ganz vernachläßigenden Hause die Kinder nicht in solcher Menge aufgedrungen worden!

Bei seiner Versetzung nach Buchsee bekommen nun auf einmal seine taumelnden Gehülfen Lust, regiert zu seyn. Wie kommt es aber, daß sie, die von Regierungsgelüsten ganz besessen waren, ihn, den Regierungsunfähigen, unter dem sie nach ihrem Wunsche schalten und walten konnten, absetzen, um sich unter Hrn. von Fellenbergs Regierung zu stellen?

Als er Buchsee wieder verlassen will, wetteifern die Städte, diese anarchische Pädagogengesellschaft an sich zu ziehen, und machen von allen Seiten große Anerbietungen, wenn sie sich in ihrer Mitte niederlassen wollen, gerade so, wie man schwärmenden Bienen — sie waren aber nach Hrn. Pestalozzi's Beschreibung nicht Bienen, sondern Drohnen — nachtrommelt, um sie zu fangen.

Nun tritt ein Knabe in der Anstalt auf, der das, was er und seine taumelnden Gefährten bis jetzt nicht gefunden, eigentlich auch nicht gesucht hatten, psychologisch tief begründet, und dadurch dem Ganzen der Unternehmung Halt giebt. Es ist aber hier wieder seltsam, wie dieser ganz roh von den Bergen gekommene Knabe in dieser schlechten Anstalt zu dieser psychologischen Tiefe, und noch mehr, wie er zu der moralischen Kraft kommt, nicht mit dem Strome fortzuschwimmen?

Diese Reform der Anstalt hat aber eine andere, noch sonderbarere Wirkung. Die Aeltern machen nun auf einmal ganz unverhältnißmäßige Ansprüche, und dasselbe Personale, das vorher die allzugeringen nicht einmal befriedigte, strengt sich jetzt zum Theil mit solchem Eifer an, die unverhältnißmäßigen und unvernünftigen zu befriedigen, daß darüber Zwiespalt im Hause entsteht, und die Unternehmung in inneres Stocken geräth. Das haben wieder die Aeltern gethan!

Doch nennt er sich und seine Gehülfen unmittelbar nachher zu wichtigen Zwecken verbundene Menschen, die aber einander über das Wesen dieser Zwecke nicht verstanden; alles war in allgemeiner Unbehaglichkeit darüber, keiner wagte sich auszusprechen — so bescheiden ist auf einmal das ganze Haus geworden — und durch diese Zurückhaltung geht aller Geradsinn, alle Offenheit, alles Vertrauen, alle Anmuth, kurz Alles, Alles zu Grunde.

Wir begnügen uns mit dieser Nachweisung aus den sechszehn ersten Seiten des Buchs, und überlassen es denjenigen unter unsern Lesern, die sich für solche psychologische Erscheinungen interessiren, in der Schrift selbst nachzulesen, wie die gleich anfänglich im Innern so zerrüttete Anstalt zu einem so großen Vertrauen bei den Aeltern gelangte, und die Aufmerksamkeit von Europa auf sich lenkte, wie sie aber doch bei dem Allem um Nichts besser gieng, und wie nichtsdestoweniger am Ende Hr. Niederer und seine Freunde an der Zerstörung eines großen Werks Schuld sind!

Denjenigen unserer Leser aber, die das ganze
Buch durchzulesen weder Zeit noch Lust haben, theilen
wir den wesentlichen Inhalt desselben in einer Pestalozzischen Fabel (Bilder zum Abc-Buch S. 67.
Nro. 80) mit, die nicht den Pestalozzi, in dem Europa
den Stifter einer neuen Epoche in der Menschenbildung verehrt, wohl aber den Pestalozzi, der in seiner
neuesten Schrift vor uns steht, und diese Schrift selbst
als seine letzte Erklärung über seine Bestrebungen vollkommen charakterisirt:

„Der Bär auf der Tanne.

„Nun, wann willst du uns einst in's Honigland
führen? also sagte eine Schaar junger Bären zu einem
alten.

„Dieser antwortete: das will ich gleich thun, aber
vorher sollt ihr noch sehen und erkennen, was ich
für ein Bär bin; sehet diese Tanne, so weit sie
geschunden, haben sie vorhin schon andere Bären
erklommen, ich aber will ihren obersten Gipfel
erklimmen.

„Also sprach er, und kletterte die hohe Tanne hinan.
So weit sie geschunden, gieng es wie nichts, aber
da er höher kam, schwenkte der Baum mit jedem
Schritte mehr auf beide Seiten, doch er strengte sich
an, und klammerte die wunden Tatzen in den
schwankenden Baum; so gieng es langsam, doch eine
Weile höher hinan; aber jetzt weht der Sturm; der
Bär bohrt seine blutenden Klauen mit äusserster Kraft
in den schwankenden Baum, also überlebt er den

— 329 —

Sturm, aber seine Kraft ist dahin, er kann die eingebohrten Klauen nicht mehr aus dem erklimmten
Holz herausbringen. Er fühlt, daß sein Leben dahin
ist, und ruft von seiner Höhe hinab den jammernden
Bären: Meine große That ist mein Tod; ich
führe euch nicht in's Honigland, aber das seht ihr,
und das könnet ihr zeugen, daß ich auf dieser Tanne
als der allerhöchste Bär v** bin."

———

Odi profanum vulgus et arces.

Fast am Ende seiner Schrift spricht sich Hr. Pestalozzi also aus: „Es sey noch vieles zurück, über wel
„ches er gegenwärtig stille zu schweigen für gut finde
„und für seine Pflicht achte. Er thue auch seinem
„Feinde nicht gerne weh; es geschehe nur mit
„Betrübniß, wenn er es thun müsse; auch
„das Wenige, das er jetzt darüber gesagt,
„sei ihm fast schon zu viel."

Wir unsererseits gestehen aufrichtig, daß wir in dieser Schrift, zu der uns Hr. Pestalozzi durch die seinige veranlaßt hat, Viel gesagt haben, und wir
sprechen es freimüthig aus, daß es uns nicht zu
viel ist.

Wir sagen dieses nicht, als ob wir ein Feind Hrn.
Pestalozzi's wären, oder ihm gerne weh thun möchten;
eben so wenig aus Uebermuth; — wir sagen es, weil
wir hier am Schlusse unserer Schrift noch Rechenschaft geben sollen, warum wir gesprochen, warum
wir also gesprochen haben.

Wir wissen es wohl, daß es ein mißliches Unternehmen ist, an das wir uns gewagt, und wir haben von vorn herein eingesehen, daß, wenn auch durch unsere Schrift die Leser von dem, was wir ausgesprochen, unabweisbar überzeugt werden müssen, uns doch von einer großen Zahl derselben nicht nur kein Dank, sondern von vielen großer Tadel zu Theil werden wird.

Wir kennen zum Voraus die Urtheile, denen wir uns preisgeben; — diejenigen, die dem Geist und der Natur der Dinge fremd an's Wort sich halten, an's Wort glauben, und dem Worte dienen, werden sich laut auflassen über die jugendliche Anmaßung, mit der wir einen mit dem Ruhm eines halben Jahrhunderts bedeckten Mann angreifen; — die Lieblosen unter ihnen werden im Tone herabsetzender Würde auf unsere Ungezogenheit schelten, die Wohlwollenden mit gutmüthiger Herablassung unsere Unklugheit bedauern; — die sich selbst hoch und berühmt dünken, werden gegen die Unverschämtheit zu Felde ziehen, daß wir einen großen Namen nicht respektiren, und wie die Baalspfaffen für ihr Heiligthum eifern; — die hinaufstaunenden Anbeter, die vor dem goldenen Kalb knieen, während Jehovah im Donner redet, werden das Kreuz vor uns schlagen, daß wir den Götzen des Pöbels umstürzen; — die Glatten und Feinen, die am Glanz des Marmors sich ergötzen, aber seine Härte fürchten, werden unsern Ton zu derb, die sogenannten Kraftmenschen, die wohl die Keule kennen, aber nicht den Baum von dem sie genommen ist, unsere Sprache zu ernst und zu heilig finden; — die Schwäch-

linge, die in Persönlichkeitsgefühlen über die Erde
hinkriechen, und um das Reich der Wahrheit so un-
bekümmert sind, als das Gewürm im Staub um den
freien Aether, in dem der Aar seine Kreise zieht, werden die Rache des Himmels anrufen, daß wir an einem
greisen Haupt uns vergreifen. — Solche und hundert
ähnliche Urtheile werden über uns ergehen, und je
mehr wir überzeugen, desto mehr werden wir die Einen
stoßen, und die Andern erbittern. Wir haben es vor-
ausgesehen und vorausbedacht; aber es konnte uns nicht
abhalten, da zu sprechen, wo Ungerechtigkeit und Lüge
die Stimme des Rechts und der Wahrheit zu über-
täuben suchten. Wir fürchten weder den harten Tadel
dünkelhafter Geistlosigkeit, noch das mitleidige Achsel-
zucken moralischer Apathie. Wir achten allein die
Stimme derer, die in der Wahrheit und für die Wahrheit leben, denen die höhere Stellung in der Gesellschaft nicht eine Mehrberechtigung zur Willkühr, sondern eine Höherverpflichtung zur Liebe ist, die nicht an
den Namen und an die Person, sondern an den Geist
und an den Menschen sich halten.

Fern von Menschendienst und Menschenfurcht, folg-
ten wir dem Gang, den das Gesetz der Sittlichkeit
und Wahrheit, den die Natur der Sache selbst uns
unveränderlich vorzeichnete. Eben damit das Heilige
heilig bleibe, haben wir dem Scheinheiligen die Decke
abgenommen; damit der Tempel des Ruhms rein bleibe
von aller Befleckung, haben wir den schmachbedeckten
Pestalozzi von dem ruhmgekrönten unterschieden; damit
nicht jener diesen verschlinge und in der Zweideutigkeit des erstern die Hoheit des letztern verkannt

werde, haben wir den Schleier aufgedeckt, der auf
dem Leben dieses Mannes lag, und das Höchste mit
dem Niedrigsten zugleich verhüllte; eben damit große
Namen ehrwürdig bleiben, haben wir uns erhoben
gegen den, der den seinigen ehrlos zu machen versuchte;
damit sie eine Bürgschaft bleiben des Höchsten und
Edelsten, sind wir aufgestanden gegen den, der seinen
großen Namen zum Werkzeug der Niederträchtigkeit
und Bosheit mißbrauchte; eben damit die Wahrheit,
die Pestalozzi verkündiget, erkannt werden könne, haben wir den Trug zerschlagen, der an ihre Stelle sich
setzen wollte; damit nicht des Greisen Haupt ein Spott
werde den bösen Buben, haben wir mit der Geisel des
Spottes den gezüchtiget, der die Ehrfurcht, die man
dem seinigen zollte, mit dem Hohn der Sünde vergalt.

Er hat seiner selbst so wenig als Anderer geschont,
und eben dadurch alle Schonung gegen ihn unmöglich
gemacht; er hat es getrieben bis zur Vollendung und
öffentlichen Behauptung des Unrechts, das er längst
im Stillen begonnen, das er eine Reihe von Jahren
hindurch in fortschreitendem Maaß anhäufte, und
immer ungescheuter vor den Augen der Welt begieng,
weil sein großer Name und sein Alter ihm Glauben
und Ehrfurcht verschafften, die er eben so sehr mißbrauchte, als er ihrer einst würdig und nachher unwürdig war; weil alle Schande, womit er sich selbst
belastet hatte, von denen, die den Namen Pestalozzi
heilig hielten und die an eine solche Selbstentwürdigung nicht glauben mochten, noch konnten, und unter
diesen am allermeisten von denen, die er für seine
Feinde erklärt, und die mit den Beweisen seiner

Schlechtigkeit in ihren Händen immer noch an derselben zu zweifeln suchten, fortwährend von ihm ab und auf Schmid gewälzt wurde. Durch diese schonende Rücksicht, die man auf seine Person nahm, durch diesen festen Glauben, den man seinem Namen schenkte, gelangte er zu dem Wahn, er dürfe auch das Uebermaß der Schande begehen, und Niemand werde es wagen, gegen ihn selbst aufzutreten und sein Wort anzutasten; zu dem Wahne, nicht nur werde auf ihn niemals diese Schande zurückfallen, sondern er werde auch Schmid von der bereits auf ihm ruhenden reinigen können. Durch diesen Wahn gelangte er zu dem höchsten Gipfel der Schlechtigkeit, nicht um jedes einzelne Unrecht, das hinter ihm lag, und in dessen Bewußtseyn er vor dem Blicke aller Edeln sich scheu verkriechen mußte, öffentlich zu wiederholen und laut zu bestätigen, sondern auch alle Lügen und Verleumdungen seiner letzten Jahre zu einem Gemälde zu verknüpfen, in welchem die Phantasie unendlichen Spielraum hat, und das so die Welt durch den Glauben an ihn zum Glauben an alles Unheilige verführen soll; durch diesen Wahn gelangte er zu der allen Glauben übersteigenden Frechheit, dieses Gemälde der Menschheit zur Schau zu stellen unter dem Vorwande, ihr von seinem Leben und Thun Rechenschaft zu geben, während er von diesem Leben und diesem Thun, und noch mehr von der Schaustellung desselben Gott und seinem Gewissen Rede zu stehen zittern muß. — Aber die Wahrheit rächt sich an Allen, die an ihr sich versündigen, und am Furchtbarsten an denen, die sie zu ihren Lieblingen erkoren, wenn sie von ihnen zu unheiligem Gaukelspiel mißbraucht wird.

Was er lange tief in der Nacht des Trugs gesponnen,
Das kommt heiter und wahr endlich an's Licht der
Sonnen.

So steht er nun vor uns, der schwere Zusammenhang einer langen Reihenfolge sich immer steigernder
Ungerechtigkeiten; es steht vor uns das entsetzliche
Bild eines Lebens, dem die Wahrheit ein Spott war.
Der Stimmführer der Gerechtigkeit und der Priester
der Wahrheit, Pestalozzi, steht vor uns, von sich selbst
mit unauslöschlicher Schande gebrandmarkt. Der erste
Schritt, der ihn zum Abgrund des Verderbens führte,
ist das Auflehnen seiner Selbstsucht gegen die Stimme
des Rechts und der Wahrheit, die aus seinem gelieb-
testen und liebevollsten, aus seinem begeistertsten und
aufrichtigsten Freunde zu ihm sprach, und der immer
mehr verstummenden Stimme des Rechts und der
Wahrheit in seinem eigenen Gewissen zu Hülfe kommen
wollte. Er verleugnet dieses Gewissen in sich selbst,
damit es seinem Freunde nicht zur Seite stehe, und
stellt sich im Wahne der Freiheit und Sicherheit diesem
zu gewaltigem Kampf entgegen. Aller Macht des Bösen
sich zu versichern, will er auf dem Altar der Lüge ein
schuldloses Opfer schlachten, und ersieht sich dazu das
theuerste seiner Kinder, den Liebling seines Herzens.
Keine Erinnerung an die schönsten Stunden seines
Lebens, an die Stunden der heiligsten Wonne, der
seligsten Erhebung kann seiner Wuth Einhalt thun,
umsonst beruft sich die Unschuld auf sein erstorbenes
Vatergefühl, umsonst ruft sie im tiefen Schmerz den
geliebten Vaternamen an; sie erneuert dadurch nur
seine Wuth, und eben dieser Vatername wird die

fürchterliche Waffe, womit er sie vernichten will. Sittlichkeit und Wahrheit, die ihm gegenüberstehen, haben aufgehört, für ihn eine Quelle des Heils zu seyn; sie sind ihm eine Quelle des Fluchs geworden; und während er vor der Welt bald stolze Siegeslieder anstimmt, bald in bittere Klagen sich ergießt, fühlt er drückend in seinem Innern das Uebergewicht einer heiligen Macht, vor der all sein Thun nichtig ist; aber sein trotziges Herz will sich nicht beugen vor dieser Macht, es lehnt sich gegen sie auf in immer mehr sich verhärtender Erbosung. Er würde der Abscheu werden seines Geschlechts, und, ausgestoßen von ihm, machtlos werden für den sündigen Willen, und selbst für den Haß zu arm und zu einsam, wenn er in seiner wahren Gestalt sich zeigte; darum kleidet er sich in den Schein der menschlichen Gefühle; hinter weichen Thränen verbirgt sich der tückische Sinn, und der Wohllaut der Liebe wird eine Stimme des Verraths.

Mit dem Gefühl des innersten Entsetzens erblickst du, o Mensch, im Menschen die Zerstörung der Menschlichkeit; und wenn dieses Bild sich dir darstellt in einem Mann, dessen Geist dich auf die Höhen der Schöpfung geführt, daß du in Bewunderung vor ihm niederstürztest, so beweinst du, in tiefe Trauer gehüllt, den ungeheuren Fall. Aber du sollst nicht dahinsinken in kraftlosem Schmerzgefühl, nicht verzweifeln an Gott und an dir selbst, weil es Nacht um dich wird! Heiter und muthig schlage den Blick empor, und der Strahl der ewigen Klarheit leuchtet in die tiefe Nacht deines Lebens. Richte nicht und laß die Hoffnung nicht sinken, daß der, der tief gefallen, auch hoch wieder

aufstehen könne, wenn hier oder dort die Nebel des
Wahns um ihn einsinken. Wenn du ihm nicht helfen
kannst, wenn sein Ohr verschlossen ist der Stimme
deiner Liebe und deiner Wahrheit; gehe darum nicht
gleichgültig an ihm vorüber. Stehe still und erlausche
das Gesetz Gottes und das Gesetz deiner eigenen Natur,
das in ihrem tiefsten Falle mit eben so furchtbarer, als
in ihrer höchsten Erhebung mit begeisternder Wahrheit
sich kund giebt.

Ja, ein Gott ist, ein heiliger Wille lebt,
    Wie auch das Menschliche wanke;
Hoch über der Zeit und dem Raume schwebt
    Lebendig der höchste Gedanke,
Und ob Alles in ewigem Wechsel kreist,
    Es beharret im Wechsel ein ruhiger Geist!

Anhang.

Zusatz zur Note 94, Seite 146—150. Die Original-Handschrift, aus der Hr. Niederer seine Abschiedspredigt wörtlich vortrug, liegt vor uns; um keine einzige unserer Behauptungen ohne rechtskräftigen Beweis zu lassen, fügen wir noch die Abschiedsstelle in buchstäblich getreuer Kopie bei. Sie lautet:

„Mit dieser Erinnerung (der Aufforderung zur
„Demuth vor Gott, zur Achtung gegen die mensch-
„liche Natur und zum Muth gegen die Sinnenwelt und
„das irdische Schicksal) die ich, bei diesem mir unaus-
„sprechlich rührendem Anlas um jedem Mißverständniß
„vorzubeugen, ganz auf mich selbst anwende — scheide
„ich nicht nur Heute von Euch, Geliebte Kinder,
„sondern ich nehme damit öffentlich und feyerlich als
„gewesener Gehülfe dieses Hauses von demselbigen
„Abschied. Als bisheriger Religionslehrer in demsel-
„ben geziemt es mir, mein Verhältniß zu ihm bei
„einer religiösen Handlung zu beschliessen. Meine
„persönliche Theilnahme an demselben, meine Mit-
„wirkung für dasselbe, meine 14 jährige Laufbahn in

„und mit demselben ist vollendet. Mit dem heutigen
„Tage, mit dem gegenwärtigen Augenblick, sehe ich
„sie als geschlossen an. Die falsche Stellung, in die
„ich gewiß durch meine Schuld gerathen bin, das
„tiefe Gefühl, was der Vorsteher dieses Hauses für
„den Genuß, die Ruhe und den Frieden seines Alters
„bedarf, die Ueberzeugung meines Gewissens, daß
„ich auf keine Weise mehr mit der Würde, mit dem
„Einfluß, mit der Freiheit und Freimüthigkeit dastehen
„könnte, die mir meine frühere Stellung gab, und
„die das Amt eines Religionslehrers wie ihn dieses
„Haus bedarf unbedingt fordert, machen mir diesen
„Abschied zur strengsten Pflicht, und wenn ein Vor-
„wurf hart auf mir lastet, so ist es der, daß ich ihn
„nicht früher genommen habe. Ich nehme ihn mit
„herzlicher reuvoller Demüthigung vor Gott. Vor
„ihm that ich nicht was ich konnte und sollte. Will
„er mit mir rechten so mag ich nicht bestehen. Ich
„muß es aussprechen und laut bekennen: Herr gehe
„nicht in's Gericht mit deinem Knechte, ich bin nicht
„gerecht vor dir. Ich nehme ihn mit herzlicher inni-
„ger Achtung gegen die Menschen, mit dem gerühr-
„testen Dank und dem gewissesten Vertrauen in das
„was in Euern Seelen lebt, Kinder, Führer, Vor-
„steher dieses Hauses. Ich achte Euere sittliche Natur,
„Kinder. Und wenn mir das Gefühl mich von Euch
„und allen Hofnungen die Ihr gebet zu trennen,
„schmerzhaft wird, so tröstet mich der Gedanke, daß
„Gott einen würdigern Arbeiter in diesen seinen
„Weinberg senden wird. Wie sehr meine Achtung
„Euch gebühre, Lehrer, sagt Euch das Gefühl, wo-
„mit Ihr Euch selbst und das Wahre, Heilige und

„Reine in den Euch anvertrauten Kindern achtet.
„Ihr wie Eure Vorgänger dientet mir in so vielem
„zum Beispiel und zur Ermunterung und wenn meine
„Hofnung in Euch und durch Euch eine geistige Ver-
„brüderung zur Ausführung eines unsterblichen Ge-
„dankens der Menschenbildung, wie an jenem Pfingst-
„tage, für Wahrheit und Sittlichkeit nicht in Erfüllung
„gieng, so kann ich nicht Euch anklagen. Vor allem
„bleibt Ihnen meine Achtung — Vorsteher und Stifter
„dieses Hauses. Sie ist unerschütterlich und ewig
„gegründet, denn ich darf es sagen ich erkannte Sie,
„ehe die Welt Sie erkannte und als sie Sie erkannte.
„Ich weiß was Sie der Menschheit geleistet haben,
„war wie Wenige, Zeuge Ihrer Liebe, Ihres Kampfes
„für das Höchste, der Gnade die in Ihnen wirkte
„und durch Sie offenbar wurde. Mich führte zu
„Ihnen, ich darf Sie selbst zum Zeugen nehmen, das,
„was Ihre Begeisterung schuf, und wenn ich mich
„Heute von Ihrem persönlichen äusserlichen Dasein
„und Wirken trenne, so habe ich auch das volle Ver-
„trauen zu Ihrer Achtung des Menschlichen und Sitt-
„lichen, daß Sie in Ihrem Innersten meinen Beweg-
„gründen Gerechtigkeit wiederfahren lassen und meine
„äusserliche Trennung von Ihnen, dem gleichen un-
„austilgbaren Bedürfniß meiner Natur zuschreiben
„werden, was mich zu Ihnen führte.

„So darf ich denn auch mit Muth und Vertrauen
„gegen Natur und Schicksal von Ihnen scheiden.
„Mit Muth für Sie daß Sie gefunden haben, was
„Ihnen unentbehrliches Bedürfniß ist, und daß Sie
„es immer mehr finden werden; mit Muth und

„ Vertrauen für mich, als ein lebendiger Zweig Ihrer
„ geistigen Schöpfung fortzudauern. Wenn nicht, so
„ that es noth, abgehauen zu werden und zu verdorren.

„ Doch unser Herz wende sich wieder zu Euch,
„ Geliebte Kinder, u. f. w.‟

Ob dieser Abschied Niederers eine Benützung des
Anlasses „sich mit beleidigenden Ausdrücken
von Pestalozzi loszusagen‟, ob er nicht im Gegentheil
christlich demüthig, voll Achtung für Pestalozzi und
voll Zartgefühl für sein Haus war, empfehlen wir
christlichen Lesern zur Beurtheilung. Niederer hätte
schon damals die härteste Prüfung des Schicksals
durch Pestalozzi erduldet. Alle die giftigsten Angriffe
und Schmähungen, die Schmids „Wahrheit und Irr-
thum‟ und Pestalozzi's „Lebensschicksale‟ gegen ihn
als Menschen und als Gehülfen, als Bürger und als
Geistlichen ausspeien, waren von Schmid im Hause
und sogar unter den Zöglingen und Confirmanden
unter der Hand seit Langem verbreitet. Pestalozzi
hatte ihm die geforderte Genugthuung dafür hartnäckig
und beharrlich verweigert, und forderte dennoch fortdauernd mit Wuth, er solle Schmid anerkennen, und
der Anstalt als Erziehungsgehülfe und Geistlicher dienen.
(Und doch nimmt trotz dem Allem Niederer hier
öffentlich gewissermaßen alle Schuld seiner unvermeidlich gewordenen Trennung auf sich.) „Die Annalen
der Welt,‟ sagt Pestalozzi, „haben kein Beispiel, daß
ein Geistlicher ein bürgerliches Verhältniß seinem
Freunde auf diese Art aufgekündigt.‟ Ja wahrlich,
die Annalen der Welt haben kein Beispiel,

daß das Heiligste der Religion selbst je zu einer solchen Entstellung eines bürgerlichen Verhältnisses, zu einer solchen Verleumdung eines Meisters gegen seinen Jünger, eines alten Freundes gegen einen alten Freund, zu einer solchen Entweihung Alles dessen, was der menschlichen Natur heilig ist, mißbraucht wurde, wie hier von Pestalozzi geschah. Nach Niederers gegebener bestimmter Erklärung ist die Sache eigentlich diese: Pestalozzi war von einer Seite seines Gemüths und seines Geistes tief religiös, und überzeugte wenigstens Niederer davon. Von einer andern Seite waren seine Vorstellungen und Begriffe irreligiös und antichristlich. Die Vorsehung führte ihn durch seine Eigenthümlichkeit und seinen Lebensgang zum Blick in das Gesetz der Menschenbildung, d. h. in das Göttliche und Ewige derselben. Er erhielt dadurch die höchste Bestimmung, die ein Mensch in unserer Zeit für das Christenthum erhalten kann, nämlich: die Bildung der menschlichen Natur im Innersten ihres Wesens auf das Christenthum zu gründen, und aus diesem zu entwickeln. Allein Pestalozzi stand selbst nicht auf dem christlichen Standpunkt. Er faßte und faßt noch, wie es sein Schwanengesang unwidersprechlich beweist, das Göttliche nur irdisch, das Ewige nur zeitlich, das Geistige nur sinnlich auf, wollte dadurch den Menschen helfen, und verfolgte menschlich hohe Zwecke mit thierischem Sinn. Niederer erkannte Jenes und Dieses in ihm. Innigst überzeugt, es könne dem Menschen nur dadurch geholfen werden, und Pestalozzi's Erziehungsunternehmung könne nur dadurch gelingen, daß das Irdische selbst vom Göttlichen, das Zeitliche vom Ewigen, das Sinnliche vom Geistigen aus, d. h. in christlichem Sinn und Geist aufgefaßt und behandelt werde, bot er Alles auf, Pestalozzi auf diese Stufe der Erkenntniß zu erheben, seinen religiösen Widerspruch mit sich selbst und seinem Werk zu überwinden, und ihn dadurch mit seiner einzig hohen Bestimmung in Uebereinstimmung zu bringen. Dies ist der Ursprung und die wahre Natur seines Kampfes mit Pestalozzi. Dazu gab er sich Pestalozzi mit Treue und gänzlicher Verleugnung seiner selbst hin. Als aber Pestalozzi sich für das Gegentheil entschied, und das irdische Prinzip in ihm den Sieg gewonnen hatte, da konnte es ihm, bei der Stütze, die er fand, und dem Interesse dieser letztern, nicht mehr genügen, das ihm dargebrachte Opfer Niederers sammt dem Opferer zu verwerfen. Er mußte beide, um sich vor sich selbst und vor Gott, vor der Jetztwelt und Nachwelt zu rechtfertigen, im Innersten verunreinigen und als Greuel darstellen. Er mußte Niederer, nachdem er ihn in Allem, was das zeitliche Glück des Menschen ausmacht, namentlich in seiner Gattin angegriffen und zu entehren gesucht, auch noch in dem, was er als das Heiligste seiner Bestimmung ansieht, in seinem Amt, seiner Religion, seinem Christenthum, auf's Schmählichste besudeln. Und das hat Pestalozzi in seiner Erzählung von Niederers Abschied auf Pfingsten 1817 gethan!